从来富贵多淑女，自古纨绔少伟男

望女成凤的实战读本

培养有出息女孩的关键细节

富养女孩的实用妙招

赵灵芝◎编著

汇集优秀的教育理念和教子方法，走进女孩内心世界，
探索女孩成长细节，深刻解读女孩教育的关键。
分析女孩成长轨迹，

从顽皮的小丫头
到有出息的好姑娘，
这期间的蜕变，
需要父母为女孩做出
正确的引导。

中国纺织出版社

内 容 提 要

养育出一个气质出众、优雅不凡的女孩是每个父母的心愿。富养女孩是一种文化修养的投资，是对女孩心态的培养、性情的陶冶、气质的培育、魅力的修炼和人格的提升。

本书根据女孩自身的特点，结合诸多现实生活中的案例，分析上百条实用的养育技巧，从多个方面诠释了养育女孩的方法，指导父母正确地富养女孩，使其在成长中开拓视野、增长见识、独立自主、完善自我，成为一个有出息的公主。

图书在版编目(CIP)数据

培养有出息女孩的关键细节 / 赵灵芝编著. —北京：中国纺织出版社，2016.3（2024.1重印）
ISBN 978-7-5180-2283-0
Ⅰ.①培… Ⅱ.①赵… Ⅲ.①女性—家庭教育 Ⅳ.①G78
中国版本图书馆 CIP 数据核字(2016)第 015944 号

责任编辑：闫　星　　　责任印制：储志伟

中国纺织出版社出版发行
地址：北京市朝阳区百子湾东里 A407 号楼　邮政编码：100124
销售电话：010—67004422　传真：010—87155801
http://www.c-textilep.com
E-mail:faxing@c-textilep.com
中国纺织出版社天猫旗舰店
官方微博 http://weibo.com/2119887771
永清县晔盛亚胶印有限公司印刷　各地新华书店经销
2016年3月第1版　2024年1月第3次印刷
开本：710×1000　1/16　印张：16
字数：260千字　定价：48.00元

序言

PREFACE

英国著名作家塞缪尔·斯迈尔斯曾经说过:“女性的素质决定着整个民族的素质。”的确,女孩子的品质,小则关乎一个人的人生,大则关乎整个民族的命运。阳光典雅的女孩子,能使自己的周围产生安乐稳定的氛围;自卑狭隘的女孩子,则使自己的周围蒙上晦暗飘摇的阴影。所以,女孩,就是要典雅;女孩,就要“富”着养。富养女孩,其实是一种教育投资,教育的富足包括物质上的富足和精神上的富足两个方面。

物质上的富足,指的是让女孩在成长的过程中,不过分拮据困顿,不那么担心物质条件,就容易培养出从容的气质;对女孩从小多给予疼爱、适度满足物质需求,这样使其懂得美善、学会辨别和自我保护,走上社会才不至于受种种物欲诱惑,避免上当受骗。看那些富养的女孩,从小被带着见见世面,增加阅世能力,等到花一样的年纪,再到尘世里艰难成长,一般便不易被各种浮华和虚荣所迷惑。与此相反,一个没见过大世面的女孩,在纨绔子弟的糖衣炮弹下,很可能被花言巧语所击败。富养的女孩,因为见识多,独立,有主见,明智,很清楚自己真正追求的东西。

精神上的富足,指的是女孩最好生活在父慈母爱、温馨和睦的家庭中,得到健康而充沛的父母之爱,接受高品质的教育。爱和教育是女孩心灵最好的养分,可以让女孩感到安全和自信,奠定她明朗快乐的人格底色,使其活泼而优雅、聪慧而明智。即使在情窦初开的年龄,亦能保持一颗安静清澈的心,懂得欣赏,懂得辨别,懂得自爱与爱人。

为人父母者，请尽量去富养自己的女儿！假如你无法给她提供富足的生活条件，请你一定给她足够的关爱，让这爱滋养她，润泽她，开启她的智慧，塑造她健全的人格，让她拥有强大而丰富的心灵。这样她才不易被外部的各种浮华和虚荣所迷惑，才有力量保护自己，少受伤害，才可以在喧嚣红尘中气定神闲，安之若素。受到富养的女孩，成人、成家之后，更能担负起培养下一代的重任。

编著者

2015 年 6 月

目录

CONTENTS

第01章 富养的女孩最优雅：
让女儿成长为美丽智慧的公主

父母是女孩生命蓝图的创造者和维护者，有教育家说：“在人生这个小宇宙里，一切都是潜伏地存在着。你给他光明，他立刻就看见了。”为了女儿有一个光明的前途，父母首先必须给女儿一个光明的生长环境，这是由女性的特质决定的。女孩富养，其真谛就是从小要带她出入各种场合，开阔她的视野，增加她的阅世能力，从而大大增加她的见识。等她长到花一样的年龄时，就不易被各种浮世的繁华和虚荣所捕获，从而失去自我。因为富养的女孩最优雅！

父母要先懂得“富养”的真实内涵

英国著名作家塞缪尔·斯迈尔斯在《品格的力量》里说：“女性的素质决定着整个民族的素质。”的确，女孩子的品质是否光明、温暖等，小则关乎她自己的一生，大则关于整个民族的命运，因为女性是半边天，阳光典雅的女孩子，能使自己周围产生安乐稳定的氛围；而自卑狭隘的女孩子，则使自己的周围蒙上晦暗飘摇的阴影。

女孩生来就不同于男孩，女孩没有男孩身上的那种阳刚之气，可以阻挡外界的伤害，女孩是娇弱的，就像鲜花，在盛开之前，需要更多的精心呵护；女孩是温柔的代名词，在竞争激烈的世界里，如果女孩没有一个安定的生长环境，便难以拥有柔和的心灵，女孩如果不被爱，也就不会理解爱的内涵，更无法去爱别人。

所有种种说明，女孩需要“富着养”。而这“富”，是富足，是丰裕，它不光是金钱上的培育，更是爱的呵护，是品质的精心培育。“富养女孩”不是所谓的“娇生惯养”。

那么，富养女孩的真正含义在哪里呢？

第一，富养女孩，就要给女孩一个舒适的生长环境。

父母们要记住：所有孩子的优秀品行都不是从天上掉下来的，而是适应环境条件培养出来的。女孩子在出生之后，就要尽可能地为她营造一个安静祥和的成长环境，使她从小对生活充满了无限的积极幻想，这样她们在长大成人之后，才能更有品位地生活。

小雨原本出生在一个富足的生意人家庭，父亲经营着一家规模相当大的公司，母亲是一位钢琴家，小雨从小酷爱钢琴。但小雨 10 岁那年，父亲因车祸去世，祸不单行，父亲留下的财产也被生意对手用奸计抢走，流落街头的母女被一个铁匠收养，为了让孩子有个家，小雨的母亲不得不嫁给了铁匠，可是铁匠的名声很差，生意也很差，没有经济保障。

母亲拼尽全力去抚养女儿，她希望能给小雨最好的教育，还送女儿去学习钢琴，可是继父总会出言讥讽她，说女孩学这些都是白花钱，没有任何意义。但因为母亲一直争取，所以也就勉强允许小雨去上课。

可是铁匠的牢骚越来越多，他的手艺也越来越不受欢迎，生活每况愈下，他也就更多地沉浸酒海之中，每当他在外面受委屈，小雨和母亲就成了他的出气筒。后来为满足自己喝酒的欲望，他断了女儿的抚养费，让年仅10岁的女孩自己出去赚钱，母亲心疼孩子，就拼命在外面做苦工，好让小雨可以重回课堂。而小雨却变得越来越忧郁，她不愿意看到母亲受苦，自己也去帮亲戚做活赚点生活费。她受尽亲戚的欺凌和侮辱，再加上实在看不惯养父的做派，小雨希望自己能变成一个男孩，这样就能承担起家庭的重担。后来小雨喜欢上了打架，为自己的尊严，她选择使用拳头解决问题，她忘记了自己女孩的身份，有一次，铁匠酒后发牢骚时，压抑许久的她拍着桌子大骂起继父来，她的这一举动让她的父母目瞪口呆……

实在无法想象，一个有着艺术细胞的女孩怎么会有如此过激的行为，她的生命蓝图已经脱离原来的轨道，而这一切发生的原因，可以归结为她的生存环境，假如小雨还是当初那个不必为生活担忧的少女，或许她已经在艺术的道路上有所成就了。所以说，给女孩一个良好的成长环境是让女孩健康成长的关键。

第二，富养女孩，要培养女孩健康平和的心态。

对于女孩子来说，最重要的，莫过于健康平和的心态：贤惠温柔的性格、气定神闲的气质、睿智聪颖的形象。当女孩长大成人，父母最欣慰的莫过于她积极健康、乐观向上，同时又有主见、很明智。而这些都需要父母的精心培育，需要“富着养”。

第三，富养不是娇养。

女儿要富养，也需磨炼。孩子不是金丝雀，不经过锤炼，不学会吃苦，以后就不能适应这个多变的世界。遇到困难和磕磕碰碰的事情，要让女儿自己解决；遇到大问题，就教女儿如何处理。无论男孩还是女孩都应见多识广，眼界广阔。

第四，培养良好的品质和人格，是富养女孩的要旨。

只要是孩子就要培养他们勤劳、孝顺、包容的品质和自尊、自爱、自立、自强的人格。

没有人会否认，具有典雅气质的女孩最受欢迎，因此，把女儿培养成一个典雅的公主几乎是所有父母的共同梦想。女孩富着养，品格端正才能不贪小利，见多识广才能够拥有超人睿智。富养女孩，能使她形成一种安然自若的形象，举手投足间优雅不凡，一颦一笑显淑女风范，但这里所说的“富养女孩”绝非简单意义上的“金钱培育千金”“富贵诞生淑女”，而是着重在品质和人格以及心态等各个方面的培养，这样培养出的女孩才能在物欲横流的社会中泰然自若、雍容优雅。

任何家庭都可以做到富养女孩

很多家长误解了富养女孩的真正含义，他们坚信培养典雅的女孩必须从小就让女儿过奢华的生活，弹钢琴、看画展、吃山珍海味、穿高档名牌衣服，让她像小公主一样长大，拥有优越的生活条件。我们不能否认让女孩拥有良好的成长环境的重要性，这种女孩在未来社会才不会为金钱、利益诱惑，但是金钱充裕的“富”，很有可能会培养出一个骄纵、挑剔、禁不起任何打击、不能自立的柔弱女儿。而概念更为博大的“富”——精神上的“富”，才真的会带给女孩子一生的富足、一生的幸福。

老张两口是地道的北京人，老张是一名出租车司机，而妻子几年前就下岗了，与周围的人相比，他们的生活很拮据，因为他们的车是出租车，他们房子的面积小得可怜，一家三口在里面总显得很拥挤。他们有一个上初中的女儿，他们相信女孩要富养，于是省吃俭用，将女儿送入郊区的一所寄宿制贵族中学读书。

老张经常告诫女儿：一定要努力学习，才能过上富裕的生活，否则就只能像他们夫妻这样过寒酸的生活。女儿深受父母的感染，认为自己的贫穷非常可耻。

夫妻俩勤俭节约，虽然他们给孩子每月的零用钱已经不少，但在出手大方的同学那里，还不够买他们过生日互相赠送的一件小礼物。她的同学多出生于富豪之家，他们的父母要么是董事长、总经理，要么是处长、局长，女儿慢慢觉得自己生活在贫穷的阴影里。对父母，她已经失去了往昔的尊敬和体贴。

一个周末，老张照例开着自己的夏利出租车到郊区的学校接宝贝女儿。

他害怕自己的寒酸带给女儿不快，就将车停得离那些各式各样的进口或者国产高级轿车远一点儿。女儿看到他，只说了一句话："下次别用这破夏利来接我了，我自己打车回家。你不嫌丢人，我还嫌丢人呢！"这句话如同一颗炸弹在他的心中炸开，他心中既酸楚又恼怒，他抡起长年握方向盘的手照女儿的脸上就是一个大耳光。好长时间，他才反应过来，可是女儿早已经不知去向了。

这样的情节似乎并不少见，有人甚至把这当作"富养女孩"的教育理念的过错，而这种培养方法只能算作"穷养"。因为真正地富养女孩，并不是用物质和金钱来定位的，老张夫妇就犯了这样的错：

第一，他们给孩子的人格教育太过贫乏，正处在成长期的女孩子，难免有这样那样的困惑，如果没有了精神上的培育，那么，她很容易对人生产生误解。

第二，富养的意义绝不是简单地送到贵族学校，把孩子完全送到与自家经济条件完全不相称的贵族学校，这样的方法怎能算作"富养"？

第三，把穷看作是一种耻辱，在"钱"面前，他们有着深深的自卑，他们的精神已经很贫穷，可他们又把这种意识灌输给了自己的女儿。

生活中，很多家长都对"富养女孩"有这样的误解，认为只要给女儿钱就可以了，这大错特错，这样的做法只能使女儿的虚荣心逐渐膨胀，她即使拥有高贵的气质，也是徒有其表而已，一旦涉及实质性的问题，这样的孩子最终还是会败下阵来。因此，"钱"绝不是"富养"的唯一内涵。

那么，我们很容易衍生出一个很重要的问题：没钱怎样培养好女孩？

对于女孩子，既然提倡要富养，是不是一定要有"万金"之富，一定要有"公主"之贵作为基础呢？穷人的女儿是否与"公主""天使"无缘呢？换句话说，没钱就不能培养好女儿吗？这也是很多贫穷家庭质疑的问题。其实，没有钱并不可怕，怕的是对自己的贫穷感到恐惧、感到耻辱，于是自卑感出来了，仇恨社会的情绪出来了，这样的环境，这样的心境，如何能培养出优秀的女儿呢？

著名儿童教育专家关一鸿倾心培养的两个女儿都很优秀，她认为，只要是孩子就要培养他们勤劳、孝顺、包容的品质。她说，家长要提高女孩子的综合素质，要培养她的责任感和包容心，以后，她会是一名好女孩、好女人、好母亲。而对于父母的教育来说，"富养"要富在家庭环境上。

家庭环境主要是指物质环境和精神环境。无论是物质环境，还是精神环境，对孩子的行为习惯都有很大影响。对于成长中的孩子来说，良好的物质环境可以约束孩子的行为，良好的精神环境可以熏陶孩子的性格。

第一，从物质环境上来说。这里说的物质环境并不是要满足女孩的一切物质要求，而是说要在现有条件允许下，尽量让女孩生活环境干净、温馨，阳光，让女孩远离污秽，这对于女孩成长是必须的。

第二，从精神环境上来说。精神环境、心理环境也叫氛围，它对形成孩子良好的习惯作用就更大了。众所周知，一个后进生进入一个优秀班集体，受到良好班风的熏陶，有可能很快改掉身上的毛病。同样，优良的家庭氛围能使孩子形成优良的品格。

洋娃娃和漂亮的衣服，并不能让女孩子清楚地认识到自己是公主、是天使，真正使她们认识到这一点的，是她童年初期和父亲母亲之间的有益关系，以及整个家庭的温馨和谐氛围。正是这些，使她渴望长大后成为一个典雅的平和的公主级的女孩。

总而言之，“富养女孩”关键不在“钱”上，也就是说，“富”并不单单代表金钱的充裕、物质生活的绝对满足，它还意味着父母要赋予女孩子自信、自强等强大的意志力量和美好的精神品质；父母要不断开阔女孩子的眼界，丰富她的知识内涵；父母要赋予女孩子理性思考的能力、判断的能力，让她的眼光更高远，从而不被未来社会短暂的金钱利益所诱惑……而这些，任何父母都可以做得到！

富养从来都不单指物质的富足

“穷养男，富养女”，在古时就被奉为养儿育女的“金科玉律”、养儿育女的教条，“穷”“富”并不是单纯的物质上的，更多的是对男孩、女孩品质上的培养。很多人对富养女孩有这样一种误解：让女儿生活在一个无忧无虑的环境中，满足孩子的一切物质要求。其实，这不是富养女孩，而是溺爱女孩，“富养”的“富”，虽是“富足”，但此“富足”非钱财地位的富足，而是一种精神的富足。

所谓“富养”的内涵，不光是一种优越的生活环境，还是一种温馨的生活氛围，对于女孩子的品行来说，性格的陶冶与培育比赠给她金钱和溺爱要好得多。也就是说，给孩子一个“富裕”的教育环境，要让光明、温暖、自信、乐观这些幸福的字眼占据女孩最初、最柔弱而单纯的心灵，这些将变成女孩一生的信念。

有位家长叹息道：“我的女儿才6岁，刚上小学一年级，可是她却跟班上的很多同学说她爸爸是大老板，家里有几辆奔驰车。我自己真是没有办法，虽然我在家总跟她讲，其实，我们家也就是比穷人稍微好一些，不愁吃穿，你以后还是好好学习靠自己，但是怎么说也没有用！”

恐怕有这样表现的女孩生活中比比皆是，这些女孩是在父母的重金包装下成长的：名牌车接送、出入豪华的场合、永远穿不完的新衣服，可是家长却忽视了女孩的精神也需要富养，单纯、善良、不谙世事、没有经历风浪和磨炼的女性又将如何能顺利地从父母的呵护过渡到未来生活的现实和沉重？

其实，无论家境是否富有，适当的经历磨炼、经历苦难，对于女孩来说都是必需的，而后才能懂得生活的艰辛，懂得吃苦，懂得尊重他人，懂得孝敬父母，懂得取舍，学会感激，懂得满足，学会宽容，懂得爱也懂得放弃，懂得如何创造幸福的生活。培养她们独立、勇敢、自强不息的个性和完整的人格，同时要让她们树立竞争意识、拼搏意识、自强意识、风险意识。

而这种品质的培养，其实是一种教育投资、教育的富足。虽说貌由天生，但也需要后天的精心呵护，平日的精致雕琢，这显然需要一定的物质基础。从另一个角度来说，除了给予较好的物质条件外，更需要开阔女孩的视野与见识。富也是“丰富”的意思。懂得美，懂得欣赏，懂得辨别，也就懂得了自我保护，而不会被外界的种种所诱惑，让女儿成为见识多、独立、有主见、明智、真正富养的女孩。

那么，家长如何做到从物质到精神上的双重富养呢？

1. 要培养女孩的仪表仪容

女孩做到“坐有坐相，站有站相”，将来行为举止才会优雅得体。

2. 培养她的语言表达能力

不必让她成为主持人，而是让她能够流畅地表达，最好能说一口流利的普通话，不要说出不雅的文字。如果可能，让她学习一门外语，重点是口语。

3. 学点才艺，陶冶情趣

比如，女孩可以学习芭蕾，为的是训练自己的体形，培养气质；学习一种乐器，感受音乐所带来的乐趣……女孩应该多多接触这些，不要求都精，但要有了解，不当门外汉。当然，学才艺一定要以孩子的兴趣为前提，家长的引导为辅助，绝不强迫，否则将会造成压力。

4. 要试着让孩子广泛阅读，培养阅读的兴趣

“腹有诗书气自华”，用知识武装自己的女孩，不仅会拥有一种知识的魅力，还会通过读书形成正确的观念，提高孩子的思考能力、判断能力、处理问题的能力。更重要的是，书能扩大的孩子的知识面，开阔孩子的视野。

5. 尽量让孩子见世面，增长见识

比如，带孩子去看各种有益的会展，开阔孩子的眼界。再比如旅游，也可以增长许多的知识，让孩子知道外面的世界非常精彩，这样孩子就不轻易被眼前的利益所诱惑。多带孩子出去走走，还可以给孩子许多锻炼自己的机会。在这方面，也要付出许多精力、财力，要富着养。

富养出来的女孩拥有别样的优雅气质

我们不得不承认，女孩在某些方面有着先天的优势，女性具有天生的语言天赋，女孩天生就比男孩细腻柔和，总之，女孩是优雅的。但在现实生活中，男孩子大多争强好胜，自信心强，因此，他们的才智特长容易得到发挥。而女孩子大多依赖性强，自卑，自信心差，因而她们的才智特长往往容易被埋没，或得不到充分发挥。原因是多种多样的，但主要还是教育和环境影响的结果。因此，父母要特别注意从小培养女孩子的自信心。

有人说：“公主生在什么环境里啊？没有一个优越的家庭做后盾，天赋再好的孩子也只能眼巴巴地做灰姑娘吧。”这有一定的道理，富养女孩，才能使她形成一种安然自若的形象，举手投足间优雅不凡，尽显淑女风范。

然而，女孩只有优雅是不够的，还需要自信，这一点更需要家长的富养，这里所说的"富养女孩"，是在原有的"富养女孩"的基础上推陈出新，重新考量了社会对女孩的特殊要求，并根据女性自身的特性，重新定义了这种教育方法。

因此，家长要让女孩优雅和自信兼备，就必须富养女孩，因为女孩子是敏锐的，她总是能够发现使生活变得更丰富的诀窍，但是首先，她要能够感受到温馨安宁，作为父母，要能够给孩子一个开阔的视野，点燃女儿寻找有情趣生活的欲望。

那么，家长应该怎样培养一个自信的女儿呢？

第一，父母要从思想上打破传统的影响。

人们通常认为女孩子娇气，比较怕困难，因此对女孩子照顾得更加细致入微。特别现在家里都是一个孩子，更是怕跌了，怕碰了，怕让女孩子单独活动，女孩子生活中稍有困难就越俎代庖，减少了女孩子在实践中增长才干的机会，从而也不能使她从看见自己的力量中增强自信心。男女孩子，特别是幼年的男女孩子，无论在智力上、能力上、性格上都没有什么差别或是差别极小，要给他们同样的锻炼机会。要特别注意，谈吐间不要让孩子感到"女孩子就是不如男孩子"，而要使她认为"女孩子不比男孩子差"，因为心理因素是极为重要的。

第二，家长要根据女孩子的兴趣、能力、性格特点，给她创造适宜的活动条件，鼓励她在活动中取得成绩。

如绘画作品被选到幼儿园展览，参加游艺会的表演，自己跨过了小沟等，使她得到成功的喜悦，从而激发自信心。当孩子遇到困难时，要鼓励她自己想办法克服，同时给以适当的帮助，使她不至于在失败面前丧失信心，要善于发现和肯定她的点滴进步。

有些女孩对色彩比较敏感，她们很早就可以握住画笔，按自己的意图画出喜欢的动物、花、草和小房子；有些女孩对针线、细小线绳情有独钟，看到妈妈织毛衣、做针线活，她们也会找些碎布织织缝缝；有些女孩天生有一双美丽、细长的小手，特别适合弹钢琴；有些女孩对书法感兴趣，泼墨挥毫，像模像样，对于这些，家长都要给予鼓励，而不是扼杀孩子的兴趣，这对于培养孩子的自信心是很重要的，她们能从这些小事中获得自我肯定，而这也或许就是启开启孩子特殊能力的开端。

第三，家长本身更要给孩子一个事业上执着追求、遇困难不气馁、对什么问题都有解决办法的坚定、自信的印象。

第四，减少批评，特别是有关她长相和能力方面的批评，家长要善于用正面的肯定、鼓励和诱导，启发女孩积极向上的性格。

在朋友的眼中，小宇是一个特别自信的女孩。每当有人问起"你为什么这么自信"时，小宇都要讲起小时候的故事——从小到大，父母都特别宠爱她，他们觉得自己的女儿是个很优秀的女孩：小宇嫌自己个子高，父母说正好可以做模特；小宇一当众说话就脸红，父母说害羞是一种美德；小宇学习画画，却画得乱七八糟，父母满不在乎地笑笑说："可你的歌唱得特别棒啊，每个人都有长处。画画你再练练，如果不行，就不画了。"小宇想当记者，父母的第一反应就是："以后准备去央视，还是凤凰卫视？""宠"到现在，小宇已经在一家知名的文化单位找到了满意的工作，她始终是个特别自信、特别阳光、性格开朗、人缘关系好的女孩。

总之，富养的女孩才会优雅自信，而家长要理解富养的真正含义，注意富养的方式，让孩子内外兼修，这样的女孩以后才会美丽、自信！

富养女孩要注意的一些教育方式

鲜花需要园丁辛勤的栽培和细心的呵护，美玉需要工匠耐心的打磨，同样，优秀的女孩子，需要父母的精心培育。那么如何培养女孩子？父母的疼爱会让女孩更加自尊自爱。可以说，父母的疼爱就像是给孩子的预防针，要像对待公主一样疼爱她，即使条件再差，也要让她开心快乐，这样长大了她才懂得自尊自爱，才会明白作为女人的骄傲，才会分辨出真正想要的幸福，不会轻易被别人对她的好所诱惑，也就不会那么容易被爱所伤。一个没有见过大世面的女孩，在一个纨绔子弟的糖衣炮弹下，很可能就禁不住物质的诱惑，被华美的花言巧语所击败，而轻率地决定了自己的一生，导致一些无可挽回的悲剧。而"富养"的女孩，因见多识广，独立、有主见、明智，很清楚自己要的是什么，什么是自己真正值得追求的东西，便能够比较坚守自己的信仰而不被外界因素所左右，更不会轻易失去真我。

杨澜是我们熟悉的主持人，她曾经就是一个富养的小公主。她三四岁时寄居在上海外婆家，舅舅经常带她出去吃西餐，去淮海路照相，看新潮的立体电影。外婆为此责备舅舅，说小孩子家家的，干吗为她乱花钱？舅舅说：女孩要见世面，才知道自尊自爱，不然将来一块蛋糕就能把她哄走。如今的杨澜优雅大气，气质淡定，魅力四射，举手投足间的韵味令无数人崇尚。

杨澜舅舅当时的举动，奠定了杨澜这一辈子的光芒。可以说，所谓富养女孩的主旨之一就是要她开阔视野，增加阅世能力。见多识广，才更加懂得自尊自爱，不易被繁华所诱惑，不易被虚荣所俘获。而一个女孩子，要让自己的“美态”长盛不衰，必须要懂得自尊自爱。

自尊是一种具有积极意义的品质，能够让人关注自己，尊重自己的感受。与自尊相反的是不懂得自爱，表现在孩子身上则是不能正确地认识和评价自己，同时缺乏自我保护的意识，这种心理对孩子的身心健康成长以及今后的生活、学习十分有害。

而自尊自爱是女孩心理发展中一个非常重要的心理问题，如何让孩子懂得自尊自爱、保护女孩的自尊心，是家庭教育中的一个重点。许多家长认为孩子小不懂事，她们没有自尊心、不懂得自爱，其实这是一种错误的家庭教育观念。

那么，家长应该怎样让女孩从小自尊自爱呢？要知道，女孩的教育方式和男孩是不一样的，女孩需要父母的疼爱，以此为出发点，家长应该做到：

第一，从尊重女孩开始。

要让女孩学会自尊自爱，请先尊重你的孩子。很多家长喜欢把自己的女孩与别家的女孩作比较，比胖瘦高矮，比谁家的女孩吃得好，比谁家的女孩长得漂亮。有的家长喜欢在他人面前，对自己的女儿评头论足，更有甚者当着别人的面，诉说女孩的缺点。这些行为都是孩子不喜欢的，也是不尊重孩子的一种表现。

第二，家长要认识到，即使女孩还小，也懂得自尊自爱。

有的家长认为女孩还小，哪里懂得自尊自爱。其实，她也懂得自尊，只不过不像成人那样抽象复杂。事实上，从3岁开始，女孩便有了自我概念，能够描述自己的身体特征、年龄、性别和喜欢的事情，如“我是女孩”“我两岁半了”等。3～4岁时，女孩已能够评价自己，并能体验到自豪或羞愧，出现自尊的萌芽，如“我长得很漂亮”“我能讲很多很多的故事”。

第三，让女孩学会保护自己。

家长可以简单地告诉女孩，尊重自己就是努力不让自己做出令人难堪的事，自己的事情自己做，做错了要敢于改正，和别人说好的事情要做到，不能反悔。对于年龄尚小的孩子，日常生活中，家长应让女孩学会自我保护，如身体中的哪些部分是属于隐秘部位，是不能让人碰的。在被人欺负时不要忍气吞声，要及时勇敢地说出来等。

很明显，这里的"富养"不仅单纯指物质上的，更多是指富裕的内心。家长要根据女孩子本身所具有的特性，因势利导，要让女孩懂得美，懂得欣赏，懂得辨别，懂得自我保护。这是一种全面综合的经营，这样才可以把女孩打磨成最美丽的女性！

富养，让女孩不落入庸俗

富养的女孩，优越、精致、有格调，因为眼界开阔，胸怀自然宽广，不会在大千世界中乱了方寸，为贪图一点蝇头小利而作践自己；富养的女孩，有健康向上、积极正确的情感道德观，不依附别人，不在物质利诱面前失去真我，独立，明智，有主见，自尊自爱，坚守自己的爱情信仰，典雅而矜持；富养的女孩，注重品德修为，关心时事，热爱艺术，对生活充满真诚，从不倦怠对内心世界全方位的护理，让自己"腹有诗书气自华"、丰富、出色、文雅、内秀；富养的女孩，清醒、平和、感恩、慧眼看世界，用知识装点自己，用思想武装自己，懂得什么是优秀的，什么是卑劣的。总之，富养的女孩不庸俗，可谓"红尘中的浮华不变其志，俗世里的纷争不近其身"。

那么，身为女孩的父母，应该怎样通过富养来培养一个不庸俗的女儿呢？家长要明白，女孩子有女孩子的培养方法，只有充分认识到女性身上特有的性格优势，以及其所无法避免的性格缺陷，并根据社会对女孩的需要来进行培育，才能培养出优秀的、优雅的女孩子。

第一，首先要让女儿自信，自信的女孩才会美丽。女孩子是否具有优雅的气质，很大程度上取决于她是否拥有自信。一个自信的女孩子，她的言行举止之间自然会透露着超乎常人的坚定、果敢、骄傲等气质，而这恰恰是形成典雅气质的基础。在日常生活中，为了培养女儿的典雅气质、培养女儿的自信，父母可为自己的小公主订立这样2个对她们一生至关重要的原则：

1. 走路的时候抬头，挺胸，收腹

女孩子是否高贵、是否自信，会很大程度地体现在她的形体展现方式上。因此，女孩的父母一定要从小就让孩子养成抬头挺胸走路的习惯，这是培养女孩子高贵气质的一个最基本要求。

2. 说话的速度要适中，不要太快，也不要太慢

女孩子的气质，很大程度上要通过语言展露出来。女孩子说话太快，会给人聒噪、不安等不自信的感觉；说话太慢则会给人拖沓、无主见等柔弱的感觉……而适中的语速，恰恰是展现女孩子最佳气质的最好方法。

第二，多种方法齐用，增长女孩子的见识。提升女孩子品位的最好方法，就是一定要增长她的见识。增长见识的方法有很多，比如旅行、读书、学习一些才艺等。只有女孩子掌握的知识增长了、判断能力增强了，她才真的不会被外界的种种所诱惑。比如：

(1)可以让女孩去旅行，当孩子从小旅行的时候，他们增加了见识，他们在扫描更多见识的时候发现了某些更符合自己内心愿望的爱好，而且真的见过的比只在书上看过或者听人说过更有触动性。扩大了见识的孩子会比没有见识的孩子胸怀更广，更有解决问题的能力。当小孩子在见识中找到了自己的爱好，那么就有了内在的动力去追求自己的目标，而不是只依赖父母的鞭策或者代为决定。

(2)培养女孩的艺术情趣，比如，可以让女孩学舞蹈，当女孩随着音乐起舞的时候，她们的音乐感、音准、韵律、节拍的敏感度和数学逻辑都得到了提高，大脑及身体协调能力也得到了锻炼。毕竟，在我们的文化中，在学历相似的情况下，女孩的谈吐和外在形象将在很大程度上决定差异和优势。因此，要让女孩在享受艺术美的同时，潜移默化地提升自身的素质，陶冶情操。

(3)从小让女孩多读书，书是人类进步的阶梯，女孩"腹有诗书气自华"，俗语"读万卷书，行万里路"也是这个道理，读书可以让女孩见闻广博。

第三，家长要对孩子的一些兴趣进行积极的暗示，发现孩子的长处，然后着重培养。很多家长只看到女孩调皮的一面，为孩子的胡闹而头疼，因为怕麻烦而不给女孩锻炼的机会，却没有注意到其中女孩所展示出的才华，他们更没有意识到，女孩的才华就像矿石一样，如果不被发现，就失去了闪亮的机会，在无形之中扼杀了女孩的艺术创造力。

家长要明白，内涵是让一个女孩优雅的资本，而并非美丽的外表。女孩子生来就是要装扮这个世界的，可是容貌绝不是女孩子的全部资本，没有积淀的内涵，女孩子的美貌最终会流于世俗，并成为阻碍其前进的障碍。父母要看到女孩子的爱美之心，不可极端遏制孩子对美的幻想，但是要引导孩子走向更深邃的内涵美的境界。要想培养女孩子的典雅气质，就需要父母多用心、多引导、多付出，真正实现概念宽广的“富”着养，一方面要给女孩多看、多做、多练的机会，另一方面也不能违背女孩的意愿，主观决定女孩的“一技之长”——无谓的压力毕竟不是成才的最佳方案。总之，女孩还是要富养，富养的女孩不庸俗！

富养，让女孩拥有本质的善良和爱心

何谓爱心？爱心，是热情开朗的性格和对人、对物、对事的一贯关心的态度。爱心，就是能觉察体验别人的心情，能站在别人的位置与角度，感受别人的欢乐、痛苦、烦恼、失望之心。

女孩天生是富有爱心的天使，天赋的温柔善感使女孩子更具有母性的气息，同时也丰富了女孩子的内心世界，女孩子一般比男孩子更具有爱心，这也是女性魅力的一个重要特征。有爱心是一种美好的品质。因此，作为父母，要维护女孩子纯洁的爱，那是使一个人任何时候面对任何人都能堂堂正正的根本，也是让女孩子永远纯正的坐标。而这需要“富养”女孩。

“自私自利”“自我中心”是爱心的大敌，但我们知道，它不是女孩与生俱来的，不是孩子的天性。古人说：“人之初，性本善”，其实并不是女孩生来就缺少爱心，而是由于父母片面理解了富养女孩的含义，由于对孩子的溺爱、不注意教育方式等，把女孩的爱心在不经意间给剥夺了，把一个有爱心的天使变成了一个自私的公主。所以，为了不让孩子的爱心枯竭、泯灭，为人父母者不仅要爱孩子，更重要的是让孩子学会爱。

“溺爱是父母与孩子关系上最可悲的事，用这种爱培养出来的儿童不肯把心灵献一点儿给别人。”如何培养女孩的爱心，在家庭教育中也就显得尤其重要了。家长可以从以下一些方面，尝试着让孩子拥有爱心：

第一，当孩子的榜样，父母也要富有爱心。

父母是孩子的镜子，孩子是父母的影子。只有富有爱心的父母，才能培养出富有爱心的孩子。孩子时时刻刻把父母作为自己的榜样，父母的一言一行都在潜移默化地影响着孩子，身教重于言教就是这个道理。因此，父母平时就要注意自己的言行举止，做到孝敬老人、关心孩子、关爱他人、乐于助人等，让孩子觉得父母是富有爱心的人，自己也要做一个富有爱心的人。这些就能强化孩子的爱的意识，又能以充满爱心的表率行为导之以行，就能使孩子产生一种积极的仿效心理。

欣欣是个很可爱的女孩，左邻右舍都很喜欢她。为了发挥父母的效仿作用，爸妈在家总是很尊敬长辈，爸妈经常教育她要有家教，要懂得有爱心，妈妈经常对其他阿姨夸欣欣："吃饭时她会主动为我们摆好碗筷，我们没有吃饭，她自己从不一个人先吃。桌子上摆了水果，她会主动选最好的给父母吃，从来不自己一个人独吃。她事事都是首先能够想到别人，我们有时候真是为她感动。"

第二，给孩子创造实施爱心行动的机会。

如引导孩子主动帮助左邻右舍干些力所能及的事；或在家长生日时，暗示孩子来表达对父母的爱。而当孩子付出行动后，以微笑的表情、赞扬的语气及时地给予表扬，能激起孩子产生一种关爱他人后愉快的心理体验，并会产生不断进取的强烈愿望，以致逐步形成把关爱他人当作乐趣的相对稳定的健康心理。

第三，教孩子学会移情能力。

所谓移情能力是指能设身处地地为他人着想、感受他人情感的能力。比如当看到别人生病疼痛时，要让孩子结合自己的疼痛经验感受到并体谅他人的痛苦，从而为他人提供力所能及的物质或精神上的帮助。

第四，多与女儿进行闲谈式的情感交流。

富养女孩，很容易进入一种误区，那就是女孩任性自私的习惯的养成，"我"字当头，她的自我情感体验意识特别强，在这种情况下，即使是情绪化的说理教育也令她反感，产生心理抵触情绪，因此强调闲谈式，即家长尽可能创造或利用与孩子相处的机会，不失时机地与孩子进行闲谈，将实质上的有意识淡化在形式上的自然随意上。可以谈些孩子感兴趣的事情，缩短彼此的距离，并适时地抓住孩子谈话中某些可以“抒发情感”的内容，真诚地道出自己的心理感受，显得自然得体，给孩子创造了一个了解情感世界的机会，为此而产生出对父母的亲近感和朋友式的信任感，而建立在这种关系下的说服教育也易于被孩子接受，作为回报，她也会在日常活动中表现出理解、合作的精神。

第五，创造一个温馨愉快的家庭氛围。

父母是孩子的第一任老师，家庭是孩子的第一所学校，因此，家长有责任为孩子创设一个益于身心健康发展的和谐、幸福的家庭环境，使孩子在良好的环境熏陶下，学会做人。而这也是富养女孩的很重要的一个方面。

第六，培养爱心，还要学会关心他人。

要鼓励孩子除了“自己的事自己做，不给别人添麻烦”以外，在日常生活中经常以帮助他人为快乐，以会劳动、能负责为荣耀。爱心应当是不图回报、不计代价的。

因此，家长要富养女孩，要培养女孩的爱心，首先要落实在平时的点滴行动中，引导孩子观察他人的表情，理解别人苦恼、悲伤的缘由，努力想出办法来减轻别人的痛苦、烦恼，使大家快乐。这不是穷养女孩，这是一种教育的富足！

第 02 章
富养的女孩不娇惯：
培养出一个没有公主病的公主

女孩要富养，这是家长们应该一直秉承的教育观念，并在能力范围内给她较好的物质生活，从小让孩子有当公主的感觉，这样，女孩才会自信，才能抵制未来社会上的种种诱惑。但家长“富养”应量力而行，更要注重女孩精神上的“富养”。因为，女儿要富养，也需磨炼，孩子不是金丝雀，不经过锤炼，不学会吃苦，以后就不能适应这个多变的世界。家长千万不可持有这样一种观点，认为富养女儿就是给她最好的物质条件，却忽视了教养。要知道，富养并不等于宠爱，所谓“富养”的内涵，不光是一种优越的生活环境，还是一种温馨的生活氛围，对于女孩子的品行来说，性格的陶冶与培育比赠给她金钱和溺爱要好得多！

富养女孩并不是娇惯纵容

很多家长一直相信“富贵多淑女”这句养女真经，相信女孩就要“富着养”，经济富足才能够不贪小利，见多识广才能够拥有超人睿智。这无疑是正确的，但他们在认识上产生了一个误区，富养并不是娇惯，更不是对女孩有求必应，很多父母尽量满足女孩的各种要求，不惜代价地给孩子买名牌衣服，对孩子提出的任何要求都无条件满足，对孩子的事包办代替，对孩子的坏毛病视而不见等，这些做法都是错误的，因为这种教育下的女孩会变得任性自私、唯我独尊、缺乏良好的行为习惯和道德品质，一味地娇惯孩子，对孩子的成长是极为有害的。

的确，在物质生活日益丰富的今天，很多家长在无形中确实“富养”了女孩，总是倾其所有给孩子最好的，如果再去刻意追求“劳其筋骨、饿其体肤”的“穷养”，就有些言过其实，尤其是女孩，女孩称为千金，估计也有这方面的渊源。虽说相貌由天而生，可也需要后天的精心呵护，需要平日的精致雕琢，这显然需要一定的物质基础。但从另一个角度来说，不能娇惯女孩，家长依然要从小培养女孩自立和受挫的能力。家长要培养的是一个好女孩，而不是一个“富家千金”。

有一位母亲，她和丈夫经营一家公司，家里自然富裕，可她的女儿已经十几岁了，还不会自己系鞋带，上学放学专车接送，饭来张口，衣来伸手，而女儿显然已经习惯了这样的生活。但商场如战场，在金融危机中，她的公司也卷入了这场金融风暴中，很快倒闭了。再也没有司机接送，没有人伺候生活起居，前后生活的差距让这个女孩无法接受，在花一样的年纪选择了放弃生命。

诚然，养儿育女是每一个为人父母者的义务和责任，为儿女营造一个富裕的生活环境的生本无可厚非。但是，其中所蕴含着的育女智慧，却是值得商榷的。显然，这位母亲对富养女孩有误解，而这个“富”，是富足，是丰裕，它不光是金钱上的培育，更是爱的呵护，是品质的精心培育。“富养女孩”不是所谓的“娇生惯养”，娇惯出来的女孩柔弱、任性、娇纵、难管，而且不懂关心他人、不知感恩父母、耐挫意识弱、自制能力差。现代社会，很多青春期女孩动辄厌学、出走，甚至自杀、行凶等现象屡见报端，如今一些女大学生“学得好不如嫁得好”的人生观，这都与父母的娇惯有一定的关系。

那么，家长应该怎样既“富养”又不“娇惯”女孩呢？

有句话说得好，“与其在夕阳西下的时候做美妙的幻想，不如在旭日东升之际勤奋投入工作；与其在垂暮之年因理想未能实现而懊悔不已，不如趁风华正茂之时躬身实践、奋斗不止”，家长教育女儿也是这样，富养女孩一定要从女孩幼年开始。健康平和的心态、温柔贤惠的性格、气定神闲的气质、睿智聪颖的形象都需要从小培养。家长不妨从以下几个方面入手：

第一，精神上绝对应该“富养”，比如，带孩子听听音乐会，开阔眼界，丰富知识。有空的时候，带她出去旅游，让孩子学会欣赏大自然的山水，了解各地的风土人情。

第二，要培养孩子正确的心态，接受一些现实，比如家境不好，对别人拥有的物质财富自己不要盲目攀比，关键是要用自己的知识和能力去创造这些财富。

第三，要让她意识到，任何东西都是付出劳动才能得来，没有理所当然的索取。现在很多家庭的独生女普遍比较自我、霸道，在生活细节上还要学会对孩子有所保留，孩子要“十分”，给个“六七分”就好，必要的时候跟她讲讲条件。

第四，不妨做一个“懒妈妈、懒爸爸”，女孩子天生有母性的光辉，喜欢照顾别人，在成长过程中也总是喜欢参与家务，而大多数爸爸妈妈妈妈太勤快，剥夺了她们劳动的机会，才使孩子变得好吃懒做。

有人说，“男孩养志气，女孩养气质”，对女孩，不仅要让她学学琴棋书画，陶冶情操，也要多一点自强不息的教育，不服输、愿意吃苦，这样才会学会关心别人，帮助别人。当女孩长大成人，才会积极健康、乐观向上，同时又有主见，很明智。而这些，都需要父母的精心培育，需要“富着养”，但不管家庭经济条件如何，父母都要正确解读“富养女”的古训，在养育女儿的实践中不断创新和丰富“富养”的方式和内涵。

别让女孩形成自私自利的坏习惯

“富养女”是一句育女古训，的确，所有孩子的优秀品行都不是从天上掉下来的，而是适应环境条件培养出来的。女孩子在出生之后，就要尽可能地为她营造一个富足舒适的成长环境，让她有一个积极的心态，不会因为物质上的贫穷而自私自利，这一点张女士深有体会：

她说：“我有两个孩子，大的是女孩，比她弟弟大5岁。在他们小时候，家里条件比较差，所以我总是教育他们要勤俭节约，也基本上没有给孩子什么零花钱。可是，在生活中总是不由自主地会偏向小儿子一些，物质方面的满足比他姐姐要好些。等他们长大后，一些弊病就出现了，女儿虽然很听话，可也有些自私，很少将自己的东西与人分享。”

诚然，女孩要富养，长大了才不至于在荣华富贵面前栽跟头，而对于品质的形成，女孩才不会自私，才不会不愿与人分享，不会变成一味贪图享受的寄生虫。

女孩的自私自利表现在这样一些方面：只顾自己，一切以自我为中心，尤其是在金钱和财物上特别吝啬、贪婪。自己的东西无论如何不会给别人，而又特别希望得到别人的东西。这样的女孩很难有知心朋友，其行为还会令大人厌烦。许多自私自利的女孩在外面不知道关心他人，在家里也不知道心疼父母。

王阿姨最近非常苦恼，因为她发现自己的女儿越来越自私，有好吃的都霸着自己吃，自己的玩具从来都不肯和其他孩子们一起玩，幼儿园老师更向她反映说，为了争芭比娃娃，她竟然和小朋友们打架。“我真不懂，我和她爸爸对孩子都是无私的，什么都问问她要不要，但为什么她却那么自私，什么都要留给自己呢？”

在现实生活中，这样的孩子的确不少。父母的无私让孩子不懂付出，这样的苦恼其实也困扰着不少家长，其实，这不是富养女孩，是宠爱女孩，这对孩子的良好品质的形成是极为不利的，家长要明白“心底无私天地宽”，自私的人只会把路走得越来越窄，直至陷入绝境，人要学会付出，才能活得有意义，能够付出爱和宽容的人才能找到一片广阔的天地。

因此，在教育女孩的时候，一定要避免让女孩养成自私自利的习惯。真正富养女孩，是要让孩子在精神上富足，而不是物质上。家长要做到：

第一，父母对孩子不能盲目溺爱、一味地娇惯，对孩子的要求需分清楚是否合理，对于一些不合理的、过分的要求应予以明确拒绝，并对孩子耐心地讲解道理，指出她们的不足之处，提出批评。当然，要孩子一下子就接受是不可能的，这期间必然有一个适应的过程：

(1)利用“角色扮演”方式，让孩子可以设身处地了解自私自利对他人造成的伤害。

(2)不要因为孩子哭闹而大发脾气或者盲目迁就，而是有条件地加以引导、劝阻。

(3)通过批评和赞美，让孩子了解自私自利的弊端与乐善好施的喜悦。

第二，父母要言传身教，别让自己的自私成为孩子学习的负面教材。

如果孩子已经出现自私行为，父母要及时寻找方法给予纠正。包括帮助孩子增强利他的价值观，让孩子感受自私行为的恶劣后果。而父母的言传身教更是至关重要，因为自私的父母只能造就自私的孩子。

所以，富养女孩，并不是把她置于只享受、满足欲望而不履行义务的特殊地位，要让她懂得欲望的满足和履行义务同等重要，如有好吃的，不是独自一个人享用，而是主动与他人分享，在家务上，则常常想到自己应该帮父母干点什么。这样女孩才会养成尊重长者、关心别人的习惯，而不会事事只想到自己。总之，父母要明白，富养女孩的目的是培养好女孩，而不是自私自利的女孩。任何良好的品质都不是一蹴而就的，需要家长精心的培育。

要注意培养女孩的健康心态

身为父母，都希望自己的女儿成为一个快乐、彬彬有礼、善良而正派的人，女孩要富养，一个重要的目标就是让她有健康的心态，温柔贤惠的性格，但现代社会有很多家庭都是独生女，这些女孩往往自以为是，独断独行，目中无人，而孩子这种心理的形成，与很多父母错误地理解了富养女孩的含义有重要的关系。爸妈自然会对女孩宠着点，但并非娇生惯养。富养是要让她见识多广、独立、有主见、明智，而不是要让女孩成为一个飞扬跋扈、缺乏教养的人。

有人说过，只有不成功的父母，没有不成功的孩子，家长无论想把女儿培养成牡丹还是富贵竹，都要根据女孩子本身的特性，因势利导。没有哪个女孩生下来就是目中无人的，任何不良的品质都和家庭有着千丝万缕的联系。

其实，在女孩子的眼里，世界是以“关系”为主，同时由于女孩比男孩更崇尚和谐，因此，她们更喜欢用和谐的关系来诠释社会，也愿意用沟通和交往走进社会人群中，寻找自我价值，这样女孩更容易得到一种归属感或者说合群感、认同感，这对于女孩很重要。也就是说，很多女孩形成目中无人的性格是后天原因所致的。

曾经在某所贵族学校，有个女孩被学校老师称为“暴力女孩”，她喜欢纠结学校的一帮女生欺负自己“看不惯”的女生甚至很多老师，后来她被学校开除，她坦承自己这种坏品行和自己的父亲有关。

原来女孩的父亲是一个暴力主义者，母亲在家里一点地位也没有。一天晚上，她原本是和朋友一起去看电影，但出门不久，发现电影票忘带了，当她准备进家门时，却在门缝里看见父亲将母亲压在地上使劲打，女孩气急败坏，冲上去就揍了父亲一拳，但打了父亲以后，那晚上她在床上翻来覆去，无法入睡。一整晚，脑海里不断重复上演所看到的那些画面。女孩从此性情大变，一步步堕落。

为什么会这样？因为她爸爸给女儿上了一场“暴力课”。的确，培养一个优雅、聪慧、大方的女孩，心一定要放到最温柔，就像对待那些娇嫩的花，细致婉约，容不得任何粗糙。但这并不是要娇惯孩子，爸妈要根据女孩的行为优劣势，有针对性地制订一些具体的教养方法，使之成为一个有教养的女孩，比如：

第一，制订规则。家长一定要让女孩明白什么是父母可以容忍以及绝不能容忍的行为。要有的放矢，坚定自己的信念和原则，然后让孩子了解父母的想法以及目标。

第二，一次解决一种没有修养、没有礼貌的行为。孩子的目中无人往往表现在很多方面，假如女孩一直重复出现某种不良行为，那么你就要集中注意力了。的确，也许你的孩子有一大堆的行为问题需要解决，但是要改善孩子行为最有效的方式就是一次只解决孩子的一种不良行为,这样你将更有可能去永久制止孩子的不良行为再度出现。一个个解决以后,你的女孩就能形成一种习惯,一个行为优雅的女孩才更显教养。

第三,冷静地与你的小公主沟通。如果孩子破坏了你定下的规矩或者是表现出某种不良行为的话,你就应该考虑严格要求孩子了。每次在你和孩子说话前请做一个深呼吸,尽量让自己保持冷静。然后请看着孩子的眼睛说出你的要求,要确保你已经引起了孩子的注意。请记住,你的目的是要在对孩子的疼爱中规范孩子的行为,而不是在愤怒中斥责孩子。

第四,建议女孩进行积极的选择。具体来说,你希望孩子形成哪些新的行为呢?请给孩子提供一两个可以进行正面选择的机会。如"请你温和有礼地和我说话。""下次你该怎么做才能保证不会再以这样的语气和邻居阿姨说话呢?"

第五,如果孩子继续违反规则或者她依然没有改正自己的不良行为,那么你需要向孩子解释她这样做的后果。例如"如果你不能温和有礼地跟我说话,你就不能用电话。""如果你再对你姐姐大喊大叫,你就要去坐禁闭。"请记住,你的解释务必做到具体、简短而又严格。如果孩子再次出现不良行为,你也可以考虑征询一下孩子的意见,看看怎样的处理结果才算公平。一般来说,与父母选择的处理方式相比,孩子们的选择往往会比较公平,而且更"符合他们的罪行"。

第六,当场纠正女孩的蛮横、目中无人的错误行为,落实和女孩之间达成的协议。即使她的不良行为依然没有改正的迹象,也要把你和她之间达成的协议坚持完成。你必须保持协议的一致连贯性,而且要做到言出必行,这样孩子就会明白你是认真的。一旦孩子出现不恰当的行为,你就应该马上加以纠正。

任何人都希望自己的女儿聪明伶俐,落落大方,待人彬彬有礼,一个典雅的小公主不能是一个目中无人、骄纵的女孩,而应该是一个有修养、温婉大方的女孩,父母要富养女孩,应该悉心地呵护、培育女孩,但不能骄纵她,一个颐指气使的女孩是不会被人喜欢的,家长不能让自己教育的缺失影响到孩子的一生。

富养但不能让女孩过度注重穿着打扮

爱美是女孩的天性,家长要富养女孩,就要尽量给女孩一个优越的生活环境,让女孩学会在外形上审美,这有利于女孩的气质和修养的培养。但家长要明白,富养并不是要娇惯女儿,更不是纵容,一定不要让女儿过分打扮自己,这会让女孩形成一种虚荣心理,长大后就会被金钱所诱惑,被花言巧语所击败,而轻率地决定了自己的一生,导致一些无可挽回的悲剧。

张妈妈这样谈到自己的女儿:"我女儿是高一学生,她从小就长得乖巧,喜欢穿漂亮的衣服。上了高中以后,女儿对穿着打扮就更讲究、更用心了。看到服装杂志,总要买回来爱不释手地看,对服装款式、用料、颜色评论起来头头是道,看到哪个女同学穿的衣服时髦,就嚷着要买。上学前,她总要拿出几件衣服对着镜子比试一番后,才决定穿哪件。我批评她用错了心,而她居然说我是老古董。"

张家妈妈的话值得深思。在女儿这个年龄段,如果思想意识出现了偏差,对孩子的成长是不利的,但她对女儿的教育方式是不正确的,女孩现在这个年龄开始打扮是正常的,父母不能说她不务正业,应该正面引导,比如可以提出和她一起讨论一下穿着打扮方面的问题,找出父母与女儿可以共同接受的打扮程度。

其实,生活中这样爱打扮的女孩越来越多,成长中的女孩爱美很正常,但家长要正确引导,不要让女孩过分地爱打扮。富养女孩,重在让精神富足,父母的爱不应该是盲目的,父母溺爱和娇惯女儿,总是满足她们的任性要求,让她们养成过分爱打扮的坏习惯,她们就可能意志薄弱、自私自利、虚荣,甚至会随意挥霍金钱,走向人性的扭曲。

那么,家长应该怎样引导孩子正确对待穿衣打扮呢?

第一,让女孩体验生活的艰辛。女孩也需要一些吃苦教育,这是为了"富精神",因为没有切身体会过贫穷、饥饿、艰辛、灾难,她们才不知道生活的不容易,家长要让女孩参加真正意义上的社会实践,而不能因为怕孩子吃苦,给孩子形式上的"实践"。

第二,让孩子明白什么是真正的审美。这需要家长的正确引导,培养正确的审美观，告诉孩子什么是真正的美，比如，可以让孩子学习美术，在美术中去学习色彩搭配是很有帮助的。最重要的是让孩子明白，她所在年龄段的女孩应该穿什么才是适合自己的。

第三，告诉女孩快乐的源泉不是物质，而是精神上的。很多女孩因为家长的娇惯，只有在购买漂亮的衣服时才是开心的。告诉孩子快乐的源泉，有助于培养孩子的幸福感，家长应告诉她，简单就是快乐。

圆圆家很贫穷，因为父母都是残疾人，她只能靠学校减免学费的政策才能上学，可是，爸爸妈妈很疼爱她，她很小就明白了什么是快乐。爸爸妈妈会教她如何进行废物利用，比如用电视机的纸箱给她造了一座属于她自己的小屋，用牛奶盒做玩具，用可乐罐做沙锤等，她很喜欢。爸爸妈妈也从不随便给她买玩具，更别说和别的女孩一样有漂亮的衣服了。“如果我们认为可以自己动手做的就会带着她自己动手。其实在制作过程中孩子所获得的乐趣是远远大于买新衣服的。”爸爸这样说道，所以她现在有时在商店里看到什么衣服，也不随便要求爸妈给她买。

圆圆爸爸妈妈的这种教育方式，才是真正富养女孩，爱她，但并不宠她，孩子在简单的动手过程中学会了快乐，自然就不会把注意力放在穿衣打扮上了。

第四，家长也要注意对孩子的效仿和引导作用，尤其是妈妈。无论是幼儿，还是少女，在打扮上都喜欢模仿。很多家长说“从来不在她面前化妆”，可她自然也会“偷偷地涂口红”。其实，在这种情况下，你不如就当着她的面化妆，要化得淡一些。同时，你的生活要充实一些，让她觉得你除了爱美之外还做许多其他事情。你可以明确地告诉她，化妆品对皮肤有一定的伤害，小孩子不可以用。不过，孩子涂两次口红，家长不必太紧张。这只不过是孩子好奇和爱美的一种表现。在一段时间提醒后，她的兴趣会渐渐淡化。

第五，让孩子在充实的学习中淡化这种虚荣心，很多调查表明，爱打扮的女孩子一般学习成绩不怎么好，这就告诉家长，充实孩子的内心世界，才是克制她过分爱打扮的根本方法。

女儿是父母的贴心公主，一定要细心呵护，但不能骄纵她，富养并不等于娇惯，一个踏实的孩子才不会被那些服装、首饰等物质所迷惑。

富养的女孩也需要吃点苦

身为人之父母,一定希望自己的女儿无论在什么环境下都是强者,不娇气、不软弱。但是,没有经历风浪的磨炼、不谙世事的女孩又将如何能顺利地从父母的呵护过渡到未来生活的现实?富养女孩,物质上的充足是绝对不够的,女孩也要吃点苦,其实,无论家境是否富有,无论男女,让孩子经历适当的磨炼与苦难,而后懂得生活的艰辛,懂得吃苦,懂得尊重他人,懂得孝敬父母,学会感激,懂得满足,然后形成独立、勇敢、自强不息的个性和完整的人格。这种教育方式才会给孩子带来受益一生的财富。

从前,一个公主迷路了,走进一个邻国的城堡。邻国的皇宫里没人相信她是公主,为了验证她到底是不是一个真正的公主,在为她铺床时,皇太后在7层厚厚的床垫子下面放了一粒豌豆。第二天早上起来,公主抱怨说:"是什么东西硌得我整整一夜都没睡好,浑身都痛死了。"于是,所有的人都肯定,面前的这个女孩是一个真正的公主。

这就是豌豆公主的故事,但女孩不能做豌豆公主,意志薄弱、不能吃苦、习惯于享受的行为方式,会直接影响女孩今后的学习、同伴交往和社会适应能力,影响孩子一生的幸福。

有人说:"错爱比不爱更可怕,温室的花朵难经风雨;疼爱,但不要溺爱;惯性依赖,误导女孩的一生,爱得越小心,女孩越脆弱。"现代家庭的重心逐渐向孩子转移,尤其是女孩,家长一直秉承富养女孩的教育方式,女儿在家庭里拥有特殊地位,使她们成为家庭中的"小公主"。但同时也造成女孩身心日趋脆弱,常表现出怯懦、孤僻、任性、自私等状态。很多父母认为,只要女儿学习好,怎么样都行,这是一种误区,"人格教育是根本,智力训练只是一种装饰"。良好的品格及习惯可以让人受益终身,相反,改正一个坏习惯需要长久的努力。要知道,做父母的能给予孩子的最好教育是促其形成优秀的人品,而不是娇气、懦弱、心理不健全的"高智商"。

那么,家长怎样对生性娇弱的女儿进行吃苦教育呢?

第一,可以适当地让孩子尝一点"饥饿"。现代相当多的女孩有偏食、挑食的习惯,而且食欲较差。究其原因,是她们从小便未曾领教过挨饿的滋味。父母们宁愿自己节衣缩食，也要让孩子吃好的、高级的。不少孩子零食不离口，哪里还有胃口来对付一日三餐？俗话说：“欲求小儿安，需带三分饥与寒。”但大多父母并不忍心“饿”孩子。当然，这里的“饿”，并不是说要真的让孩子忍受饥饿，而是让孩子知道珍惜粮食，懂得珍惜来之不易的生活。

第二，让女孩“劳累”一点。现代家庭中的小公主几乎很少体会过劳累之苦。她们“饭来张口，衣来伸手”。上学和放学回家有父母接送，不知道什么是苦，什么叫累，缺乏应有的锻炼，使身体健康发育大受影响，抵抗疾病的机能很低，往往会变得脆弱自私，好逸恶劳。

第三，有意为女儿设置一些困难。每个人都会遇到困难与挫折，成长中的女孩，也难免会遇到坎坷和阻碍。如果孩子走惯了平坦路，听惯了顺耳话，做惯了顺心事，那么，一旦他们遇到困难，就会不习惯，甚至会束手无策，这样往往容易导致失败。

由于多数女孩的生活总是一帆风顺，致使她们意志薄弱。父母过分地关照和代劳，使孩子成为胆小鬼和低能儿。任何成功的取得都需要与困难较量。女孩也迟早有一天要独立面对生活，所以，父母不妨在平时的生活和学习中，有意识地设置一些困难和障碍，以此来培养孩子的耐挫能力。

第四，没有规矩不成方圆，适当的批评和管束也是必需的。女孩天生是规矩的，但在成长过程中也极需要纪律的约束和适当的批评来矫正。所谓“木受绳则直，金就砺则利”，没有规矩，难成方圆。女儿做错了事，父母就要毫不含糊地批评，而且应该适当严厉。受到约束或批评，孩子当然不会感到愉快。但久而久之，他们却能明辨是非，知道什么能做，什么不能做，这对于孩子心理的健康发展极为有利。

总之，做父母的应该明白，逆境造人，富养女孩，也要让她适当吃点苦头，人在艰苦的环境中，战胜的不是环境，而是自己，这将会有助于孩子身心的健康发展。但家长要注意的是，这里的吃苦，并不是形式上的，不是一本正经地对孩子说：“今天，我就要让你尝尝吃苦的味道。”这种吃苦教育是没有意义的。正确的做法是要在孩子玩得最高兴的时候，或者在日常生活中，在孩子不知情的情况下进行。当然，吃苦教育应循序渐进，应该是孩子努努力就可以承受的。对于父母来说，一方面不能表现出心疼和不高兴，另一方面也不能后悔自己的行为。

另外，父母应该注意的是，由于体质和心理素质相对于男孩较弱，女孩儿在遇到困难与障碍时，感到委屈是难免的，产生一些不良的情绪反应也是很正常的事情，父母应该有这种心理准备。在孩子受挫后，对一般的情绪反应，父母可以不加理会，让孩子自己去体验，然后振作起来；如果孩子情绪反应过度，父母要给予温情的鼓励以及必要的心理上的支持，让孩子及时摆脱失望、伤心等不良情绪反应，及时地树立信心。

富养并不是娇惯，培养小公主良好的品质，需要家长在生活中通过有意识的引导、教育和磨炼，把让孩子吃苦融入日常生活中。对孩子不要太溺爱，让她吃点苦，受点折腾；无论在生活上还是学习上，给孩子安排一定的自理任务，孩子能做的，父母绝不要包办代替，这能使孩子逐渐学会如何面对困难、面对危险，这样的女孩才会坚强！

教会女儿勤俭节约的道理

我们不难发现，女孩一般比男孩更懂得节俭，更懂得积累财富。也就是，从某种意义上说，女孩节俭是一种性格优势，但实际上，生活中很多女孩不懂得节俭，乱花钱、随便浪费的现象相当严重。有一所小学园，捡拾的物品堆满了一间屋子，大至衣服，小至铅笔、橡皮。学校多次广播，要求孩子们去认领，却没有人去。一次家长会上，校领导讲了这件事，说再不认领就处理给废品收购站了，也只有几个家长带着孩子去认领。而这些废弃的东西中，很多东西是女孩的，这一情况不能不引起我们深思：这些女孩怎么了？

随着富养女孩的观念在现代父母心中的根深蒂固，很多家长认为，女孩要富养，有充裕的物质生活，才能让女孩从小不被小恩小惠诱惑，才能擦亮眼睛，长大后钓一个“金龟婿”，这种富养女孩的观念很荒唐，这是一种认识误区，女孩要富养，是要富养品质，比如，节俭的品质。但生活中，家长因为疼爱“独苗苗”，迁就女儿花钱自不必说，就连家长自身也往往产生了非合理消费的心理——攀比、从众、追时髦、喜新厌旧等。时代变了，人们的消费观念确实应该改变。随着经济收入的增加，人们吃饭更讲营养，穿得更美，自然无可非议，而且应该提倡；但盲目花钱、随便浪费永远是坏事情，是不良品质的反映。因此，孩子不懂得节俭，不能只怪孩子，大人也有责任。

那么，家长到底应该怎样引导女孩懂得节俭，不做个奢侈的小公主呢？为了培养孩子节俭的品质，家长不妨从以下几个方面入手：

第一，教育女儿正确认识钱。要让孩子从小懂得钱是什么，钱是怎么来的，怎样正确对待钱财，不义之财绝不可取。当女孩年龄还小时，要从观念上教导，应联系实际生活给孩子讲解，多引用一些事例。年龄大的女孩，可以跟她专门讨论钱的问题。

第二，教孩子学会花钱。女孩的消费行为应该在家长的监督下进行。孩子的消费行为是由被动逐步走向主动的，当女孩还小时，家长就应该让她学会做家里的小帮手，妈妈可以教孩子买东西，如何用钱、如何选择物有所值的物品，要让孩子学会先认真思考再花钱，而且逐渐养成习惯，避免盲目消费。

第三，教孩子学会积累。很多女孩的玩具里都有储蓄罐这个东西，家长应该鼓励你的小公主设立"私人小金库"，孩子手里的零用钱、压岁钱都可以存起来，教会孩子在存钱、用钱的过程中，培养节俭的好品质。

第四，教育孩子懂得量入为出。要让孩子明白，花钱必须有经济来源。每个家庭的经济情况不同，花钱要看支付能力。即使家里很有钱，也不能满足女孩的任何要求。

第五，教育孩子珍惜物品，不浪费。让孩子懂得所吃、所穿、所用来之不易，都是人们用汗水和心血创造出来的，随意浪费是不珍惜劳动果实、不尊重劳动的表现。让孩子经常参加劳动，体会劳动的艰辛。

第六，家长应该以身作则，树立正确的消费观。我们不难发现，女孩是具有积累意识的，但又是感性的，她们的很多消费习惯是从家长那里模仿来的。培养孩子节俭的品质，首先应该从家长做起。家长从认识到行为，都应给孩子作出榜样。

新的时代，应该建立科学的消费观念，以下 3 条是家长应遵守的重要的消费标准：

(1)是否高效益地使用金钱、财物，合理消费，用所当用。

(2)是否有利于孩子的发展——形成良好的品质素质、身体素质、心理素质、文化素质。

(3)是否杜绝了奢侈浪费、享乐主义。

我们不应该忘记中国的古训：成由勤俭，败由奢。节俭的美德是传家宝，在孩子身上应得到继承和发扬。成功由勤劳节俭开始，失败因奢侈浪费所致，即使到了很富裕、很有钱的时候，这个朴素的真理也不会过时，这并不和女孩要富养这个育女真经相违背，品质的富养才是其真正内涵。节俭是一个人的重要品质，很难想象，一个从小大手大脚随便浪费、攀比虚荣的女人能创造一番事业，建设好家庭，成为一个好母亲。

把女儿培养成一个独立的女孩

当今社会，女孩也必须要有独立面对生活和竞争的能力，因此要培养女孩子的独立自主精神，不能依赖任何人，包括自己的父母。无论是风吹还是浪打，父母都不可能替女儿去承担。那些不能独立的女孩子就成了“浮萍”，在风吹浪打中飘摇，“顺水而流，随风而逝”。父母要让女孩有自己的世界，有独立的操作能力，在将来的生活中，不必依赖任何人，就必须让女孩学会独立。

很多父母坚信“富养女孩”这一观念，但却误解了它的真正含义，于是，富养变成了娇宠，很多女孩在父母这种保护下失去了独立的能力，很多幼年的女孩甚至是女大学生，虽然学习成绩不错，但普遍表现出独立生活能力差，缺乏自立意识，依赖性强，做事被动，胆怯；缺乏适应环境和应变能力，不懂得恰当交往的技巧，人际关系差；怕苦怕累，只要求别人照顾，却缺乏同情心和帮助别人的能力；在家不知关心自己的长辈，在外缺乏社会责任感。

曾有一位母亲伤心地讲到她念大学的女儿时说：“我女儿学习很好，但什么也不会干，只要一有点小病，就催我们带她到大医院去看医生，嫌校医院水平低而不去那里就医。”她接着自责地说，“这不能怪别人，都怪我们从小把她惯坏了。”的确，一个好女孩本是母亲的贴心小棉袄，一个好女孩应该是坚强、勇敢、独立的孩子，但父母的娇惯使她成了一个无独立行为能力的人。

这样的女孩并不少见，生活中，很多三四岁的女孩不能自己穿衣吃饭，五六岁的女孩不能自己扣扣子和系鞋带。生活在城市的女孩多由家长接送还不算，有的连书包都由家长替背；有些女生还要由家长给洗衣服；大学入学，很多女孩由家长“护送”，甚至连床铺都由家长给铺好。而这种教育方式，已经脱离了富养女孩的本意，娇惯孩子、过度保护孩子，只会让女孩成为一个低能儿，而不是一个优雅、坚强的公主。

当今社会，女孩渴求和男孩一样独立，这是时代的要求，而父母的教育是孩子独立的资本，家长必须克服以下不妥的教育方式：

第一，避免社交上的“过度保护”。女孩柔弱的性格使之需要保护，但很多家长却保护过度，不少家长怕孩子吃亏或学坏而限制孩子与外界接触，一旦孩子与小朋友或同学间发生争执或不愉快的事情，多数家长采取袒护自己孩子而指责对方的态度，由此常常发展成家长间的争端或摩擦，但对孩子产生的却是负面作用。

其实，女孩需要保护，但也要有自己独立的空间，正如意大利教育家蒙台梭利的“精神胚胎”学说认为：胎儿在母体中形成的那一瞬间，就有一种内在的东西，这种东西将在儿童一出生就知道儿童如何发展，知道儿童去抓什么，去摸什么……这种东西就是“精神胚胎”。这种学说听起来或许有些先验论的神秘色彩，但它却科学地指出了孩子成长的特征。做父母的常常以自己的思维模式、想当然的育子模式，去规范孩子的行为，以为这样做就是对孩子负责，其实这种爱，往往会误导孩子走向一条相反的路。

第二，避免生活上的“包办代替”。很多女孩的家长，在生活上以“包办代替”包揽女孩衣、食、住、行为快，怕孩子脏着、累着而不让她们沾家务劳动的边。总之，这种“包办代替”从横向涉及孩子生活的方方面面，从纵向一直延伸到孩子成人。但家长忘却的是，你的女儿将来也要身为人母，也需要照顾一个家庭，一个连洗衣、做饭都不会的女人如何能负起一个妻子、一个母亲的责任？

第三，避免经济上的放任。女孩是娇贵的公主，于是，很多父母对孩子的经济要求百依百顺，有求必应。且不说经济宽余的家庭，就连经济拮据的家庭，家长也要勒紧腰带，甚至东挪西借来满足“小公主”的各种要求和欲望，以适应互相攀比的消费风气。对她的零用钱普遍表现“大方”，随要随给。孩子上街一两站也要乘车，甚至很多中小学女生上下学“打的”、花钱雇人值日、做作业，更有甚者，有个别家庭经济条件好的女孩考试时花钱雇人替答卷。这纯粹是由家长的溺爱、娇惯，特别是经济上的放任所造成的。

家长要明白，女孩终将成为社会的一分子，你也不能一辈子保护你的

“公主”，她需要富养，但不能过度保护和纵容，你不妨放手，让孩子自己独立。因为孩子也是独立的个体，也有自己的观念和判断。也许他们的生活经验还不足，在生活中会犯一些错误，但孩子犯错误是可以理解，也是必要的。孩子在成长的过程中需要吸取教训，积累经验。如果不给孩子自由发展的空间，孩子没有足够的实践，那么将来需要自主选择时，就很可能会束手无策，也就无法真正独立起来。

引导女孩对金钱的认知，惜金但不拜金

女孩要富养，这是毋庸置疑的，女孩出生以后，给孩子一个“富裕”的教育环境，要让光明、温暖、坚信、乐观这些幸福的字眼占据她最初、最柔弱而单纯的心灵，从小要带她出入各种场合，开阔她的视野，增加她的阅世能力，也就能大大增强她的见识，她们在长大成人之后，才能更有品位地生活。

但家长在富养女孩的时候，一定要注意把握好富养的“度”，别让“富养”变质成“娇宠”，不要让“品位”变质成“拜金”，毕竟在这个经济发达的社会里，一不小心，女孩就成了金钱的奴隶，除非她有着过人的抵抗诱惑的能力。而这种对金钱的极强免疫性，是需要父母从小给孩子培养的。

女孩要富养，并不是要让孩子大手大脚地花钱，试想，如果过惯了富裕生活的她，还能习惯平实的生活吗？养育女孩，最主要的是培养孩子良好的性格，不攀比富贵，不歧视贫困。家长必须要让孩子知道，她得到的每一样东西都是父母辛苦挣来的，要让孩子学会体恤父母，珍惜劳动成果，懂得劳动最光荣，脚踏实地挣来的钱才是自己应得的，而不是拜金！有这样一个真实的故事：

北京的一对年轻的父母带着刚上小学不久的女儿去逛街。在一个繁华的路口，有一位老爷爷正在卖《北京晚报》。父亲从口袋里掏出 4 元钱交给女儿让她去买 10 份晚报。女儿买回晚报，父母一起跟她商量：按原价把晚报卖出去，看看我们能不能很快卖完。女儿在父母的支持与帮助下，费了不少时间才把 10 份晚报卖出去。然后，父母让小女儿去问卖报的老爷爷，一份报纸能赚多少钱。孩子从老爷爷那里知道，卖一份报纸只赚几分钱。她算了

一笔账，花了这么长时间才能挣几毛钱，而且费很多辛苦和口舌。“爸爸、妈妈，我以后可不能随便花钱了，挣钱太不容易了。”父母肯定了孩子的想法，及时表扬了她。这个女孩后来很懂得节俭。

那对年轻父母经过认真思考，采取了很明智的教育方法，他们是家庭教育的有心人。女孩是公主，的确要富养，但不能把女孩教育成一个拜金、有强烈物质欲望的女孩，这样的女孩在未来社会中会因为金钱的诱惑变成物质的奴隶，甚至出卖真实的自己，做出无法挽回的错事。

那么，家长在女孩还小的时候，就不能对孩子进行物质刺激。但在中国家庭教育环境下长大的女孩，对于物质刺激这个词语一定并不陌生，这似乎是中国父母独有的撒手锏：考试成绩全部85分以上，给女儿买芭比娃娃和酸奶；要是能在全班排名中进入前三，奖励100块钱。凡此种种，方式不同，但刺激效果却惊人的相似。在孩子的心灵里，这是一种变相的拜金主义诱导。当人生观的追求转化成物质上的贪婪，家长又从何谈起树立女儿独立的竞争意识和健全的人格呢？

那么，家长该怎么样做，才能使女儿成为一个骄傲但不拜金的小公主呢？

第一，不要让孩子过早接受物质刺激。家长必须把物质奖励这一项从女孩的生活中“废除”，相反，可以鼓励孩子说：“如果你能自己洗澡的话，妈妈就奖你一个吻！”

第二，培养孩子平衡的金钱观。

“家附近有个大型购物中心，里面购物、娱乐、餐饮一应俱全。女儿一两岁时我经常带她去玩。里面有好玩的，有好吃的，女儿经常玩得乐不思蜀，以致到了后来，女儿早上醒来的第一句话就是：妈妈，我们去买东西吧！”

当这位妈妈意识到自己的错误教育方式后，她开始有意识地转换富养女儿的方式：

“首先，我们减少了去公共场所的频率。每天她会带孩子在户外玩耍一段时间，让她呼吸新鲜的空气，而她也在大自然中发现了无穷的乐趣。还有一段时间，孩子就留在家里或在熟识的小朋友家玩耍。在户外和室内的节奏中，慢慢培养孩子在收和放之间的一种平衡。其次，我开始帮孩子建立正确的金钱观和消费观。孩子到超市，会被琳琅满目的商品或包装吸引，不停地说：我要这个，我要那个。我会事先对她说，我们一次只买一样或如果你很喜欢，妈妈拿给你看看，看好了我们就放下。大多数情况下，孩子会满足地看看后就放下，或挑其中一样。碰到不合适的商品，我会直接告诉孩子这样东西太贵，我们买不起或者这种食品不健康，我们的身体会生病的。”

第三，让女孩找到真正的快乐。如果家庭条件可以，父母可以让孩子通过献爱心的方式，找到助人的快乐，女儿也就能从中获得一些满足的快乐。

“女儿爱美。外婆、奶奶、小姨、姑姑、朋友送给她的新衣不计其数。以前，女儿总是迫不及待地打开包装，把每件都要试一试。曾经有一段时间，我每天早晨要花半个小时来帮她挑衣服。现在，我会和她一起清理衣柜，当季的衣服，她自己挑选四五套特别喜欢的，而多余的衣服或者再送来的新衣，我会放在一边，给有需要的朋友或者带给孤儿院的小朋友。‘那是我的！’刚开始，女儿有点儿抗议。我平静地告诉她：‘我们的已经足够了。’现在，女儿会自己说：‘我们的已经够了。’”

拜金主义是一种人格的缺失，也是一种不健康的心态，这种心态对女孩的成长极为不利，谁都希望自己的小公主是个健康向上、乐观的孩子，不为金钱诱惑，能在未来社会中找准自己的位置，为此，家长要能理解好富养的真正含义，富的主要是品质和精神，不是物质。

第03章 富养的女孩最自信：不让女儿做一朵羞答答的玫瑰

我们发现，生活中，很多女孩，即使面对比她弱小的对手也会退缩不前，即使自己的玩具被抢走也不敢要回来……这样的女孩，实际上是把自己放在失败者和自卑的假象里，而这种女孩未出征先言败，又何谈将来的成功呢?的确，女孩子具有娇弱的特性，但是父母决不能为自己的女儿贴上“弱者”的标签。富养的女孩才自信，这就好比灿烂的花，要精心滋养，周到给予，细致呵护，才会弥久散发脱俗的芬芳，女孩良好的心态取决于父母正确的教育方式。为了让女孩适应以后竞争激烈的社会生活，父母应该根据女孩子特有的柔与韧，将你的女儿培养成一个自信、自强、刚柔并济、骄傲的公主！

让女孩明白忍耐并不是怯懦

在传统教育中，忍耐和礼貌、尊老爱幼等内容一起，都作为一种美德教育传授给孩子。其实，即使在现今强调竞争的社会中，学会忍让仍然也是一种美德，仍然是一个温婉大方的女人的必备品质，重要的是，父母应如何智慧地教育和引导孩子，在谦逊知礼的同时，还应有自信心和竞争力，以适应今后的社会生存。

古人云："识时务者为俊杰。"审时度势是每个人生存、生活的必修技能。真正的强者能屈能伸，明白内外环境和因素对自己的影响，明白自己的境遇，能找到自己的立足点，从而忍耐并静心地去等待，创造利于己的条件，在最佳时机出击，并最终获取成功。

女孩是未来社会竞争中的成员之一，学会适当的忍耐能让女孩冷静地剖析对自己有利与不利的因素，并去争取和创造更多对自己有利的条件，为自己的腾飞"蓄势"。能忍耐的这种意志力，需要家长从小教育。但忍耐不是懦弱，懦弱是不自信、胆怯、丧志，甚至逃避；忍耐则是暂时的，为的是能找到更好的"突破方向"。家长必须要告诉女孩懦弱与忍耐的区别，让她适当地把握这中间的尺度，在未来社会竞争中伺机而动。

女孩生性柔弱，很容易步入懦弱的性格泥潭，父母要把女孩教育成未来社会的强者，避免懦弱性格的产生，就需要富养女孩，富养的女孩要有足够的自信：当自己的权益被人侵占时，绝不会坐视不理，她有着强烈的"维权意识"。而相反，一个从小生活在父母的拳打脚踢中的女孩总是心怀恐惧，比如有的家长经常用一些刺激性语言吓唬女孩，给孩子讲"鬼怪"故事，本来是想让孩子听话、老实，没想到却生成了孩子性格上的缺陷。还有的家长虽然意识到了吓唬孩子不对，却又走到了另一个极端。当孩子表现出胆小或正在害怕时，家长又表现出过分的关心和爱护，把孩子紧紧地搂在怀里千哄万哄，不离左右，为她忙前忙后，甚至把平时孩子最喜欢的吃的、玩的一并送上，想借此打消她的懦弱心理。

那么，父母到底怎样通过富养来让孩子明白懦弱和忍耐的区别，让孩子既能自信，又不飞扬跋扈呢？家长不妨做到：

第一，当孩子感到害怕、遇事退缩时，家长要多加鼓励。要明确孩子怕什么，针对孩子所怕的事物进行科学的解释和适当的安慰。家长平时也要有意识地从正面对女孩进行勇敢教育，可以给孩子讲一些少年勇敢的故事，以激励孩子锻炼自己胆量和意志。

比如，孩子不敢一个人去厨房或者厕所，家长可以训练她单独去干点什么，“去帮妈妈把厨房里的杯子拿来，我急等用。”一般懦弱的孩子在晚上天黑之后，听到让他去厨房，就会有些犹豫，如果家长只是说些“别怕，那儿什么都没有”之类的话，或者见孩子有些犹豫就干脆大声斥责“胆小鬼”，只能加重孩子的害怕心理，让她觉得干这件事很发怵，女孩需要用温柔的方式去呵护，而不是“摧残”，家长需要换一种说法，用很平淡的语气对孩子说：“我要蓝色的那个杯子”或者“请你帮我把两个杯子全拿来，我等着倒水呢。”孩子的注意力就会转移到你让她干的事情上，“拿几个，什么颜色的”，而不会在意去哪儿，那个地方怎么样。当孩子回来后，家长应给予口头奖励和物质奖励，增加她的自信心和荣誉感。尤其是当孩子主动表现出勇敢和其他正常的、胆大的行为时，家长更该及时鼓励，这样通过反复强化训练，孩子的胆小懦弱就会逐渐纠正过来。

第二，当孩子的“权益”被“侵犯”时，家长要正确地引导，告诉她可以忍耐的限度。比如，当她被别的小朋友欺负时，要让她学会和别人理论，理论无效时，你不妨放手，让她用孩子之间的方式解决问题，要有意识地忽视她这种不满的情绪。

第三，很多懦弱的女孩都属于环境适应能力较弱型，这可能和她的性格有关，这些孩子大多性情沉静、沉默寡言，虽然易形成勤勉、实事求是等优点，但也可能发展成消极、懦弱等倾向。在长辈的过分疼惜下，穿衣洗脸、剥鸡蛋等小事都被家长包揽，就剥夺了孩子社会化发展的机会，这是造成孩子性格懦弱的主要原因。放手让孩子成长，是解决这个问题的关键。

第四，在强化孩子的自信、克服她胆小懦弱时候，不能操之过急，也不能采取压制的手段。有些家长“恨铁不成钢”，整天大声地斥责孩子，“你怎么这么废物”或者“胆小鬼”，结果孩子受这种消极暗示的影响，更觉得自己不行，什么都不敢做，哪儿都不敢去，胆子会愈发变小。

家长应该多想些办法，在自然、宽松的环境中，使孩子的潜意识发生变化,由于这种变化是在无意识中进行的,孩子易于接受、且效果比较好。

克服女孩的懦弱心理,是让女孩骄傲、自信的根本目的,但同时,也要让女孩学会忍让,“海纳百川有容乃大”,会忍耐的女孩才拥有大海般宽广的胸怀,这样的女孩才会在未来生活中用人格魅力感染别人,才不会为一件小事就发脾气、一言一语就起争执,这样的女孩才会成功、得到尊重,生活才更美好!

让女儿多交朋友,不做孤独的公主

女性对于世界的感知能力、语言的敏感度,很大一部分是在社会交往中实现的,在女孩子的眼里,世界是以“关系”为主,她们喜欢用和谐的关系来诠释社会。社会交际能力的培养对女孩子格外重要。但如果在她们的成长过程中,由于受到了某方面的限制,而无法与别人进行沟通,比如不自信,那么女孩的敏感和脆弱就可能把这个孩子击垮,让她完全不能认同这个世界。作为父母,要发挥好桥梁和纽带作用,帮助孩子完善自己的交际能力,让她自信起来,别让她做个孤独的“小公主”。

女孩要富养,除了给孩子一个轻松舒适的生长环境、优越的生活条件、接受有品位的生活以外,还需要教会孩子如何自信地与人交往,一个落落大方、平易近人的公主才能赢得别人的赞同、尊重和喜欢,才不会孤独。家长要明白的是,孩子的性格和交往能力,需要从小培养。

“我女儿5岁半了,很可爱,就是特爱害羞,碰到熟人也一样,有时甚至还会因害羞而哭闹。我也跟她讲了很多道理,可还是不管用。这该怎么办?”

这是一位妈妈对儿童心理学家说的话。其实,女孩子到了5岁,正是初步进行社会交往的阶段,孩子在这个阶段会学习如何来面对家人以外的人。在这之前,她的身体还不够自如,语言表达也比较简单,更多地需要成人来猜测她的意愿。可以说,她的生活处处依赖成人。而女孩到了这个年龄以后,基本都开始上幼儿园了,会接触到很多的同龄小伙伴,生活范围一下子扩大了。这时,需要她们自己去面对很多的“陌生人”,需要一个适应的过程。

但由于每个孩子生下来就具有不同的气质类型，内向的女孩一般不自信，会有点害羞，外向的孩子可能在交往中比较大胆。气质类型没有好坏，只是表明了孩子对待世界的不同方式。但家长一定要注意孩子的心理成长，别把孩子的不自信当成内向和害羞，一旦发现孩子不自信，就需要根据孩子的特点进行引导，让孩子喜欢交往，擅长交往。但家长也不必过于担心，这个年龄段的女孩性格可塑性很大，及时正确引导，是完全可以达到效果的。

那么，家长具体应该怎么做呢？

第一，创造机会，给她与人接触的机会。

你可以带孩子参加故事会、联欢活动等，还可以经常带孩子走亲访友，或把邻居小朋友请到家中，拿出玩具、糖果、画报，让孩子慢慢习惯于和别的孩子交往。孩子通常需要安全感，所以起初有家长在一旁陪伴，会让她比较放心。

第二，家长多进行积极引导，避免强调孩子的弱点。

如果家长朋友说，“我的女儿胆子小、不自信、走不出去”，实际上这是强化孩子的弱点，结果是：“胆大”的孩子更“胆大”，“害羞”的孩子更“害羞”。有的家长会有意无意地说：“你看人家妹妹都会打招呼，你怎么都不会说呢？”这样的比较，反而会对女孩幼小的自尊心产生伤害，让她更加害羞，更加不愿意说话。所以你不要轻易去比较，要相信你的“小公主”就是最棒的。

当有其他人问候她时，你可以让孩子自己来回答，不必代替孩子来说。如果孩子不愿意说，你可以进行一些引导，如“小朋友向你问好了，你该怎么回答啊？”当孩子自己与“陌生人”进行交流以后，逐渐就会胆大和自信起来。

第三，教给女孩一些交往技巧，这是让你的宝贝逐渐自信起来的最佳办法。比如：带着有趣的玩具走到其他小朋友的身边，这就能吸引别人的注意；做与其他小朋友一样的动作，也会得到友好的回应；想玩别人的东西，就教孩子说：“哥哥姐姐，让我玩玩好吗？”让孩子自己去说，哪怕是你教半句，孩子学半句也好。如果得到了满意的回答也别急着玩，要让孩子学会说“谢谢”。如果得不到满意的回答，你可以打圆场，转移孩子的注意力。家长要明白，集体里孩子是一定会经历失败的，父母现在教孩子一些交往技巧，以后孩子独立面对失败时就不会承受不起。

第四，及时表扬你的女儿。

女孩是柔弱的，她在交往中迈出的每一步都需要父母的支持与鼓励。当孩子能大胆与其他人进行交往时，及时的表扬会让孩子更加自信，更乐于去与别人交往。

第五，让孩子多做些运动。

研究表明，无论男孩女孩，运动都能够增强孩子的自信心，发展孩子的交往能力。家长也不妨多和孩子做一些体育运动，如球类游戏、赛跑游戏等。引导孩子学会交流的最好时机是在她进行最喜欢的活动时，一般来讲，在大人与小孩子、或者孩子与孩子互动玩乐、运动的时候是孩子最放松的时候，也是引导她与人交流的最好时机。

一个会交往的女孩才不会孤独，身边也永远不缺朋友，家长需要教给孩子与人交往的本领，让您的小公主自信一点，这会让她受益一生！

给女孩足够的安全感

人活于世，都需要一种归属感，人们强烈地希望自己归属于某一组织或者个人。而对于一个女性，最初的需求是感受到来自生育了她的父母的爱。随着她不断成长、与社会的接触逐渐增多，她的归属感就更强烈，但在与人交往的过程中不免受到伤害，比如被人不留情面地批评，使她感觉被人排斥、压力过大或者精神极度疲劳时，父母要让女儿知道你永远是她的依靠，永远是她的港湾。

女孩和男孩天生不一样，男孩在受伤时，大可以一笑了之，而女孩则需要安慰，需要用心庇护。让女孩在失意、落魄的时候，走出心理阴影，是富养女孩的一大要求，否则，她就可能到别的地方寻求他人接受并获得归属感。她可能去向那些根本不想取悦她的人寻求庇护，并可能通过危险的非法方式获得乐趣和身份，那么，后果将不堪设想。很多女孩离家出走，误入歧途，就是因为得不到父母的认同和慰藉。

那么，家长具体应该怎样去增强孩子的家庭归属感呢？

第一，和女儿保持交流。

交流沟通能力在促进人们社交健康、情感健康和个人成功方面起着关键作用。如果父母不与女孩交谈，女孩可能将之理解成对她的忽视，久而久之会给她的自尊、自我价值感以及她对未来家庭关系的信任带来毁灭性的影响。

女孩在生活中受挫的时候，需要父母的鼓励，否则会导致她严重的受挫感。家长应该接纳女儿的感受，那么，她就可能学会接纳、控制、喜欢或者应对自己的感受。另外，家长也可以帮助她提出要求。比如对她说，“我想你现在很难过，给你一个拥抱，你会觉得好点吗？”这样的话能让她放松地表达自己的想法：“我现在心情不好，是想得到一些安慰。”

第二，做她最后的庇护者。

当你的女儿正处于困难时期，当她再也无法忍受、筋疲力尽、无法继续佯装坚强之时，她需要一个藏身之所，某个地方或某个人成为她最后的庇护所。在这里，她会展示真实的自我；在这里——至少在很短的一段时间，没有人要她负责任，被无条件地接受；在这里，她可以真正放松下来，因为她知道，有人愿意暂时分担她一时的负担，让她得到解脱，是她坚强的后盾。

父母显而易见应该是孩子最后的庇护所，父母应该成为孩子最后的庇护者，因为父母对孩子非常重要，虽然在某些时候或情况下，家长可能觉得自己缺乏足够的情感储备，不能为孩子提供其所需要的慰藉。这个时候，你不用对你女儿说什么或者做什么，而应该好好考虑一下，除了你与她保持亲近外，她是否还需要你为她做些什么。要让她恢复对自己的信心，其实并不需要付出太多的努力。

(1)当你的女儿请求原谅时，请接受她抛来的橄榄枝，并尽力忘记那些不愉快的事情。

(2)为她提供庇护，并不意味着你对那些已经发现的有问题的行为视而不见、不理不睬。

(3)积极主动，想她之所想——预见她的感受，如果你认为她需要，主动给她以安慰。

(4)在没有压力的寻常时间里，找个机会开诚布公地告诉她，在她需要的时候，家永远是她最后的庇护所。

第三，给面临压力的孩子以支持。

压力不仅仅困扰着成年人，事实上，女孩面临着双重的压力。一方面，她要承受来自自身生活中的事件，比如欺凌、学业压力和交友问题的压力；另一方面，她还受到心事重重、缺乏忍耐的父母所面临压力的间接影响。面对压力，她们可能比成年人更加迷茫而不知所措。

一位母亲说："我过去认为我女儿挺好的。尽管她孤独了些，但看起来生活得不错。我的生活也还行。我们之间交谈不多。后来，在进行中考的时候，她开始逃避一切事情。如今她不学习，整天关在家里，也不说话。我们的生活真的是一团糟。"

这个女孩的表现就是压力过大造成的，如果你的女儿长时间地难过或者郁郁寡欢，超出了你的预期，或者变得富有攻击性，离群索居或者不愿与人交往，睡眠不安，注意力不集中，或者过分依附他人，这时，她可能正感到痛苦难过，需要你对此采取一些慰藉她的行动。此时，你应及时告知她事情的变化及作出的决定，以便她感觉到没有失去控制，保持生活的常规不变，以强化她的安全感。

女孩生来就有一种娇弱的特质，正如花儿一样，需要父母的精心呵护；只有给予她足够的爱，她才会理解爱的内涵，才会积极健康、乐观向上的成长，这不正是父母所希望的吗？做孩子坚强的精神后盾，她的成长才有保障。

让女孩保持开朗乐观的心态

女孩子是美玉，是鲜花，是所有美好的代名词，可是，人们不会去欣赏无精打采、垂头丧气的鲜花，被尘土覆盖的美玉也难以受到人们的重视。女孩子如果总是沉浸在阴郁愁苦之中，就很难有所成就，也很难被人欣赏。著名教育学家塞利格曼指出：父母教育孩子的方式正确与否，显著地影响着孩子日后性格是乐观还是悲观。因此，作为父母，一定要富养女孩，要积极营造一个乐观和谐的家庭氛围，让孩子在乐观中逐渐找到生活的自信。一位教育专家有句名言："培养笑容就是培养心灵。把孩子培养成面带笑容的孩子，就是把孩子培养成为乐观、进取的人的最重要条件之一。"

著名潜能开发大师迪翁常常用一句话来激励人们进行积极思考："任何

一个苦难与问题的背后，都有一个更大的幸福！”这是他的招牌话。他有个可爱的女儿，但一场意外让这个可爱的小女孩失去了小腿，当迪翁从韩国的演讲赛上赶到医院时候，他第一次发现自己的口才不见了。可是女儿却察觉到父亲的痛苦，笑着告诉他：“爸爸，你不是常说，任何一个苦难与问题的背后，都有一个更大的幸福吗？不要难过呀！这或许就是上帝给我的另一个幸福。”迪翁无奈又激动地说：“可是！你的脚……”

小女儿非常懂事地说：“爸爸放心，脚不行，我还有手可以用呀！”

听了这样的话，迪翁虽有几分心酸，却也欣慰不已。

2 年后，小女孩升入中学了，她再度入选垒球队，成为该队有史以来最厉害的全垒打王。因为她的腿不能走路，就每天勤练打击，强化肌肉。她很清楚，如果不打全垒打，即使是深远的安打，都不见得可以安全上垒。所以唯一的把握，就是将球猛力击出底线之外。

这是一个乐观积极的小女孩，在最艰难的时刻，她留给人们的依然是微笑，因为她相信父亲的那句话，“任何一个苦难与问题的背后，都有一个更大的幸福”，于是，灾难变得不再可怕，而她本人也更有能力面对这场艰难的挑战。

的确，一个乐观开朗的人，无论面对什么样的生活，都有能力重新开始，即使在地狱中，也能重新走入天堂。对于任何一个人来说，这种性格是比什么都重要的财富。

因此，家长在培养女孩的过程中，乐观性格的培养是必不可少的。也许有些女孩天生就比较乐观，有些女孩则相反。但乐观思想是可以培养的，即使孩子天生不具备乐观的性格，也可以通过后天的努力来实现。比如：

第一，家长要有乐观的思维模式，用乐观的心态和家庭氛围来感染孩子，如同迪翁一样，因为他的乐观，才造就了女儿的乐观，因为他的积极，才培养了女儿的积极。

在孩子的成长过程中，她一直在看着父母，如果父母在处理自身问题和家庭问题时持乐观态度，那么孩子通过观察和模仿会逐渐养成乐观的性格。当孩子遇到不顺利的事情而悲观时，父母应带领孩子对问题进行多方面的思考和衡量，并让孩子明白她的思想中存在的逻辑错误。一个自信乐观的父母，总是能够培养出心态乐观的孩子，他们总是能够为女儿营造这种积极乐观的氛围。

为此，家庭中所有成员在说话做事时都应有平和的态度。在对女儿说话时，要和颜悦色，让女儿感受到心情舒畅，不要经常厉声厉色地斥责孩子，以免孩子对父母望而生畏，心情老是处于不舒畅的紧张状态。这就要求父母尊重孩子的愿望，做事以理服人，要让她们自然滋生出积极的情绪。

第二，在家庭生活中，应该经常有孩子喜爱的琴、棋、书、画以及各种文娱体育活动。

第三，要经常引导孩子完成力所能及的任务，使其体验“成功”的欢乐。对于一个人来说，能够产生愉悦的情绪，莫过于完成任务的满足感和自豪感了，因此，作为父母，要让孩子在完成学习、劳动任务中，或在游戏活动中体验到“成功”的愉快心情。

第四，孩子一旦有了不愉快的事情，家长要设法尽快消除其不良情绪，恢复其愉快的心境。

总之，培养孩子乐观的心态，父母要身体力行，营造出一个乐观而温馨的家庭环境，让女儿快乐地学习、快乐地生活，教会孩子正确面对批评和挫折，帮助孩子克服羞怯和抑郁的悲观因素，多给予赏识与鼓励，多给予笑声与温暖，孩子就会逐渐形成乐观开朗的性格。在孩子的一生中，乐观具有许多意义：它是诱发孩子采取行动的强烈动机；它进驻孩子内心，可以提供充满勇气、克服困难的神秘力量。富养女孩，就是要赐给女儿希望和乐观，让她们能够积极地完成自己的理想。

保护女孩的“骄傲”

自尊是人活于世的根本，自尊才能自信，才能自强，尤其对于一个女性，懂得自尊，方能自爱，也才能被人爱。而作为父母，无法给孩子天使的翅膀，但一定要给孩子“公主”的尊严并维护这种尊严，才能培养出一个骄傲、自信的公主。

女孩如何通过富养，做个骄傲、自信的公主？不仅要给孩子优越的生活环境，让她接受良好艺术气息的熏陶、出入各种场合，开阔她的视野，增加她的阅世能力，大大增强她的见识，还要让孩子以健康的人格和心态去迎接未来的社会，从而让孩子有自尊心。而这种自尊心的培养，正需要父母给孩子尊严。

可是生活中，很多父母误解了富养女孩的真实含义，他们富养物质，穷养精神，认为只要给女孩最好的物质条件，她就会幸福，当孩子情绪不对或者陷入困境时候，不是采取鼓励的措施，而是打压或者生硬的斥责；也有一些父母，总是希望自己的女儿能按照自己的意愿行事，结果导致孩子叛逆、自卑等，其实，这都是对孩子的不尊重，也伤害了一个"小公主"的尊严，要想让她成为一个真正骄傲、自信的公主，家长就不要忘记，她是女孩，她需要富养，给足她尊严，她才会自信。那么，具体说来，家长不妨从以下这些方面入手：

第一，尊重"小公主"的个性。每个女孩子都是与众不同的，如同我们不可能找到两朵相同的花儿。每个女孩都有不同的感受事物的方式、玩耍的方式、思维的方式、学习的方式、享受的方式，正是这些"个别的特性"使她成为你"独特"的女儿。

因此，家长要尊重女孩的个性，就应该对其内在品性的各个方面进行更为明确的理解，真正地了解你的公主，才能根据其个性打造其独特的人生，让她更自信地生活。

比如，父母对孩子的看法，通常都很绝对，非白即黑。她们要么是"表现不错的""成功"的，要么就是"有问题的"和"不可救药"的。要想女孩子始终充满骄傲、快乐和自信，必须视她们为多侧面、多色彩的、拥有多种正面人格特质和能力的人。

第二，尊重女孩的喜好和兴趣。正如上面所言，每个女孩都是不同的，因此好恶也是不同的，家长要了解她的好恶——她喜欢吃的东西和不吃的东西，她最喜欢的运动、课余消遣和活动，她喜欢的衣服，她的特长，她喜欢逛的场所以及最有效的学习方式。迎合孩子的喜好，才能让孩子接受家长的培养方式，也才能更自信。

第三，尊重孩子的观点，比如多和孩子交流，听听孩子的心声。

人们总认为，年幼的女孩子比较"顺从听话"，她们喜欢讨人欢心，服从他人。但父母不应该利用女孩子的这一特点，相反，应该着力强化她的个性和自我意识。当女孩子进入青少年期以后，在她们探求自己是谁之前，她们会从否定的角度——自己不是谁——来定位自己。这时，她们大多会拒绝接受父母的价值观。

“我爸爸非常专横。他不和别人讨论任何问题。他只是表明他的观点并说其他人都是愚蠢无知的。他总是试图告诉我该思考什么，如何做每一件事。小时候不懂事，我以为爸爸是对的，可是长大后，他还是这样，到最后我只能对他的任何话都充耳不闻。”

这是一个12岁女孩的心声，或许这也是很多这个年纪的女孩的心声，做父母的很容易因为自己的身份和阅历而变得过于自信，而在毫无察觉的情况下作出一些宣告、决定和断言，压制了女孩日益成长的寻求自身对事物独立看法的要求。这实际上是要让她按照你的观点和价值观来生活，这种“统治方式”造成的结果无非有两种，女孩叛逆或者自卑、没主见、不自信。家长要明白，你越是将自己的观点和价值观强加于她，并自以为她会与你分享，她拒绝接受它们的可能性就越大，即便一个较小的孩子也是如此。

第四，尽量少批评、多赞扬你的“小公主”。

(1)在批评女孩的某一具体行为前，先想想她的优点，以帮助你对她持有积极乐观的态度，并让批评明确具体。

(2)不要使用“好”或“坏”来评价她的行为，因为她会将此视为你对她的印象。取而代之，你可以谈论你喜欢或者不喜欢她的哪些行为。

(3)在你表达不认可之时，以“刚才，我发现你……”的方式来开头。

以上这些方式都是家长应该学习的，女孩要富养，富养精神、性格和品质，悉心地呵护你的“公主”，用正确的方式引导她的行为，维护好她的尊严，才不会伤她的自尊，这也是让女孩维持自信的最佳方式！

给满脸泪水的女孩多一些鼓励

自信是一种自我价值的认定，自信能让一个平凡的女孩光芒倍增，而没有自信则让一个女孩暗淡无光。但实际上，在培养女孩的过程当中，很多家长的做法经常是在挫败女孩的自信心，让孩子的自信心越来越低下。当女孩满脸泪水的时候，不是鼓励她，而是雪上加霜地斥责，“你怎么这么笨”“你怎么这不会，那也不会”。

其实，这些家长要明白，女孩需要富养，需要鼓励，只有细心地呵护，她才会以积极阳光的心态、自信的精神面貌对待生活中的任何事。有人说得好，“家是能够培养孩子的自信心的地方，能够让孩子的自信心、孩子的自我价值感感到很高。但是往往相反，让她受到伤害、让她自信心低落、让她自信心没有的地方，也经常来自于家庭。”所以，培养女孩的自信心，父母的责任重大。

的确，教会女孩自己做事不容易，但有一个非常重要的原则是，孩子需要父母的鼓励，女孩的潜能应该在父母的鼓励和赞赏下，逐步被挖掘出来。

我们可能听过神童周婷婷的故事：

她是一个双耳全聋的女孩，6岁，婷婷就认识了2000多个汉字，她进了一所普通小学，跳了两级；8岁，婷婷能够背诵圆周率小数点后1000位，打破了当时的吉尼斯世界纪录；10岁，婷婷被评为全国十佳少先队员、全国残疾人自强模范；16岁，婷婷成了中国第一位聋人少年大学生；20岁，婷婷被美国加劳德特大学录取为研究生——第一个中国聋人研究生，为此，她在人民大会堂7000人的表彰会上作了精彩的发言，引起了轰动。

周婷婷真是“神童”吗？所有的人都在惊叹这个女孩创造的奇迹，当人们问及其父亲周弘原因，到底他用了什么良方？周弘说：他使用的一直是赞赏和鼓励。其实，婷婷的智商是105，远低于所谓天才儿童的130，但周弘告诉婷婷：“智商只能测记忆力，无法测悟性、灵感，而你正是这方面的天才。”就这样，在父亲的鼓励下，婷婷一步步走上了成才之路。

的确，对于孩子来说，一句鼓励的话等于巨大的能量，等于成功的荣誉。女孩子娇弱，但是并不是没有能力，永远要记住：“成不成为”是一回事，而父母“相不相信”孩子有这样的能力又是另外一回事。

当父母相信孩子能力的时候，就会传达给孩子一种积极的信心，对孩子的期望会转化为孩子行为的动力，影响孩子将来的成就和发展方向。“富养女孩”，就要求父母在孩子面临困难时，多鼓励鼓励那个满脸泪水的小丫头。

有位教育家说：“其实所有的孩子生来就是天才，但我们却在他们生命最初的6年磨灭了他们的天资。”我们发现，很多聪明伶俐的女孩，在刚入学的时候就掉队了，而且以后再也赶不上“学习尖子”了，她们的潜能始终没有能够得到发挥，这正是因为经常被家长和老师所否定，自尊心受到伤害，个性长期被压抑。

因此，家长要给孩子能胜任的自信，告诉那个满脸泪水的小丫头，"你能行!"

女孩哭泣，往往因为在日常生活小事中受到了挫折，比如孩子今天自己整理了房间，但是因为没有整理好，心情很差，甚至眼角还挂满了泪水。作为父母的你，该如何鼓励她，让她重拾自信呢?

第一，说结果。

注意到了孩子整理房间的行为，即使孩子没做好，父母也可以说："我发现你今天已经整理了房间，现在房间焕然一新。做得真好，只是有些地方需要注意……"

第二，说原因(具体细节)。

告诉孩子："你不仅把床上的衣服都叠好了，也把书桌上的书都排列整齐了，真棒!"说得越具体，孩子下次越知道该怎么重复这个行为，也知道了自己哪些行为是受到称赞的，可以激励她重复出现这个行为，而这样孩子也就能接受自己的一些不到位的行为。

第三，说内在人格特质。

接着，父母可以说："看得出来，你是个很负责任的人。"称赞的时候，父母要多谈人格特质，而在做批评时，就该谈行为，而避谈人格特质。

第四，说正面影响。

例如，可以这么说："有你这样的女儿，爸妈觉得很高兴，你真是爸妈的贴心小棉袄，知道为妈妈分担了。"

其实，鼓励孩子从低落的情绪中走出来，是需要技巧的，大部分父母亲都习惯和孩子说："爸妈以你为荣。"其实这句话的着眼点应针对人格特质，而非学习成绩或表现。当父母如实说："你这次数学考了满分，爸妈真以你为荣。"这时，孩子会有个感觉，只有满分，爸妈才会"以她为荣"，那万一下次没考好，父母亲就不再感到骄傲，甚至还可能"以她为耻"。但是换一种说法，强调人格特质就对了："这次你考了满分，爸爸、妈妈发现你很努力，才有这么好的进步，这份努力，爸爸、妈妈很引以为荣。"如此一来，孩子就会知道，只要她努力，不论成绩如何，父母都会引以为傲。

教育子女是一大学问，而教育女孩，则更是一门精深的艺术。至今为止，尚未发现任何方式能够比关怀和赏识更能迅速刺激孩子的想象力、创造力和智慧，孩子都是在不断的鼓励中坚定自己做事的信心的。鼓励女孩走出负面情绪，让孩子体验胜任感，从而体验成功，是让女孩自信的重要方式。为了发现、发挥女儿的潜能，家长应该富养女孩，呵护她，鼓励她，让她认识到自己的潜能，从而创造精彩的人生。

培养女孩大方得体的气质

身为女孩的父母都希望自己的“小公主”在人前人后都落落大方、自信十足，这样的女孩长大后才能“上得厅堂，下得厨房”，才懂得如何不卑不亢地待人接物。这也是富养女孩的宗旨和目标之一。如何让女孩不再胆小怕羞、不自信，是困扰许多家长的常见问题，也是家长们急于得到答案的问题。而解决女孩不自信的一个重要方法就是，让孩子在陌生人面前大方地表现自己，这也有助于开阔她的视野，增加她的阅世能力，从而大大增强她的见识。

家长在让女孩学会大方表现之前，要先分析出女孩胆小、不自信的原因，然后才能对症下药。严格地说，胆小害羞是孩子进行自我保护的自然行为，随着年龄的增长和与外界接触次数的增多，胆小害羞的行为就会越来越少。但是也有些女孩四五岁或者小学几年级了还是很胆小、很怕羞，这个时候家长就应该重视、要想办法纠正了。一般来说，造成女孩胆小怕羞的原因主要有以下几种情况：

1. 幼年时候与外界接触比较少

女孩虽然天生是敏感、害羞、多疑的，但后天可以改变。但生活中，我们见到的一些胆小怕羞的女孩，多数是婴幼儿期由爷爷奶奶带，不常见生人，不常和小朋友一起玩耍。我们还见到，一般在学校校园里长大的女孩都比较胆大、放得开。所以，带孩子和外人接触，让孩子多见世面，让孩子多和小朋友一起玩耍，多参加集体活动，是纠正这类孩子胆小怕羞的最好方法。

2. 家长不正确的教育

很多家长错误地把女孩的胆小怕羞当作一个大的缺点来对待，急于纠正，但又方法不当。常常人前人后地提醒孩子，有的还强迫孩子在陌生人面前表现自己，当孩子不肯表现的时候，为了给自己一个台阶下，又当着别人的面说孩子胆小怕羞。这样不但不能纠正孩子的胆小怕羞,反而会加重孩子的内心体验,使孩子变得更加胆小怕羞。

4岁的菲菲是个胆小怕羞的孩子。一天她随妈妈出门,遇见了妈妈的一位朋友。妈妈与朋友攀谈起来,菲菲胆怯地躲在妈妈身后,低头吸着大拇指。妈妈说:“菲菲,这是丁阿姨,问阿姨好。”菲菲只是抬头看了阿姨一眼,就又低下头,继续吸她的手指。妈妈好言相哄,让菲菲走过来,但菲菲只是摇头。妈妈感到尴尬,可又不好在朋友面前发作,只好向她的朋友道歉说:“菲菲是个胆怯的孩子,我想她是不好意思。”

妈妈这么一说,无疑强化了菲菲的胆小怕羞。

3. 家长对孩子过于严厉

有些家长对孩子过分严厉,久而久之,使孩子畏惧于家长,敏感于别人对自己的评价。她们对自己的一言一行非常重视,唯恐有差错,这种心理导致她们在与人交往中表现得不自然、胆小怕羞。

其实,家长要明白,女孩无论从身体上还是心理上,相对于男孩,都娇弱很多,这也是要富养女孩的重要原因,女孩需要小心地呵护和鼓励,呵斥孩子只会扼杀孩子的自信心。

以上这些情况都会造成一个可爱但不大方的女孩的出现,她们自己信心不足,对自己在学习和其他方面的能力作出偏低的评价,做事谨小慎微,由认知上的偏差发展为自卑的人格,表现在外部就是胆小、害羞、孤独、沉默寡言。基于这些,家长要营造愉悦、和谐的家庭气氛,消除孩子的紧张情绪。要多鼓励、少批评,要抓住孩子的闪光点进行表扬,帮助孩子克服自卑,鼓励孩子勇敢地表现自己、张扬个性。这样就能使孩子克服胆小害羞的习惯,变得大方开朗、热情阳光,这样的女孩就能在陌生人面前大方地表现了。那么,具体说来,家长要让你的“小公主”自信地“登场”,还需要做到:

第一,“巧”邀请。平常我们习惯说:“宝宝来为大家表演一个吧!”或是“给大家唱首歌!”不管你的巴掌拍得有多响,这对孩子的尊重度都是不够的,只要换成“宝宝,爸爸想邀请你为大家表演,你觉得是讲个故事还是唱首歌呢?”这句话,用真诚尊重的态度巧妙地运用二选一的方法,引导孩子快乐地选择,巧妙地用语言为孩子指引行动的方向。

第二,营造家庭晚会的氛围,创造表演的机会。晚会的时间是固定的,可以每周一次或一个月一次,每个成员都必须出一个节目,当然可以是几个人一起表演小品或情景剧，形式多样，朗诵、游戏都可以。让孩子在与家人游戏中，享受亲子时光，热爱表演。

第三，家长以身作则，提供有效的“模仿源”。身教对孩子的影响永远比言教要大，可生活中光说不练的家长还是不少，要注重自己跟人交往的方式，在活动中注重提高自己的参与度和热情度。

这样女孩就不会出现“拒演”的这种情况了，让孩子在陌生人眼前大方地表现自己，通过表演来提升她的自信心，就能提高孩子的社交能力。大方与人交往，是女孩必备的社交心态，这种心态源自自信，而富养的女孩才会是一个自信、骄傲的“公主”！

第04章 富养的女孩懂自尊：父母要做女儿成长的引路人

女孩天生是敏感的，这是女孩的性别优势，也是其缺陷。女孩总是能够发现使生活变得更丰富的诀窍，但是首先，她要能够感受到温馨安宁，作为父母，要能够给女孩一个开阔的视野，点燃女儿寻找有情趣生活的欲望。要知道，培养女孩要有别于男孩。最优秀的教育是顺势而为，父母在培养女孩时，也应该区别于男孩，依照女孩特有的优势和个性，进行引导和培育。不能把所有的女孩子都变成“假小子”，否则，这个世界就变成了一片“灰色”。同时，如果不能让女孩子认同自己的性别，那么对她的成长极其不利，也会影响其未来的恋爱婚姻生活。只有充分认识到女性身上特有的性格优势，以及其所无法避免的性格缺陷，并根据社会对女孩的需要来进行培育，才能培养出优秀的女孩子。

别用简单的说教方式对待敏感女孩

女孩子本身具有男孩子无法比拟的性格特征，比如沉静细腻，这些是女性所特有的财富，使女孩免于粗糙浮躁，但同时这也是女孩的性格缺陷。女孩生性敏感，很容易因为外界的干扰而受到伤害，这就需要父母的悉心呵护，需要富养，即使当女孩犯了错误时，也不宜进行简单的否定、说教甚至抨击，而应在不伤害女孩感情的基础上，进行恰当的引导，帮助她认清实质，把握正确的发展方向。

小丫生活在一个幸福美满的家庭，家里的经济条件优越。父母的文化程度虽然不高，但在教育子女方面有自己的一套方法，特别是她的母亲，和女儿就像朋友。小学时，小丫也总喜欢把学校班里的事情告诉母亲，和母亲说说悄悄话，家庭的民主氛围很浓郁。可是，自从进了中学，小丫在家的话渐渐少了，一到家就把房间门一关，半天也不出来。母亲想要和她聊聊天，说说话，她总是借故离开。她的母亲感觉纳闷，难道是女儿长大了，想要拥有自己的心灵空间？后来，又有新的情况出现了，好几个晚上，小丫总会接到同学的电话，而且一聊就是半天，还得避开父母的视线范围。小丫的家离学校很近，步行到校只需 10 分钟时间，平时她都是 7 点左右才出门，可是近来她都是一大清早就出门，母亲问起原因，她说和同学约好了早点到校上早读，还强调是老师要求的。她的母亲感到女儿不对劲，但又束手无策，迷茫无助。后来母亲到学校咨询了老师，从老师那里了解到，近来经常有高年级的同学来找小丫，而且上下学的路上总有一个男孩子与她同行。母亲似乎明白了，可能小丫在思想情感方面产生了波动，出现了早恋倾向。

小丫的母亲是个有心人，没有对孩子劈头盖脸的询问，而是通过其他渠道获得了小丫早恋的信息。其实，女孩早恋，就是女孩与男孩之间单纯的友情与来自成人的恋爱信息发生碰撞的产物，是对于成人世界的一种模仿，二者有着本质的区别。可能很多家长对待此问题都是大惊小怪，生怕孩子会误入歧途，一发不可收拾，然后采取说教的方式，希望女孩迷途知返，但父母忽视的是，女孩有其独特的性别缺陷，脸皮薄、敏感，对其进行说教，会让女孩无地自容，这往往比置之不理更伤害她，而小丫妈妈的做法是：

一个学期以来，通过我与小丫的多次谈心、疏导，在她父亲的理解和帮助下，让她懂得了“喜欢”与“早恋”的区别。其实，她对那个高年级男生只是有好感，只是喜欢而已，可以作为一般的朋友来相处。并使她真正认识到中学生在心理、生理、经济等方面都不具备恋爱的条件，把自己的精力完全投入自己的学习、生活中去，才是现在应该做的。她开始调整自己的精神状态，积极地投入学习中，几次月考的成绩虽不尽如人意，但她还是继续努力，终于在期末考试中取得了可喜的进步。现在我们又成了无话不谈的好朋友。

早恋只是女孩容易犯的一个错误，其实，无论遇到什么情况，作为女孩的家长，都应该用独特的方式教育女孩，而不应用简单的说教方式，毕竟，她不是“臭小子”，不会大大咧咧地接受父母的说教。家长在日常生活中必须做到：

第一，体贴。女孩的情感需求比较重，家庭作为一种唯一的、可供精神寄托的场所，必须满足她们生理和心理的两方面需求，在没有疾病的情况下，她们可以省吃俭用，但精神必须是愉快的，心理上也是需要满足的。不能用单纯的金钱去填补精神上的空虚，这不是真正地富养女孩。

第二，理解。父母必须认识到，任何人犯错误都不是故意的，更何况是一个未长成大人的女孩，她们什么事情都处于认知阶段，不管遇到什么事情，都需要好说好商量，而不应该像防贼一样疑神疑鬼，动不动就斥责、恐吓，甚至不惜伤害女孩的自尊。

第三，尊重。父母在教育自己的女儿时，必须首先认定她是“人”，既然是人，就应该充分尊重她的“人格”，不应该用简单粗暴和强制命令的方式来代替细致入微的思想工作。

第四，引导。孩子犯错误并不可怕，可怕的是认识不到自己的错误，导致无法改正自己的错误。对待孩子的错误，要以鼓励和引导为主，惩罚为辅。

总之，父母在教育女孩的时候，切记，她是个女孩，是需要你疼爱的小公主，她害羞、敏感，不能一刀切地用教育男孩的方式来培养，给孩子信任、鼓励，才能培养一个健康向上的女孩！

女孩不是父母的傀儡

女孩生性柔弱，但女孩也是强者，父母绝不能为自己的女儿贴上“弱者”的标签，不给孩子自己决定和处理问题的权利，长此以往，女孩就成了你的傀儡，而结果是女孩要么没有主见，要么叛逆，这都不是父母所希望的。那么，父母就需要根据女孩的特性，富养女孩，不仅要让女孩拥有优越的品位生活，还要养锻炼女孩的精神内涵，这并不是要把女孩培养成一个阳刚的“假小子”，而是让她成为一个刚柔并济的时代女性，以便适应以后竞争激烈的社会生活。

女孩乖巧、听话，但并不是父母的私有财产，如果希望孩子样样服从自己的安排，结果将会适得其反。家长在言行上的矛盾教育常让孩子无所适从。家长在学习家庭教育理论知识的同时，还要善于反思、总结，不断提高自己的素养，转变自己的旧观念，把理论灵活地运用到实践中去，才能有好的效果。对于家长来说，富养女孩是一个漫长而艰巨的任务，也可以说是一生的课题。总之，家长不要总是强迫女孩子听话，把什么都强加给她。

第一，不要把你的观点强加给女孩。你越是将自己的观点和价值观强加于她，并自以为她会与你分享，她拒绝接受它们的可能性就越大，即便一个较小的孩子也是如此。

因此，家长要想办法弄清你女儿的想法。比如，你可以这样说：“我喜欢这个想法，但重要的是你如何看待。”而不是说：“太棒了，你不这样认为吗？”或者可以说：“你怎么看待那个电视节目？”而不是说：“那个电视节目简直就是胡说八道。”

第二，不要把你的兴趣和爱好强加给女孩。这是个性差异使然，很多有所成就的家长都希望自己的女儿能继承自己的兴趣、爱好，甚至按照为她规划的人生走下去，古有“子承父业”“书香门第”之说，生活中这样的例子也是数不胜数：医生的女儿当护士，教授的女儿当老师……

父母总把女孩放在自己的掌心，而她却渴望一片自己的天空。这种“独裁”只会把你的女儿从你身边拉走。中国的家长们太喜欢包办代替，操心受累之余还总爱不无委屈地说一句：“我什么都替她想到了，能做的我都做了，我容易吗?”可是对于这一“替”,女孩不但不领情,反而加剧了她们的逆反心理,尤其是进入了青春期的女孩,她们更愿意固守自己的意志而拒绝家长的好心安排。

其实,父母的良苦用心可想而知,但有没有尊重孩子的兴趣,让孩子挑选自己感兴趣的东西呢?家长应该注意发现和培养女孩的兴趣。

大多数时候父母都会认为,女儿还小,很多事情她们不懂,父母选择的对她们才更有好处。殊不知,女儿虽小,但也有着鲜活的思想和情感,有自己的兴趣。只有从兴趣出发,孩子才能自主地学习,才能学得又快又好,才能享受到学习的乐趣。

第三,当女儿产生情绪或者做出你不能容忍的事后,向她说明你的想法和感受。当你感到愤怒、难过或者沮丧,请说出来并向她说明原因,别只是大喊大叫。

法国哲学家尤伯尔说:“孩子们需要榜样,而不是批评家。”如果你的女儿看见你为她做出表率,那么,她也会学习安全而自在地发现并表达自己的思想和感受。以下是父母需要做到的:

(1)如果你能接纳你女儿的感受,那么,她就可能学会接纳、控制、喜欢或者应对自己的感受。

(2)帮助她提出要求。比如对她说,“我想你现在很难过,给你一个拥抱,你会觉得好点吗?”这样的话能让她放松地表达自己的想法:“我现在心情不好,我来是想得到一些安慰。”

(3)女儿的嫉妒、愤怒、沮丧以及怨恨的感受,应该是可以接受的,而不应该遭到惩罚或拒绝,但要告诉女儿:“虽然可以有这样的感受,但不可因为你的感受而去伤害他人。”

(4)给出一些不完整的句子,让女儿去补充完成。比如“当……的时候,我最高兴”“当生气的时候,我……”“当……的时候,我觉得自己非常重要”“当……的时候,我感到情绪沮丧”“当……的时候,我往往选择放弃”“当受到斥责时,我想……”

父母告诉女孩要对自己的行为和情绪负责。你可以说,“当……的时候,我感到非常生气”,而不要说,“是你惹得我生气”。当你的女儿骂骂咧咧时,让她换一个词来表达她试图表达的内容。总之,家长应该接受女孩的所有情绪,然后帮助她排解。毕竟,女孩应该有自己的感受和情绪,这才是一个有血有肉、有真性情的女孩，而不是作为你的傀儡而存在。

女孩似乎永远是父母身边听话的小丫头，但家长绝不可认为女孩就没有自己的想法和主见。爱护你的小丫头，就别让她做你的傀儡，而是应该富养她，给她一个温馨的生活氛围，这就要求父母通过洞察她的内心世界，用商量、引导、激励的语气和她交流，站在孩子的角度去考虑，而不是将自己的意志强加给孩子。也不要因为女儿尚小，就用命令的口吻对孩子说话，不能随意斥责或辱骂孩子，更不要去嘲弄、讽刺孩子。如果父母用自己过多的欲望，让女孩生活在同一个情绪平台之上，使其不能自由表达自己无尽的欢乐或者深沉的忧伤，只会让女孩窒息。

对女儿进行教育时不能口不择言

女孩生性比较娇弱，这不仅体现在生理上，也体现在心理上，而这就要求父母从小给女孩一个健康、和谐、温馨的生活环境，要让女孩远离任何污秽、对女孩成长有害的不正之风。

生活中，父母不经意说出的话，有时会对女孩造成巨大的伤害，而他们自己却浑然不知，甚至偶尔以玩笑形式说出的生硬的话都会让女孩埋下自我怀疑的祸根。因为女孩要比男孩更加敏感，尤其是批评，时常数落孩子，不仅导致她们怀疑自己，而且她们会因为觉得辜负了父母而感到羞愧和内疚。如果女孩子没能让他人满意，她就会认为自己令人失望，最终，她会觉得自己是一个受人嫌弃的窝囊废，尽管她可能将这种情绪深藏不露。

所以，教育女孩，家长不能口不择言，有些话该说，而有些话绝不能说。

周日，在动物园门前，有这样一幕：一家三口在逛公园，一个小女孩正想将手里的小瓶扔掉，妈妈赶紧拦住她说："别，前面有人，看见要罚款的。"走了一会儿，妈妈又说："这儿没人，可以扔了。"小女孩就顺手把水瓶扔在草坪上。其实，往前再走几步就有果皮箱。

这位妈妈其实无意中给女孩传递了这样的信息：只要不让人看见就可以随便扔东西。更严重的是，因为大人的教育不当，使女孩不能养成维护公共场所卫生的好习惯，而且还使她学会了当着人一套、背着人又一套的本领。

小美小学快毕业了，她向她妈妈要钱想买些纪念品送给要好的同学做纪念。本来这是非常纯真的感情，很难得。可她的妈妈说："留什么纪念，现在谁也不知道将来会是怎样，一转眼大家都各走各的了，等长大后再说吧。"

妈妈的这些话言下之意是，只有用得着的人才有互相利用的价值，没有来往价值的人就不存在什么友谊。

由此可以联想到平时很多家长在女孩面前乱说话造成的后果。比如过年时，一些家长一边带女孩给老师送礼，一边埋怨："这年头，办什么事都得给点好处。老师也一样，不送礼你就会吃亏的，我们送老师一点礼物，他以后会对你好点的，知道吗？"又比如，有的父母常对女孩说："学习好不好没有多大关系，如今硕士博士都找不到工作呢。读那么多的书也不见得赚大钱，尤其是女孩，还是学好如何赚钱的本领，比如嫁个金龟婿，这样日子才会过得好。"别的孩子穿上了名牌衣服，孩子回家有羡慕之情，父母一听就理直气壮地说："我们去买更好更贵的，再怎么也不能让孩子在别人面前丢面子啊！"……

尽管家长们是不经意地随口说出来，但实际上是有意地"启发"了孩子，给孩子传递了一些不健康的信息或一些畸形的教育观念。虽然每位父母都不是完美无缺，但在女孩面前说话时，都应该留点神，不要口不择言。

父母给了女孩生命，并给了她优越的生活条件，可很多时候，却因为几句话给她的人格和品质造成了不良的影响，父母不要忽视自己的负面"榜样"作用。女孩生性敏感，对家长的话会关注更多，容易形成自己的思考。

在许多情况下，家长心中的自私、世俗、虚荣会"遗传"给下一代。也许有些家长会认为，自己说这些话是想让女孩多了解社会，免得以后吃亏上当。这初衷当然没错，但孩子在未成年时还很单纯，她们还没完全步入社会之前，要尽量让她们保留些纯真的天性，给她们的心灵留一片净土，才会使她们过得无忧无虑，健康快乐。当以后长大成人走向社会时，她们会用自己的眼光去看待社会、看待周围的人，用自己的方式去适应社会。而不应该让孩子从小就变得那么俗气、小气和狭隘，那样对她们的成长是没有任何好处的。

另外，也有很多父母是富养物质，穷养精神，当孩子犯错时，恶语相加，使得女孩幼小的心灵蒙上了阴影。家长要时刻记住，她是一个女孩子，要用特殊的方式培养，一定要注意批评女孩的方式：

(1)不要使用羞辱性语言，比如："我真希望压根儿就没有生下你""你真让我恶心"等等。

(2)批评、取笑、挖苦、嘲笑、大吼大叫和责备，都是对女孩的贬低，会伤害她的感情，让女孩感到羞愧，贬损其人格，使女孩受到伤害，让孩子觉得丢脸。这些会削弱女孩的独立性、主动性和士气，任何时候都不足取。

(3)家长要明白：一次消极批评造成的伤害，至少需要四次"赞赏"来弥合。

(4)应把"你不能做什么"改为"你可以做什么"。

总之，家长要记住，女孩有其独特性，她不同于男孩，不可以"粗暴"待之，女孩需要富养，只有细心地呵护，不忽视日常生活中的语言对其带来的负面影响，给予她健康的生活氛围，她才会形成积极的人格和良好的品质，才会健康地成长。

父母不要在人前批评女孩

有这样一句话，"孩子未来的成功与幸福取决于我们营造的环境，而不是所教授的技能"。这就是富养女孩的真正含义，女孩的成长需要一个安定、富足、温馨、健康的生活环境，给女孩这样的一个成长环境正是父母的责任。女孩、男孩天生就不同，女孩有自己的个性，有自己的性别优势和缺陷，而且非常明显，女孩生性敏感，有很强的自尊心，有更强的羞耻心，父母不要当着外人的面批评你的女儿。

英国教育家洛克曾说过："父母不宣扬子女的过错，则子女对自己的名誉就越看重，他们觉得自己是有名誉的人，因而更会小心地去维持别人对自己的好评；若是你当众宣布他们的过失，使其无地自容，他们便会失望，而制裁他们的工具也就没有了，他们越觉得自己的名誉已经受了打击，则他们设法维持别人的好评的心思也就越加淡薄。"实际情况正如洛克所述，尤其是女孩，如若被父母当众揭短，甚至被揭开心灵上的"伤疤"，那么女孩自尊、自爱的心理防线就会被击溃，甚至会产生以丑为美的变态心理。

有位家长在谈到教育女孩的心得时说：

“有一天晚上，我和女儿在玩学习机，她突然仰起小脸凑到我的脸前说：‘妈妈我给你说件事，你以后就只在我面前说我不听话，别在人家面前说我不听话。’说完她就亲了亲我的脸，不好意思地对着我笑。看着女儿，我的心里突然好酸，心情也久久无法平静，她才只有4岁啊。4岁的孩子希望妈妈只在她的面前说她、批评她，而不要在别人面前说她不听话，孩子的心是多么敏感脆弱。我心疼地抱起女儿，向她保证以后不在人家面前说她不听话了。”

的确，孩子都是渴望得到表扬的，尤其是生性敏感的女孩，她们也有自尊心。作为家长，应该时刻注意保护好女孩的自尊心，不要在众人面前说她们的缺点，也不要在众人面前批评她们。因为孩子的每一个行为都是有原因的，这是由孩子的心理生理年龄特点所决定的。也许这些原因在成人看来是微不足道的，但在孩子的眼里那是很严重的事情，不了解原因当众批评她，非但不能解决问题，反而会使问题变得更糟，使孩子产生逆反抵触情绪，导致对孩子的教育很难继续下去。

而生活中，很多家长看到女儿犯错误就急了，批评起来过火，也不注意地点和场所，就大声地呵斥孩子，甚至在很多围观者的面前动手打孩子，有些家长更过分，只要女儿犯了一点小错，就新账旧账和孩子一起算。把往年陈谷子烂芝麻的事情一股脑地给抖搂出来，以为这样的强刺激对孩子会起到较深刻的教育作用。而家长忘记的是，你在教育的是一个女孩，你当众批评她，严重伤害了一个女孩的自尊，让她以后在人前抬不起头来。其实，你越过发火孩子越反感，不但不能取得应有的教育效果，反而让你的女儿对你产生严重反感的情绪，这时候，你就失去了教育孩子的“武器”——父母的威严。严重的，很多女孩会产生逆反情绪，甚至会反抗父母的教育。

那么，很多家长就产生了疑问：“女孩自尊心强，难道就不能批评了吗？”答案当然是“不”，但是批评女孩也要掌握一定的原则和技巧，不能当众批评。家长应注意一些方式方法：

第一，低声。

家长应以低于平常说话的声音批评女孩，“低而有力”的声音，会引起孩子的注意，也容易使孩子注意倾听你说的话，这种低声的“冷处理”，往往比大声训斥的效果要好。

第二,沉默。

女孩一旦做错了事,总担心父母会责备她,如果正如她所想的,孩子反而会有一种“如释重负”的感觉,对批评和自己所犯过错也就不以为然了;相反,如果父母保持沉默,她的心里反而会紧张,会感到“不自在”,进而反省自己的错误。

第三,暗示。

女孩犯有过失,如果家长能心平气和地启发她,不直接批评她的过失,孩子会很快明白家长的用意,愿意接受家长的批评和教育,而且这样做也保护了孩子的自尊心。

第四,换个立场。

当女孩惹了麻烦遭到父母的责骂时,往往会把责任推到他人身上,以逃避父母的责骂。此时最有效的方法,是当女孩强辩是别人的过错、跟自己没关系时,这样回答她“如果你是那个人,你会怎么解释?”这就会使女孩思考“如果自己是别人,该说些什么”,这会使女孩发现自己也有过错,并会促使她反省自己把所有责任推到他人身上的错误。

第五,适时适度。

这正如以上说的,不能当众批评,而应“私下解决”,这能让女孩明白父母的良苦用心,比如,孩子考试成绩不理想时,家长和女孩坐下来一起分析一下考试失利的原因,提醒女孩以后避免此类情况的发生,就比批评孩子不用功、上课不认真效果要好得多。批评教育孩子,最好一次解决一个问题,不要几个问题一起批评,让孩子无所适从;也不要翻“历史旧账”,使孩子惶恐不安;更不要一有机会就零打碎敲地数落,结果把孩子说疲沓了,最后无动于衷。

女孩乖巧,也会犯错误,家长批评一下固然重要,但是家长在批评女孩的时候,千万要注意不要在人多的地方对她横眉立目地训斥指责,这会伤害女孩的自尊,在一定的场合也要给足孩子的面子。尊重女孩,保护她的面子,掌握批评的方式方法,是富养女孩的一大要求,这对孩子的成长来说是极为重要的。

不做武断父母，给女儿解释的机会

女孩天生喜欢安静和沉默，喜欢给人美好，喜欢聆听，喜欢和平与人共处，但同时又很敏感和娇弱，会容易被别人的误解伤害，这就需要父母给女孩一个健康祥和的生活环境，因此，父母不要一看到孩子做了不顺自己心意的事情就劈头盖脸地斥责女孩。不管什么时候、什么事情，一定要首先给女孩解释的机会，让孩子把事情的经过说清楚，然后再下结论。这才是富养女孩的表现。

秀雅是一家外资企业的部门经理，她有个很可爱的女儿，但她工作非常忙，有时候根本顾不上照顾自己的孩子。于是，星期天的时候，她把女儿的姥姥从农村接过来，一是让老人在这里帮忙照顾一下孩子，二是也让自己的妈妈享受一下城里的生活。

秀雅的女儿很懂事，自从姥姥来了以后，怕姥姥闷，每天都带姥姥出去散步，还用自己的零用钱给姥姥买鲜花。姥姥高兴地逢人便说："我活了60多岁了，还头一次收到别人送的花呢！"

一天，秀雅下班刚进门，听到房间里有"汪汪"的叫声，推门一看，一只活蹦乱跳的小狗正在房间里乱窜。忙碌了一天的秀雅，看到家里乱乱的样子，不免心烦意乱，张口就训斥女儿："马上就考初中了，还弄这些东西干吗？乱死了！"女儿正要向她解释什么，她却不容分说地继续呵斥孩子："给我扔出去！把它给我扔出去，不用解释！我不想听！"说完就要去抓那只小狗。这时，女儿的眼泪"唰"地流了出来，她好像想说什么，但什么也没说，一转身回到自己房间，把门重重地关上了。

秀雅很生气，刚想追过去再训女儿，妈妈对秀雅说："你别骂孩子了，这是孩子给我买的，她说怕我在家寂寞，买了一只小狗来陪我。孩子都是出于好心，你要是觉得不喜欢，可以好好和孩子说，把它送给别人就可以了，不要再骂孩子了。"

秀雅很后悔地推开女儿的房门，看到女儿正趴在床上哭。她拍着女儿的肩膀说："妈妈错了，妈妈不该不听你的解释，以后妈妈会改的。"

现实生活中常常会有这样的情况发生：女孩犯了一个小错，父母单凭自己了解的情况对女孩的行为作出评价和责备，当女孩申辩和解释的时候，父母就会气上加气，心想："你犯了错还狡辩？"于是，对女孩大喊一声："住口！"父母忘记了自己在训斥的是一个女孩，是一个需要呵护的对象，父母不妨想一想一个女孩这个时候该有多么委屈，即使事后你因为冤枉了女儿而向她道歉，但对她的伤害仍然无法弥补。

有调查结果显示，"住口"两个字，是孩子们最不愿意听到父母说的话之一，可以说，女孩应该更有这样的感受。剥夺了孩子解释的权利，也就是剥夺了孩子的感受。父母可以站在一个女孩的角度想象一下，如果有人对你说，"你无权有那样的感受，你更无权解释"，你或许会大发雷霆。当女儿被剥夺了感受的权利时，她们也会感到难过。女孩作为独具个性的人在成长过程中，感受和思想起着同样重要的作用。当女儿在尝试解释的时候，父母拒绝听她的感受，就是在拒绝她本身。

批评对于女孩来说，是一种必需教育手段。及时的批评可以纠正错误；恰当的批评可以使她认识错误，改过自新；严厉的批评可以使她猛醒而悬崖勒马……在社会生活中，批评是修正和协调人与人之间、人与社会之间关系，帮助他人改正缺点错误的重要手段，是必不可少的，但父母一定要给娇弱的女孩一个解释的机会，接纳孩子的感受，才是正确的教育方法。她们由于不成熟、自我约束力差、自我纠错能力差，所以在成长过程中会做出一些不尽如人意的事，但有些事情孩子是出于善意，父母不能不问缘由就采取批评手段，想把孩子"骂"醒，这是不明智的做法。尤其是处于青春期阶段的女孩，由于她们的逆反心理作祟，明明没错也不解释。如果大人们再不及时修正自己的教育策略，形成与女孩对立的局面，那么，和女儿之间的误会就会越来越深。那些经常被喝令"你不用解释"的女孩，渐渐放弃了为自己辩解的权利。她们背负着很多的委屈，一个人默默承受，而这样的负担可能会造成严重的心理问题。

因此，多听听女孩的解释，多从一个女孩的角度考虑问题，让你的女儿有辩解和申诉的机会，不仅仅是父母富养女孩的体现，更是孩子应得到的基本权利，也是保证孩子身心健康必不可少的一个环节。当父母认为孩子做错了事情时，不要急于作出判断和结论，而要首先倾听女儿的解释。你可以说："好吧，和妈妈说说当时的情况。"当女孩对一件你曾经认为错误的事情做出合情合理的解释时，你应该说："原来你有自己的想法，妈妈明白了！"

总之，父母应该根据女孩特有的性别差异，用不同于教育男孩的方式教育女孩，才会培养出一个优秀、健康的女孩。

注意保护女孩的自尊心

隐私，是每个人藏在心里、不愿意告诉他人的秘密。每个人都会有自己的隐私，成长中的女孩也不例外。随着女孩年龄的增长，她们的生活领域、知识、情感都逐渐丰富起来，自我意识、自尊意识也在不断增强，作为女孩所特有的一些隐私急需父母的保护。很多父母明白女孩需要富养，但只重视物质层面的富养，而忽视了精神层面，认为女儿是自己的孩子，孩子不存在什么隐私，更没有意识到他们的女儿正在长大，忽略了女孩应该有自己的秘密，总认为自己可以无所顾忌地进入女孩的世界、随意闯入女孩的“隐私地带”，甚至粗暴干涉，私拆女儿的信件、监听电话、偷看日记等。父母要明白，每个女孩都有自己的自尊心，尊重女孩的隐私是保护孩子自尊心的开始，这也是富养女孩的基本要求。

丽丽是某校一名初二女生。有一天，她正走在上学的路上，突然间，她想起了昨天晚上的作业忘记带了，于是急忙又掉头往家跑。当她掏出钥匙打开家门时，看到妈妈正从自己的房间里出来，脸上带着不自然的表情。丽丽走进自己房间去拿作业本，推开房门，她愣住了，她看到自己书桌的抽屉全部敞开着，自己的日记本、同学们送的生日礼物及贺卡等全都胡乱地堆在桌子上。

丽丽非常生气地质问妈妈：“你为什么翻我的抽屉，随便动我的东西？”

没想到妈妈却比她还生气：“怎么了？当妈妈的看看女儿的东西还有错吗？”

“可是你应该经过我的允许才能看啊！”丽丽很愤怒地回答妈妈。

“小孩子有什么允许不允许的，别忘了我是你妈妈，好了，快去上学吧！”妈妈毫不在乎地对丽丽说。

生活中，这样的场景并不少见，在父母们看来，他们偷看女儿的日记、检查信件、追查电话、查阅短信、翻查书包等，这些都是小事。他们认为女儿毕竟还小,他们这样做是在关心孩子,一切都是为了孩子的成长,防止孩子走入歧途,以免孩子一步走错步步皆错。父母看似关心女孩,而孩子虽然有的可能会了解父母的本意是出于对自己的爱护,但是,父母的这些行为,都是对子女的不信任、不尊重,伤害了子女的自尊心,让孩子们感到不舒服。于是,这些孩子对父母偷看他们的日记、私拆他们的信件很反感,甚至有些女孩总爱在家中自己使用的抽屉上锁上一把锁。

其实,女孩的自尊心远比男孩强,尤其是到了一定年龄阶段的女孩,更渴望独立和别人的尊重。随着年龄的增长,她们对父母的依赖减少,独立意识逐渐增强,成人化倾向明显,希望别人尊重她们的自主性、独立性;同时,随着生活领域的扩大,接收知识信息的增多,她们的内心变得敏感起来,感情变得细腻起来,会产生许多想法,原先敞开的心扉渐渐关闭,有了自己的隐私;而且,即使她们有不少话想说,但观点已经与父母有所不同了,于是她们与父母的心理沟通就会明显减少,转而把自己的"秘密"和内心的感受都倾诉在日记里。

这时,如果父母采取强硬和蛮横的手段,想方设法去查看孩子的日记、偷听孩子的电话等,无视孩子的感受,随意侵犯孩子的隐私,则会带来许多负面影响,甚至产生意想不到的后果。因此,家长必须要明白以下几点:

第一,富养女孩要把孩子看成一个独立的人,而不是你的附属品或者专有物品。孩子是个人,不是物。她是人,她就有感情,就有她自己的行为方式,就有自己的独立人格,也有她的隐私权。

第二,女孩还是未成年人。正是因为没有长大,她们的一切都还处于可塑期,如果女孩从小就受到尊重,她便能懂得自尊,也会懂得怎样去尊重别人。那些对人彬彬有礼的女孩,肯定是在家里很受到尊重的孩子;那些蛮不讲理、行为粗野的女孩,在家里往往也得不到他人的尊重,甚至常常受到伤害。所以,如果你想把自己的女儿培养成为高素质的人,成为有教养的人,那么,你首先要做这样的人。要让孩子尊重你,你便应当先尊重孩子,尊重女孩的隐私。

第三,家长要用心观察女孩的成长。毕竟女孩的成长和男孩是有所不同的,进入青春期的女孩,对成人的封闭性、对伙伴的开放性更显得突出,会有更多的隐私,这些"小大人"似的女孩尤其需要得到尊重。

的确,作为一个敏感脆弱的女孩,最不能伤害的就是自尊。在家庭中建立亲情乐园，要从尊重女孩开始，从尊重女孩的隐私开始，让女孩有一种被保护的感觉，被幸福感包围的女孩，才会长成一个心理健康、懂得尊重的好女孩。

把女孩的错误变成一次成长的洗礼

曾经有人说："孩子是在犯错误中成长起来的，因此，要允许他们犯错误，要正确对待他们的犯错误……"女孩也一样，每个女孩都是在犯错误中成长起来的，她们有一个共同的心理特点，就是好奇心重，面对丰富多彩的现实生活，心中充满了各种疑团，对周围的一切都想探明个"究竟"。由于好奇心的驱使，不管该做或不该做的事情，能做或不能做的事情，她们都要去探究一下，去尝试一下，结果可能导致了犯错误。而捷尔任斯基说："拷打、严厉和刑罚永远不能作为一种影响儿童的心灵和良知的好办法，因为它们时常留给儿童的印象，就是成人的暴行。"暴力、责备和拷打是很多父母解决女孩犯错误的重要手段，目的是让孩子记住错误，可实际上，这些都对孩子的心灵成长产生了严重的负面影响。其实，父母一定要富养女孩，女孩因其性别原因，有其特殊的教育方式，其较弱的生理和心理因素使女孩需要用温柔的方式引导，而不是用激烈的言辞甚至采取暴力手段。其实，父母要明白的是，孩子犯错，重在帮助她改正错误，在错误中锻炼自己，惩罚并不是目的。

对于犯错误的女孩，挽救比"绳之以法"要重要得多。但在现实生活中，很多对待犯错误的女孩的挽救方式方法过于简单，常常发生这样的事，有的孩子一念之差做错了事，马上就被贴上"坏孩子"的标签，甚至小题大做，使她在其他人面前永远抬不起头。

事实上，孩子犯错，父母应该创造条件让她认识到自己所犯的错误，并且创造给她自己改正错误的机会。假如把孩子"一棍子打死"，女孩一旦辩解便是一顿惩罚，这样做的结果便在孩子心里留下了"弱者只能屈服于强者"的印象。这样容易使孩子产生自卑的心理，长期下去，即使有理也不申辩了，即使有改过的想法也磨灭了，这对培养孩子独立的人格并没有好处，甚至会把自己和女儿的关系逼上绝路。其实,女孩比男孩有更强烈的人格要求,父母不要为了惩罚女孩而忘记了尊重女孩,也不要忘记了惩罚的目的。

那么,作为父母,应该怎样帮助孩子认识错误,并从错误中锻炼自己呢?

第一,帮女儿找出犯错误的原因。

古人曰:“人非圣贤,孰能无过。”其实“圣贤”也是会犯错误的,何况是涉世不深、各方面都不成熟的女孩呢?这句富有哲理的话告诉父母,孩子犯错是不可避免的,不要大惊小怪,应正确对待,弄清楚孩子犯错误的原因。从年龄角度出发,孩子有犯错误的“权利”。由于她们年龄小,经验不足,辨别能力又很低,而且由于她们缺乏抵制能力和自制能力,也是使得她们经常犯错误的原因。除此外,错误的模仿也是使她们犯错误的一个原因。她们往往模仿成人的一些错误言行,从而使得自己犯了错误。应该指出,孩子犯错误除了有其年龄特点外,也还有教育上的不善。

第二,动之以情,晓之以理。

情是女孩接受教育的前提,父母让女孩感受到父母的爱,女孩才会以同样的情感回报父母。女孩需要父母的关爱,这对于她们成长如雨露和阳光,一句简单的问候,一声简单的生日祝福,都会给她们带来温暖,给她们增添信心和勇气,种种爱的言行都会感化着女孩的心灵。

第三,适当表扬,鼓励女孩的自信。

有些错误是无心之失,当孩子犯错误时,不要一味地批评,怒视受批评者。不妨大方一点,“恩赐”我们的表扬,让女孩去感受更多的温暖,去体会更多的快乐。

总之,女孩都还处在成长阶段,偶尔会犯下错误,父母应该允许她犯错误,重要的是女孩犯了错父母怎样帮她们认识错误,并能从中汲取教训而自觉地改正错误。另外,女孩有其自身的不同的特点,家长要用特别的方式教育女孩,也就是对女孩的教育需要注重技巧和方法,惩罚绝不是目的,给女孩几次悄悄改正错误的机会,使她们回到健康发展的轨道上来,这才是父母教育的根本目的。

第05章
富养的女孩不妄为：
女儿眼界开阔才能抵挡住诱惑

所谓自律，就是指严格要求自己，约束自己。包括自我要求、自我表扬、自我批评，以及对自身行为的调控、要求、约束、激励和规范。现在社会需要全面发展的合格人才，女孩要想适应社会的需要，必须从小养成良好的行为习惯，而这些都是以自律为基础的。因而，“女孩自制能力的增强与培养”是家庭教育重中之重的任务。可是，现代社会中，很多女孩都生长“四二一”的家庭结构中，女孩生长在这样的家庭里，优越性相当强，所有的人、事都是以她们个人为中心，她们很容易养成自私自利的坏毛病，自律能力明显弱化。父母要理解富养女孩的真正含义，培养女孩的自制力是富足女孩精神的重要方面，是女孩成长成才的重要保障，不能忽视。

让女儿做一个眼界开阔的女孩

女孩富养，其中一大真义就是从小要带她出入各种场合，开阔她的视野，增加她的阅世能力，从而大大增强她的见识。眼界开阔的女孩，因见多识广，独立、有主见、明智，很清楚自己要的是什么，什么是自己真正值得追求的东西，便能够比较坚守自己的信仰而不被外界因素所左右，也更能踏踏实实地追求自己的理想，不会随大流，浮躁待世，从而得以保持真正的自己。

浮躁属于自制力差的一个重要表现，是当前青春期女孩的通病之一，表现为行动盲目，缺乏思考和计划，做事心神不定，缺乏恒心和毅力，见异思迁，急于求成，不能脚踏实地。比如，有的女孩看到歌星挣大钱，就想当歌星；看到企业家、经理神气，又想当企业家、经理，但又不愿为了实现自己的理想努力学习。还有的女孩兴趣爱好转换太快，干什么事都没有常性，今天学绘画，明天学电脑，三天打鱼两天晒网，忽冷忽热，最终一事无成。

曾经有一个实验：心理学家把一群 4 岁的孩子集中在一间屋子里，并告诉她们，有一些漂亮的花，孩子们马上就可以每人拿一朵。如果谁要是能等他办完事情回来再要，就可以得到两朵。结果，等他关上门走后，孩子们的表现各不相同。有的孩子见门一关，迫不及待地拿了一朵，而有的孩子能抵御诱惑，一直等着。

多年的跟踪研究发现，那些用坚韧、顽强的毅力克制自身欲望的孩子更稳重可靠，更能适应环境，更受人们欢迎。而那些克制力差的孩子则显得固执、孤僻，易受挫折，遇到压力易退缩，面对竞争就发慌。

这个实验很好地说明了自制力对于一个人的影响。俄国著名文学家高尔基也说过："哪怕对自己一点小的克制，都会使人变得强而有力。"可见，从小培养女孩的自制力尤为重要。

培养女孩的自制力的一个重要方面就是克服孩子浮躁、不踏实的作风，因此必须要富养女孩，让女孩从小出入各种场合，接受各种信息，从而明白自己到底需要什么，以及怎样才能达到自己的梦想，这样女孩就能踏实行事，克服浮躁的缺点。社会才是真正的课堂，眼界开阔的女孩才不浮躁，具体说来，父母可以从以下几个方面入手：

第一，父母要为女孩做出榜样。让女孩眼界开阔，并非父母口头上讲道理就行，应具体教她。例如，带孩子去商场购物时，抗诱惑力差的女孩见了琳琅满目的商品，可能会对父母提出不合理的要求。父母应该帮助女孩明白哪些要求是合理的，哪些是不合理的，设法纠正女孩见什么要什么的不良习惯，养成女孩不为外物所动的自制力。女孩经过一次次的“失望”，逐渐便学会了抵制一些物质的诱惑。

同时，身教重于言教。首先父母要调适自己的心理，改掉浮躁的毛病，为孩子树立勤奋努力、脚踏实地工作的良好形象，以自己的言行去影响孩子。

再者，鼓励孩子用榜样，如革命前辈、科学家、发明家、劳动模范、文艺作品中的优秀人物以及周围一些同学的生动、形象的优良品质来对照检查自己，督促自己改掉浮躁的毛病，教育培养其勤奋不息、坚韧不拔的优良品质。

第二，运用“社会认知提示法”，使女孩自觉遵守规范，抵抗外界的诱惑。

社会认知提示法是指在社会性认识（如人际关系、行为规范、道德法律等）给女孩以提示和教育，使女孩能够时刻想到她应该遵守的社会规范或行为准则。例如带女孩去超市，为防止女孩见到自己喜欢的东西就想要，这时，父母就可以在超市门口对女孩进行社会认知提示：“咱们说好了啊，你的东西已经很多了，今天我什么都不给你买，你只看看就行了。假如你看上了什么东西，回家后咱们好好商量一下再来买。”

当然，运用社会认知提示法最好“提示在先，奖评在后”，如果女孩做得好，就可以给予精神或物质上的奖励；做得不好，要对其进行分析和批评，对于稍大的女孩还可给予适当的惩罚。

第三，有针对性地“磨炼”。父母可以采取一些措施，有针对性地“磨炼”女孩的浮躁心理。如指导孩子练习书法、学习绘画、弹琴、解乱绳结、下棋等，有助于培养孩子的耐心和韧性。

此外，还要指导女孩学会调控自己的浮躁情绪。例如，做事时，孩子可用语言进行自我暗示，“不要急，急躁会把事情办坏”“不要这山看着那山高，这样会一事无成”“坚持就是胜利”。只要女孩坚持不断地进行心理上的练习，孩子浮躁的毛病就会慢慢改掉。

富养女孩，就要通过各种渠道让孩子扩大眼界，接触是非，让她形成自己的见解，才能在浮华的社会中，找准自己的位置，形成务实的作风，用强烈的自制力自强不息，从而朝着自己的目标迈进。

女孩见识多了自然不容易被诱惑

女孩要富养，不仅要富养物质，还要富足精神，这其中包括让女孩增强见识，增强抗诱惑能力，如此一来，等她到了花一样的年龄时，在尘世里艰难地成长，就不易被各种浮世的繁华和虚荣所捕获。因为见多了，也就不易受诱惑。写到这里，富养的“富”已然引申到“丰富”的层面。懂得美，懂得欣赏，懂得辨别，也就会懂得自我保护，而不会被外界的种种所引诱。

生活中，很多没有见过大世面的女孩，在纨绔子弟的糖衣炮弹下，在金钱的诱惑下，被华美的物质所击败，而轻率地决定了自己的一生，导致一些无可挽回的悲剧。而“富养”的女孩，因见多识广，了解尘世中的一些“规则”，有一定的阅世能力，能拨开迷雾，始终坚守自己，独立、有主见、明智，有自己的原则。能拒绝诱惑的女孩懂得自尊自爱，有助于良好品格的形成，而相反，女孩一些不良心理动机的形成，都与她们所受的“诱惑”有关。一旦不堪物质诱惑，就可能伸手索要、设法谋取，甚而还会走上犯罪的道路。

因此，富养女孩，增强女孩的阅世能力至关重要。那么，家长应该怎样培养孩子的阅世能力呢？

第一，要让女孩懂得一个道理：人的要求应受客观条件的制约。在丰富的物质世界面前，应考虑家庭经济条件，并让其养成勤俭节约、艰苦奋斗的优良作风，富养女孩子不能盲目地用物质来衡量。

第二，加强孩子心理素质方面的培养。一般来说，抗诱惑力差的女孩，自主意识缺乏，自抗能力不足，对此，父母要帮助孩子提高分辨能力，认识到贪欲的危害性，同时要设法控制孩子的占有欲，提高其克制能力，做到不为外物所动，并采用转移法将孩子的贪念等方面转移到积极有益的活动上来。孩子抗诱惑力的培养，不是一蹴而就的，需要长时间的培养。在平时，父母既要承认和满足孩子的一些要求，又要控制某些不良欲望的无限膨胀，提高孩子对金钱物质的抗诱惑力，让孩子们健康成长。

第三，提升女孩子抗诱惑能力的最好方法，就是一定要增长她的见识。增长见识的方法有很多，比如旅行、读书、学习一些才艺等。只有女孩子掌握的知识增长了、判断能力增强了，她才不会被外界的种种所诱惑。

一位经常带女儿出去旅行的母亲，曾这样介绍自己的经验：

女儿5岁那年，我在书店买了本介绍全国旅游景点的书，每到一个地方旅行之前，我都会先看一遍书，然后用儿童容易理解的语言讲给女儿听，让她先有个初步的认识和了解。我想，让孩子带着问题去玩，不但锻炼了身体，同时也可以增长地理、历史等各方面的知识，这对孩子的身心健康和语言及写作能力都有好处。

随着孩子年龄的增长，我除了让她准备该带的物品外，还专门给她准备了一个能背着的小旅行包。其实我知道孩子所能承受的重量，里面并没有装很多的东西，目的只是让她有合作的意识和小大人意识。

当我们在旅途中遇到不认识的路时，我会坐在一边请女儿来帮忙问路，这样孩子在旅行中不仅增长了许多的知识，还学会了与人交往的技巧，学会了如何处理问题。

的确，旅行的过程其实也是一个增长见识、增长能力的过程。因此，有条件的父母可以多带你的小公主出去走走、看看，并可以像故事中的那位母亲一样，多给女儿一些锻炼的机会。在旅行过程中，也让孩子有了更多的动手动脚的机会，比起整天在家徒然想象，更使其具有行动能力。让孩子通过旅行认识更多的文化，看到更宽广的世界。

第四，多看书，首先要培养孩子的阅读兴趣。你不妨先挑一些大画面的、简单的、好玩的故事给她看，吸引她的注意力。等她天天缠着你要听故事时，你就成功了，那时你就可以让她看知识性很强的书了。

第五，多陪女孩做游戏，玩得好的孩子对事情总是有足够的好奇心，会更聪明。

第六，多跟女儿聊聊天，比如走在路上看到一辆大众车，你可以说："宝贝，这是大众车，漂亮吧。"时间久了，她就会记住。看到其他车时，她会问你："妈妈，这是什么车？"孩子都有很强的求知欲。

一个女孩，最重要的是有健康的心态、温柔贤惠的性格、干净健康的身体。而要做到这些，就必须要让女孩学会拒绝诱惑，就必须让生性敏感的女孩尽量生活在一种无忧无虑的环境中，要尽量满足她的生活要求，让她感觉到生活的美好，然后她才会用欢愉阳光的心态来面对世界，因为，精致、无忧无虑、优越的生活就像一剂强劲的免疫针，使她日后会对抗诱惑，明辨真伪，成为知情识趣、优雅美丽的女子。

女孩有主见才能不被欲望控制

任何人都有欲望，成长中的女孩也不例外，人的欲望是无限的，控制欲望是自制力的一种，而控制自己的欲望，是从小就要学习的。否则，年龄越大，越难控制。父母要富养女孩，物质仅仅是一个方面，最重要的是精神，培养孩子控制欲望的能力，就要让女儿变成一个有主见的女孩，因为一个有主见的女孩，能明白什么是自己真正想要的，在欲望面前，能有独立的思考能力，也就能拒之于千里之外。

很多时候，父母们很宠爱女孩，对女孩的要求百依百顺。哪怕女孩要天上的星星，都恨不得找到一个可以登天的梯子上去摘几颗下来。可是，这样对待女孩真的是对她好吗？答案是否定的。父母一次次地满足女孩，从不对女孩的欲望加以控制，以至于女孩有了欲望，就会不择手段地要达到。这种教育方法是危险的，毕竟女孩不同于男孩，在未来纷繁变化的社会中，女孩只有找准自己的位置，明白什么是欲望，什么是陷阱，才能真正找到自己的幸福，不至于犯下无法挽回的错误。

帮助女孩控制欲望，应该从小就教育她，让她在欲望面前有主见。成长期尤其是学龄前的女孩很多是以自我为中心的，作为家长，如果不能体察她们的内心世界，不注意尊重她们的自主要求，一味按照自己的想法为她们规定一个学习和生活的模式，孩子的依赖性就会越来越强。这样的孩子长大后，很可能会是一个优柔寡断、遇事毫无主见的人，更不可能抵挡得了泛滥的欲望。那么，在日常生活中，家长应如何注意培养一个有主见的女孩呢？

第一，给女孩表达意愿的机会。

相当一部分家长害怕女孩走了错路，习惯于事事为女儿作出决定，而少有征求女儿的意见；一旦女孩不遵从，就大加责备。其实女儿也有自己的想法，家长在任何时候都要注意让孩子充分表达自己的意愿。

而最重要的是，培养女孩的主见，控制女孩的欲望，一定要从物质上做起。比如，在购买东西时，要告诉孩子，不能买的东西，就不能买，不能因为孩子的任性就满足孩子，要告诉孩子，有些时候，想要的东西，不一定就非要得到，有些欲望是不能满足的。同时，她的东西尽可能让她自己选，小女孩都有自己的一些兴趣和爱好，不过，父母还是要最后把关的。比如，女孩选的东西太贵的话，就告诉她，这个太贵了，我们买不起。孩子就知道要换一个便宜点的。

第二，用启发式的话语代替命令。

很多家长在要求女儿做事时，往往喜欢使用命令句式，他们以为，女孩天生是听话的，应该由别人来决定她的一切，如“就这样做吧”“你该去干……了”。而这种语气会让女孩觉得家长是说一不二的，自己是在被强迫做事，即使做了心里也不高兴。

家长不妨将命令式语气改为启发式语气，如“这件事怎样做更好呢”“你是否该去干……了”，这种表达方式会让女孩感觉到家长对自己的尊重，从而引发女孩独立思考，按自己的意志主动处理好事情。

第三，耐心倾听孩子讲话。

耐心倾听女孩讲的每一句话，鼓励并引导女孩自由地表达思想，既体现了家长对女孩的尊重，同时也能有效地培养女孩的自主性。家长可从以下几个方面加以注意：

(1)静听女孩的“唠叨”

女孩大都喜欢唠唠叨叨地讲她见到的一些人或事，家长千万不要嫌女孩啰唆和麻烦，因为这种“唠叨”恰好是孩子自主意识的体现，是她试图向成人表达她对这个世界的看法。因此，家长不仅要静听女孩的“唠叨”，还要鼓励女孩多“唠叨”。

(2)勿抢孩子的“话头”

不少家长在听女儿讲话时，有时会觉得她的语句、用词不够成熟，喜欢抢过孩子的“话头”来说，这样做无疑是剥夺了女孩说话的机会，同时也会让孩子对以后的表达失去信心。

因此，在女儿想说话的时候，即使她词不达意，家长也应让女孩用自己的语言把意思表达出来，而不能抢做孩子的“代言人”。

(3)留意女儿给你的报告

家长可随时随地提醒女孩注意观察事物，给她探索的机会，观察之后，还应问一问她看见了些什么，学会了些什么。当她向你“报告”时，作为父母，你应该留意倾听并适时点拨，会令女孩得到鼓舞。

(4)聆听孩子的“辩解”

当女孩为自己所做的事与家长争辩时，家长千万不能斥责女孩“顶嘴”，要给女孩充分的辩解机会；当她与他人争吵时，家长也不需要立即去调解纠纷，可以在旁聆听和观察，看她说话是否合理，是否有条理。这对培养孩子独立思考的能力大有益处，当以后她在诱惑面前，也能以同样冷静的头脑面对。

第四，随时随地自主选择。

家长对女孩子自主选择的尊重，可以随时随地体现在最简单的日常生活中：

(1)自主地吃

当女孩能力所及时，在不影响她饮食均衡的情况下，家长可以让女孩自己选择吃什么。例如在吃水果时，家长不必强迫孩子今天吃苹果，明天吃香蕉，而让孩子自己挑选。

(2)自主地穿

女孩天生喜欢美丽的衣服，这是女人的天性，家长带女孩外出玩耍时，在保证安全、健康的前提下，可以让她自己决定穿什么衣服，切忌随自己喜好而不顾她的感受。

(3)自主地玩

不少女孩在玩游戏时，并不想让成人教给她们游戏规则，更愿意自己决定游戏的方式，并体验其中的乐趣。家长可让女孩自己选择玩具和玩的方法，这样做可以极大满足她的自主意识，帮助她成为一个有主见的人。

作为女孩，情商应是第一位，智商培养应是第二位，要想女儿有主见，能在未来的社会中及时控制住自己的欲望，就要富养女孩，富养的女孩有主见，这种富养，是精神上的富足，情商的富足，在生活中，需要父母的慢慢引导。总之，父母要记住，一个有主见的女孩更能控制住自己的欲望，更有自制力。

女孩有修养才能不被脾气控制

古人云："富贵多淑女，纨绔少伟男。"富养女孩的意思就是说富贵环境下成长起来的女子气质温婉而美好。这句教女格言用在家庭教育当中，就是说，富养的女孩气质非凡、优雅大方，不会颐指气使，拥有好脾气。即使在新时代中，依然适用于对现代孩子的教育。其实所谓的富养，并非全部集中在物质上的富足，更重要的是在其精神层面上。"富"，指重"呵护"。女孩因为天生感情细腻，有着注重细节、注重人与人之间的关系的天性，在物质和思想富足的条件下，才不易受外界的影响和诱惑，培养出从容优雅的气质。因此在对待女儿时，父母们就应该拿出更多的关爱与呵护，适时地满足女儿对细腻感情的需要，并不断丰富女儿的思想，开阔女儿的眼界，培养女儿知书达理的女性气质和品质。

一个女孩最珍贵的品质莫过于一个平和的心态，一份温婉的气质，反过来，脾气好的女孩才是有修养的表现，作为父母，培养女孩良好的脾气，比用服装和打扮来美化她，要具备更高一层的精神境界。一个脾气暴躁的女子，很难想象她有什么祥和与美好。几乎所有的女性都渴望自己在性格和外表方面，对别人具有更大的吸引力。女孩天生是公主，优秀的女孩子，需要父母的精心培育。女孩需要富着养，丰富其气质精神，这样女孩才能温柔贤惠、高雅睿智。那么，父母该怎么样通过培养孩子的良好修养来达到控制孩子脾气的目的呢？

第一，让女孩多看书、多思考。一个女孩的修养不是一个月两个月可以改变的，这需要长时间的修养和熏陶。比如，很多女孩读完大学，很久没见的人都说她变了一个样，其实就是校园生活熏陶出来的，多读书总有好处，实践出真知。还有一点就是，想成为什么人，就和什么人交朋友，家长要让女孩远离一些思想品行低下的不良人士。

第二，给女孩一个好的生活环境，这也是富养女孩的真正含义，好的生活环境和好的心态，才能培养出女孩好的修养。

第三，增强孩子的阅历，不一样的环境会造就不一样的人，一个女孩的阅历、学识、对自己的了解程度，都会对修养有一定的影响。

第四，让女孩学会控制住自己的情绪，情绪自控能力的强弱是女孩自制力的重要方面。

(1)让孩子学会宁静。帮助女儿寻找放松的方式和途径，鼓励她运用这些方法放松自己，特别是在她放学后或者一段时间以来非常活跃之时——这些时候，她可能认为自己很难“着陆”。

(2)不要让那些喜欢一个人独处的女孩子，随着时间的流逝而变得离群索居。注意观察她可能出现的任何“孤独”征兆。

(3)如果你的女儿有太多的时间独处，建议她参加某个体育社团或者社交俱乐部或青年团体。

(4)女儿的忌妒、愤怒、沮丧以及怨恨的感受，应该是可以接受的，而不应该招致惩罚或拒绝。虽然可以有这样的感受，但不能因此而伤害他人。这时候可以帮助她提出她的要求。比如对她说，“我想你现在很伤心难过，给你一个拥抱，你会觉得好点吗?”

(5)给每个较小的孩子配备一本感受日志，让她们在固定(或者自由)的时间里，写下她们对作品、学校、事件或人物的反应。

(6)情绪表达需要特别的词汇。女孩子们必须知道她们可以选用哪些词语来表达自己的感受——而且，如果这种信息以恰当的方式告知她们，她们会非常乐意拓展自己的语汇，以替代那些咒骂性的语言。

(7)在没有压力的寻常时间里，找个机会开诚布公地告诉她，在她需要的时候，家永远是她最后的庇护所。

一个人的修养必然会带来气质上的变化，所以，如果父母希望自己的女儿成为一个仪态端庄、充满自信、步姿优美、意气风发、充满自信的女性，成为一个最能吸引别人的女孩，就要让女孩学会管理自己的情绪，而这除了穿着得体、说话有分寸之外，更要富养女孩，不断提高女孩的知识、品德修养，不断丰富她们的人生阅历。

让女孩拥有丰富的精神世界，远离网络

沉迷网络的女孩，大多处于青春期，沉迷网络，其实只是一个表现，网络

仅是一个载体，问题的本质在于家庭是否在女孩的成长中注入了正确的成长因子。如果家长的教育出了问题，网络也好，游戏机也好，甚至体育运动、唱歌都有可能让女孩沉迷。女孩需要富养，就是要富养女孩的精神，丰富的精神世界是女孩健康成长的保证，而空虚的家庭生活则会让女孩试图寻找其他方式来填补自己的精神世界，而沉迷网络就成了她们的首选。

在教育女孩的过程中，重要的是全方位细心地关注孩子生活、学习中的真正需要，尊重她们，真诚地关心她们，让她们信任你，像朋友一样交往。其实不仅是对待女孩沉迷网络这件事，对待孩子成长中的其他问题，也同样如此，使孩子有富足的精神世界，才能培养出懂得更多、更自信、更坚强、更聪明、更优秀、更健康的女孩，才能彻底改变她们以往不良行为和习惯，从而使她们树立正确的世界观、人生观。

有个女大学生，有这样一张作息时间表：白天上课；18：00，去网吧玩网络游戏、聊天；20：00，晚饭在网吧叫外卖；通宵上网，第二天早上9：00回宿舍休息……

这位女大学生几乎把所有的空余时间都拿来上网，并开始拒绝参加同学聚会和活动。大约两个月之后，她发现自己思维跟不上同学的节奏，脑子里想的都是上网的事情，遇到事情会首先想到的是找网络中的男朋友解决，她开始感到不适应现实生活，陷入了深深的焦虑之中。

其实，这样的现象在生活中并不少见，为什么这些女孩对网络如此着迷，原因只有一个，就是精神世界的空虚，而对于家长，解决这一问题，就必须从家庭的角度，给女孩一个充实、富足的精神生活，那么，家长应该怎么做呢？家长要明白的是，父母和女儿之间的关系，是长期建立起来的，因此，丰富孩子的家庭生活需要长期的努力。

第一，引导孩子读书。父母往往会把自己的读书兴趣和习惯传递给女孩，孩子会在潜移默化中受到影响。美好的亲子阅读时光和互动，不仅能让女孩自由地发问、思考，而且能增进亲子感情。父母对书中内容的引导，会给女儿留下深刻的印象。

第二，让女孩在游戏中学知识。每个孩子都不喜欢枯燥的学习形式，父母和她一起游戏，就能够在欢乐的气氛中把知识传递给女孩，当然，这种游戏只适合年龄尚小的女孩，游戏也并不是网络游戏，

第三，多带孩子出去走走。有人说，读万卷书，不如走万里路。其实，哪

一样都很重要。女孩的日常读书是一个持续的过程，而女孩小的时候对大自然的欣赏、对民俗风情的理解以及对另一环境里人们生活状态的认识，都会对女孩未来的生活和职业选择产生影响。

第四，让女孩学会多探索，多记忆。

(1)采用多种方式让女孩探索。孩子的记忆力是超过父母想象的，她们在眼睛看、耳朵听的同时，还在积极思考。所以，父母可以通过各种方式让孩子在知识的海洋中探索。

(2)营造与女儿的亲密时光。女孩越大，越渴望与父母有交流，只是很多父母忽视了孩子的这种需要。

(3)全面看待女孩的“坏”习惯。孩子不是完美的，总是会有这样那样的“毛病”。比如，喜欢接话茬。如果父母完全禁止她，要她闭嘴，这在一定程度上会影响她的积极性。只有父母教导她如何正确表达自己的看法时，她才会更好地发挥自己的优点。

第五，让孩子努力学习科学文化知识。

学习始终是女孩的必要，女孩子如果想要进步，想要紧跟时代的步伐，要想超凡脱俗，就必须要努力学习。可是女孩子的大脑不同于男孩子，女孩子对于学习的适应性也不同于男孩子。研究表明，女孩子更擅长有时限规定的任务，她们喜欢用感性来理解所学习的知识，父母们对于这一点要有个清醒的认识，据此来培育孩子的自主学习能力。

第六，丰富孩子的课余生活。

女孩细腻、心灵手巧，父母可以根据女孩的这一特性，培养孩子的一些爱好，比如，培养她的鉴赏能力，陪她读书，让她听名家的琴曲，这对孩子的性格修养、丰富孩子的精神世界都是有益的。

第七，通过各种方式让女孩了解到现代网络的利与弊，家长要明白，把女孩和网络隔离开是一种不明智的做法，正确的教育与引导才是有益的。

女孩的成长期，正是人生观和价值观的形成期，好奇心强、自制力弱，极易受到异化思想的冲击。网络既是一个信息的宝库，也是一个信息的垃圾场，各种信息混杂，对女孩的成长极有影响。家长要意识到这个问题，通过富养女孩，丰富女孩的精神世界，让女孩懂得沉迷网络的危害，女孩自然就能远离网络带来的弊端，健康向上地成长。

培养女孩细腻的心思，战胜马虎

细心、安静、敏感、温柔是女孩的天性，当男孩们还在为写不好字而着急时，女孩已经初显心灵手巧的潜能了。细心的她们需要富养，才能把这种细心转化为女孩的一种习惯，形成一种自制力，女孩就可以克服马虎的坏习惯，父母们要记住：所有孩子的优秀品行都不是从天上掉下来的，而是适应环境条件培养出来的。女孩子在出生之后，就要尽可能地为她营造一个富足舒适的成长环境，正确地引导女孩细心的天性，有自制力的女孩无论在什么时候，都能专心致志，这是一个人成功的重要素质之一，这样女孩在长大成人之后，才能更有品位地生活。

女孩粗心大概是很多父母头疼的普遍问题之一。女孩本身细腻，粗心的形成受众多因素影响，其中有气质因素，有些女孩对感觉刺激的敏感性较差，而注意力又容易受干扰；也有知觉习惯的因素，对知觉对象的反映不完整、分辨不精细；还有兴趣的因素，对感兴趣的事情比较仔细，对不感兴趣的事情马马虎虎等。而最重要的原因是，很多家长误解了富养女孩的真正含义。拿学习来说，一些家长从女孩一入学开始就对女儿的学习大包大揽，做作业似乎成了自己的事。女孩的一些不良的学习习惯也就在不知不觉中养成了，女孩从此会对自己的作业毫不负责。等到了高年级，家长突然放手的时候，就会发现女儿的作业差得让人揪心。长此以往，女孩的学习能力就会低下，离开了大人就不会学习。最令人伤脑筋的是粗心会变成一种行为方式，演变成凡事都冒冒失失、粗枝大叶，成为真正的“马大哈”。粗心的女孩往往是动手快于动脑，事先缺乏仔细的观察和全面的思考。这一情况随着女孩子认知能力的提高会有所改善。但对已经形成粗心习惯的女孩，则要对她们进行耐心的、细致的指导，帮助她们形成新的知觉、思维和行为的模式。

富养女孩的重要目标之一就是培养女孩的良好素质和品质。纠正孩子马虎、粗心的习惯，是一件细致的、艰难的、经常反复的工作，需要家长高度的责任心和耐心，不可急躁，更不可以责骂。因为被骂得情绪紧张、兴致全无的女孩只会变得更加粗心。

第一，培养女孩良好的知觉辨别能力。如向孩子提供“找相同点”和“找不同点”的图画，让女孩去发现各种细节上的变化，培养她仔细观察、仔细比较的能力，并要求她把比较的结果用语言大声地讲出来，以巩固知觉的发现。这种活动随时随地都可以进行，哪怕是看到树叶上的一只小虫，也可以让她去仔细看看，虫子身上有几个花斑、几条腿等。

第二，要培养女孩从不同角度去观察和思考的能力。年幼的女孩思维缺乏可逆性，难以从不同的角度考虑同一问题，需要成人具体指导。如将两根等长的棒子前后错开放在孩子面前，问她哪一根长。有的女孩指着上面一根，说它长，有的女孩则认为下面一根长。这时，你可以引导你的女儿换一个视角看这两根棒子。说上面一根长的孩子是因为她只注意到棒子左端的情况，当让她同时再看看右端的情况，结论就变了；讲下面一根长的情况则相反，孩子只注意到右端的差异，而忽视了左端，要让她们学会注意两端。

第三，教会孩子清理大脑的方法。比如收拾书桌。收拾书桌是为了用视野中的清理集中自己的注意力，那么，也同时也可以清理大脑，让女孩经常收拾书桌，慢慢就会有一个形象的类比，她就会觉得自己的大脑也像一个书桌一样。这种方法尤其适合女孩的学习。大脑是一个屏幕，那里面也堆放着很多东西，需要清理。

第四，家长应该设法为女孩提供一个安静的学习生活环境。拿学习来说，孩子的家庭学习环境十分重要。如果说，她们在学习过程中，经常受到电视机、音响和来访客人的干扰，那么注意力就会被分散。另外，很多家长自己在看电视、玩电脑，却要求女儿认真做作业。喧闹的打牌声、交谈声和音响无疑是对孩子薄弱的意志力的一种残酷考验。因此，要使孩子在学习过程中专心致志，家长应该为她们提供良好的条件，这一点相当重要。

第五，对女孩感官的训练。比如说视力和听力，可以训练女孩在一段时间内盯视一个目标，而不被其他的图像所转移。可以训练在一段时间内虽然有万千种声音，但是让女孩集中聆听一种声音。父母也可以让孩子尝试着在整个世界中只感觉太阳的存在或者只感觉月亮的存在，或者只感觉周围空气的温度。这种感觉上的专心训练是进行注意力训练的有效技术手段。

以上只是让孩子在学习上克服马虎、养成细心的习惯，但孩子粗心的毛病不是只出现在学习上，家庭生活对此也有相当大的影响。例如，孩子在吃饭的时候要专心，不要多讲话；游戏的时候，不要一会儿玩这，一会儿玩那；看电视的时候，频道乱调。有句话叫"于细微处见精神"，父母必须从女孩的生活细节入手，严格训练女孩事事专心的良好习惯，才能根治孩子粗心大意的不良习惯。专心致志、心思细腻的女孩才有创造力、观察力、记忆力、想象力和逻辑推理能力，才能完美地完成每一件事。

让你的女儿多一点独立，少一点懒散

富养女孩，是中国几千年的养女真经，主要就是通过给女孩一个舒适的成长环境，让女孩具备一定的气质和修养，然而在新时代中，女性的地位较之旧时代又有着一定的变化，女性在社会上开始有了举足轻重的地位。所以父母不仅要从女性应该具有的特质出发，培养其女性的修养和气质，并且还要结合新时代的要求，从小注重培养女儿的独立能力，将女儿培养成一个既有柔美和细腻、又有独立自主能力的新女性，使其在之后的人生道路上最大限度地发挥作为女性的作用和能力。而懒散是独立的大敌，克服女孩懒散的弱点，让孩子形成一种自制力，这才是女孩成功成才的必备素质。

有人说，做女孩的家长有三种境界，第一重是忙于育女之术，第二重是长于育女之术，第三重是精于育女之术。随着境界的不断提升和时代的变化，父母也应该从"育女工"上升到了"育女专家"。那么，家长该怎样才能教育出一个独立、勤快，没有"懒散"这一恶习的女孩呢？

第一，做懒爸爸妈妈。

很多父母认为，富养女孩，就是要让女孩吃好的，穿好的，认为这就是有品位的生活。其实不然，真正的富养，是养精神，而不是物质。父母在适当的时候，给自己放放假，懒一点，对于成长中的女孩未尝不是一件好事。

女儿出生后，立即成了全家人的宝。爷爷、奶奶、外公、外婆四个人围着小家伙一个人转：女儿要喝奶，奶奶拿奶粉，爷爷拿奶瓶，外公倒水，外婆拿毛巾！那个忙碌劲，不亚于太后用膳。我明白，教育孩子不能过分迁就她。

但是，面对老人的高度热情，我无法将这一理念落实。

宝宝2岁时，什么都想抢着干，爷爷奶奶虽然很高兴，但总是一个劲地说："宝宝还小，宝宝还小！奶奶来做！"就这样，小家伙的工作热情就中途夭折了。

过年的时候，老人都回老家了，这下我可就没有了后顾之忧，决定将"懒"进行到底。

女儿想吃饼干，嚷着要我去拿。我说："你自己去，妈妈也累了。"她不肯，我们僵持着，最终她还是妥协了，自己跑去拿饼干。

我们一家三口逛街回来，累了，我和她爸爸躺到床上，对宝宝说："我们累了，休息一会儿，你要是不休息就到客厅看会儿电视吧。"女儿不高兴，可我们都闭上了眼睛，她想了想，就走出了房间，还没忘帮我们把房间门关上。我和老公相视一笑，我悄悄地爬起来，跟在她后面看。小家伙打开冰箱，拿了酸奶，打开电视，一个人坐在沙发上，有模有样地看起来。

在我们的"漠视"下，女儿一个春节竟学会了穿、脱衣裤，拿筷子吃饭，自己收拾玩具，这让我惊喜不已。

从这位懒妈妈的育女真经中，很多父母应该有所启发。忙碌的育女工作，让很多家长们投入了百分百的精力，疲惫之余，却仍感力不从心，收效甚微。可见百分百勤快的家长不一定就能得到百分百的结果。与其这样，倒不如给自己喘口气，放个小假，偷个小懒，做不了百分百的勤快父母，那就换个角色，做"懒"一点的父母，也许还会有意外的收获。

做"懒"父母绝不是为了享轻闲、图自在，而是用心良苦。通过谈话、讲故事等方式，使孩子知道"自己的事情自己做"的道理。女孩的未来要靠自己去开创，独立的生活能力是一个人生存和发展的基本前提。而这种能力不是天生的，是从小培养和锻炼出来的。父母如果将女孩的一切都包办，等于剥夺了女孩认识世界、锻炼自我的机会。做个"懒"父母是为女孩着想，对女孩的成长负责。

第二，互相表达爱，让女孩感知爱，从而主动去劳动。

爱是相互的，女孩需要爱，父母当然也需要。女孩生活优越，全然不知道家长工作的辛苦和感受，怎么可能知道爸爸妈妈也需要爱呢？默默奉献的父母，也要学会时常偷偷懒。周末的早上，不妨睡一个懒觉，冲着女儿发发牢骚："妈妈真辛苦啊，为了你，妈妈少睡了好多个懒觉。"

家长有自己的工作和生活空间，自己偷偷懒，其实就是给了女孩培养独立能力的机会。女儿也才不会把父母的付出看成理所当然。衣食住行是孩子自己的事，父母不是“全职保姆”！

当然，缺失的爱可能会让女孩不适应，产生情绪。爸爸妈妈一定要时常把爱说出口，让女孩扭转“父母不爱我了”的稚嫩想法。

第三，多信任少埋怨。

有很多勤快父母什么事都想替女孩做，但做的时候却很不情愿，一边做一边责怪女孩：“你怎么什么都不会做？妈妈像你这么大的时候都能上街打酱油了。”要不就历数：“你看谁谁真聪明，还会自己吃饭呢”……事情没做完，女孩早就被数落得垂头丧气，信心全无，更不用说放手让女孩自己去做又会衍生出多少牢骚。

孩子的年纪尚小，出现失误在所难免，父母不能用大人的准则去限制她，相信你的女儿，她有自己的问题处理方案。多给女孩鼓励和表扬，少点指责和埋怨，她就会多点信心和满足。

总之，独立的女孩有自制力，能克服懒散的毛病，而家长要想培养一个勤快、能干、独立的女孩，就要适时地放手，就要“勤快孩子懒自己”，这才是真正的富养女孩！

女孩越懂事，越不会任性妄为

所谓任性，是指一个人不顾客观环境和条件，自己想说什么就说什么，想做什么就做什么，不听从别人的劝告和阻拦，任着性子来。孩子的任性是一种不良性格特征的苗头，对孩子的成长很不利。而女孩天生是听话懂事的，是父母眼中的乖宝贝，可是现代社会，很多父母误解了富养女孩的真正含义，认为富养女孩，就是要满足孩子的一切要求，正是这种有求必应，让女孩形成了任性的坏毛病。

富养女孩，就是要教育出一个能为父母考虑、乖巧懂事的女儿，这种女孩，无论在家庭、学校还是未来走上社会，都会成为别人青睐的对象。

常听有些家长诉苦：“我们那孩子真任性。这不，告诉她天还冷，别那么早穿裙子，她连哭带闹，真没辙！”“我们这个更要命，犯起性子来说也不听，打也不成。要不，就给你哭得闭过气去！”

孩子为什么任性呢？是家长的教育使然。有多少父母和祖辈，家中的“小公主”刚一哭闹要性子，就心软了，就“投降”了，就百依百顺了。等到女孩已经“掌握”了哭闹这个要挟大人的“法宝”，知道哭闹可以“摆布”大人达到自己的目的，便无休止地恶性发展下去，当父母想要克服孩子的任性时，才发现自己已经教会了她任性。因此，克服孩子的任性，让女孩懂事乖巧，就必须从小开始。有位妈妈就有这样的烦恼：

“我的女儿小远今年刚满了4岁，聪明可爱，因为我们工作很忙，长期是爷爷奶奶带的，但我们每天都抽时间过去和她玩。因为她小时候没吃过母乳，身体多病，所以爷爷奶奶对她照顾很周到，总是担心她生病。小远2岁就上了幼儿园，学习接受能力都不错，就是性格上比较任性，有点我行我素，比如上公开课，教师点她发言，其实她会，但就是不配合，还跟我们说，不想让这么多不认识的人听她念课文，听教师说平时点她发言蛮配合的，学习效果也可以。每个新学期开学，小远总是要哭个几次，不过我们走后，她上课做游戏都很积极，她也很喜欢上幼儿园。

这个暑假，她进步蛮大，喜欢学习生字，玩玩具也有耐心，但是就是性格更加任性，有时可以说固执，比如看电视时有哪个节目上的字她不认识，而家里人又没有及时看到告诉她，就开始吵闹，吵得很厉害，我们每次都通过转移注意力的方式让她安静下来，次数多了真是觉得累。跟她说过多次道理，幼儿园的小朋友不认识字是很正常的，可当时答应得蛮好，过后又是一样着急和吵闹。到底怎么办才能让她能别任性了？”

一个懂事的女孩就不会任性，那么，家长应该怎样教育出一个懂事的女儿呢？这是一个长期教育的过程。

第一，防患于未然。

女孩的任性表现，一般也有规律。父母可以留意观察孩子在什么情况下容易犯拧劲，当这种情况临近时，你可以事先向女儿提出要求，“约法三章”。比如女儿和祖辈在一起容易任性，那么你带她到姥姥家去之前，就该先打打“预防针”。

第二，说理引导。

女儿有些要求是无理的或不能满足的，你应赶紧利用童话、故事等方式，给孩子讲清道理，这常常可以避免孩子任性，但一定要及时。

第三，激将夸奖。

小孩子好胜，更喜欢“听好话”“戴高帽”。在女儿出现任性的初期，您或者顺向地夸奖她的某一长处，为女孩“转变”找台阶，或者反向地激将，说她“不会怎样，不能怎样”，孩子可能就来了“我能……”的劲儿，这样也往往使她摆脱任性的情绪状态。

第四，注意转移。

经常看到这样的情形：女孩非常任性地要做不该做的事，大人非要阻拦不可，但说也不听打也不行，一个要干，一个要拦，相持不下局面尴尬。若恰在这时推门进来一个生人或发生一件新奇的事，女孩立刻被吸引过去，就不再任性了，这是因为她的注意转移了。孩子的注意是容易转移的，你可以在女儿出现任性行为时，利用当时的情境特点，设法把女儿的注意力转移到能吸引孩子的一些别的、新颖的事物上去。这一方法在任性初起时更灵。

第五，不予理睬。

在女孩任性地耍脾气时，你在料定没什么“安全问题”的情况下，就可以不去理睬她，听任她闹一阵子，等她不闹了再去说理。这种方法需要你一不要太性急，二不要心太软。

第六，自我强化。

比如，女孩不吃饭，拿不吃饭要挟大人。那么好，你就赶快收拾饭桌，让她好好饿一顿。这饿肚子的感觉就是最好的“惩罚”。又比如，没到穿裙子的季节孩子犯拧非穿不可，如果其他办法不管用了，那么就让孩子去穿，受凉挨冻就是最好的教育。采用这一方法，一是要确保后果对孩子身心没多大的伤害，二是大人要狠狠心。

总之，女孩的懂事不是天生的，需要家长的长期引导，才能改掉女孩任性的坏毛病。对于女孩的任性，不能太过于迁就，不能让女孩得寸进尺，否则就不是真正意义上富足孩子的精神。让孩子懂事，形成一种自制力，是教育女孩的重要目标之一。

第06章

富养的女孩更阳光：让女儿成为一个坚强勇敢的人

父母是女孩坚强的后盾，但不能搀扶着女孩走一生，女孩始终要独自、勇敢地面对生活。女孩需要富养，养的不仅是物质，还有精神，尤其是一颗勇敢的心。谁都想把自己的小公主培养成搏击长空的“天之骄女”，但免不了一些风雨和挫折，对此，父母应该做到以下三点：第一，别过分干涉孩子的生活，要培养女孩的闯劲。对孩子，一是要管，二是要放。第二，要鼓励女孩和男孩一样，做出一些勇敢的行为。第三，增长孩子的见识。增长女孩的见识是富养女孩的精髓，一个有胆有识的人必须以见识作基础。

女孩和男孩不一样，女孩富着养，用适合女孩的方法教育她，教会了她勇敢，教会了她如何积极地面对，就给了她一笔花不完的精神财富！

让女孩知道没有永远一帆风顺的生活

生活似大海，挫折就似大海中的波澜，赋予大海以壮丽与神秘；生活如蓝天，挫折就如蓝天中的白云，星星点点，给蓝天以美丽的点缀；生活像一张白纸，挫折则像一支神奇的画笔，为生活这张白纸描绘出美丽的图画；生活是一个乐章，挫折则是这乐章中的一个个跳动的音符，奏响了优美的乐章……总之，挫折是生活中必不可少的一部分，生活中总是立着一道道挫折之栏，对于成长中的女孩，只有保持积极的心态，勇敢面对，奋力跨越，才能经受得住挫折的考验，从而成就不平凡的人生。

父母是女孩生活中的一面镜子，是女孩的引路人。父母如何教育女孩，培养女孩何种心态，直接关系到一个女孩的一生。女孩需要富养，养的不仅仅是物质，最重要的是精神的富足，对于一个女孩，最重要的无非是一个健康积极的心态，而这一心态的获得，都需要父母的精心呵护和培育，都需要富着养。让女孩生长在“富裕”的教育环境中，让光明、温暖、坚信、乐观这些幸福的字眼占据女孩柔弱而单纯的心灵，是培养女孩积极面对挫折的关键。

而现实生活中，很多父母和家长给予孩子更多的是物质和财富，而不是培养孩子独立面对挫折和生活的好心态，轻则使女孩胆怯懦弱，重则产生无法弥补的错误。

周华是一个刚满 18 岁的高中毕业生，可仅仅因为高考失利，就葬送了自己花季般的生命。高考结束后，她感觉自己发挥得还可以。25 日，是高考成绩公布的第一天，中午父母吃完饭，就上班去了。周华独自到同学家上网查分数，考了不到 500 分，与她的期望有很大一段距离。她对自己非常失望，而且觉得愧对为自己辛劳的父母。因此，没等到父母下班回家，自己就走上了轻生之路。父母下班回家发现后，一下子瘫坐在地。

周华班主任对此并不感到诧异，他认为这个女孩走上轻生之路，是与父母长期的教育有关系的，这个女孩一直是父母眼中的乖乖女，成绩在班内处于上游，数学和英语成绩都很不错，为人内敛。她一直是数学课代表，平时很听话，也能感觉到家人很疼爱她。父母从来对她都是有求必应，高考一结束父亲就专门给她买了 MP3，还答应她如果考得好，就奖励一台电脑。就是这样，才让周华难以面对挫折。

高考后女孩因考试失利自杀的现象，在社会上并不鲜见。其实，人的一生中，高考只是要面临的其中一个考验，就算周华被父母及时发现，保住性命，如果她不能改变对待挫折的态度，正确地看待挫折，将来还是会因为其他事情再次一蹶不振，陷入困境而无法自拔。而正如她的班主任说的，她轻生的原因与父母的教育是分不开的。假如她的父母平时除了教育孩子努力学习以外，还注意培养她应对挫折的心态，恐怕才会改变周华的命运。

那么，父母应该怎样富养女孩，培养女孩积极面对挫折，让女孩明白挫折是生活中的一部分这个道理呢？

第一，父母的心态直接影响到女孩。父母除了给了女孩生命，还是女孩的第一任老师。父母如何对待人生的挫折，首先是对父母人生态度的一个考验，其次是对女孩给予何种影响。如果父母在挫折面前积极乐观，把挫折看成一个人生的新契机，那么女孩也会在父母的影响下，直面人生的各种挫折，以积极的心态去迎接各种挑战。如果父母在挫折面前消极悲观，回避现实，那么只能降低自己在女孩心目中的威信，也不利于教育女孩正视挫折。俗话说得好："假如你选择了蓝天，就不要渴望风和日丽；假如你选择了陆地，就不要渴望大陆平坦；假如你选择了海洋，就不要渴望一帆风顺。让我们勇敢地面对挫折，生活会因有了挫折而更加精彩。"父母要明白这个道理，并言传身教，在日常生活中，给孩子一个积极的印象，孩子在潜移默化中也就吸收了父母的这一"精神馈赠"。

第二，从小让女孩自己去经历挫折，而不是包办女孩的一切，即使女孩娇弱，也不会是弱者。人的一生从来不会一帆风顺，漫漫人生路，苦乐相掺，悲喜相伴，往往挫折坎坷比平坦之路更多。挫折会伴随每个女孩的一生，成为她们人生的一部分。从小不让女孩自己面对挫折，她们长大后可能就难以适应复杂多变的社会。

第三，鼓励女孩勇敢面对，女孩在任何时候，都需要父母的支持，挫折发生时，鼓励孩子冷静分析，沉着应对，找到解决挫折的有效办法。平常和孩子一起探索战胜挫折、克服消极心理的有效方法，帮助孩子进行自我排解，自我疏导，从而将消极情绪转化为积极情绪，增添战胜挫折的勇气。在父母鼓励下战胜挫折的女孩，定能学会抵抗挫折，成为一个在人生路上不断前行的勇者。

总之，作为父母，要让女孩明白，挫折是人生的一部分，如果父母希望女儿未来的人生少一些悲哀气氛，多一些壮丽色彩，就要让女孩早点懂得挫折是人生的常态。这样，当挫折到来时，孩子才会从容面对，而不是无奈逃避。让孩子明白挫折是生活的一部分，学会正确地看待挫折，女孩才能更快地成长、成熟，将来才会更好地把握自己的人生。

女孩要懂得谦虚和积极进取

谦虚使人进步，骄傲使人落后。现代社会，女性只有积极进取，承认人外有人，天外有天，才能认识到学无止境的含义，才能放开眼界，不断地吸收新的知识。而现代社会，很多女孩出生于独生子女家庭，很多父母并没有彻底了解到富养女孩的真正含义，精神教育的缺乏让这些女孩很容易产生骄傲自大的情绪，而这往往阻碍了女孩人生的长远发展。

列夫·托尔斯泰说："一个人就好像是一个分数，他的实际才能好比分子，而他对自己的估价好比分母，分母越大，则分数的值越小。"

有个女孩大学毕业以后，对自己的前途充满了信心，因为她在学校一直都表现得很出色，而且多次获得征文比赛的大奖。她一心想到贸易公司工作，并写了许多履历表前去应聘。

其中有一家公司写了一封信给她："虽然你自认文采很好，但是我们看了你写的简历，直言不讳地说，你的文章写得很差，甚至还有许多语法上的错误。"

受到打击的年轻女孩心里很不服气："我怎么可能在履历表上出错误呢？"但是，当她回头仔细查看了她的简历时，发现确实有些她没有察觉出来的错误，而这些错误的拼写和语法自己一直都这样用，却一直都不知道它们是错的。

于是她写了一封感谢信给这个公司，信上是这样写的："谢谢贵公司给我指出我经常犯的错误，我今后会更加细心的。"几天后，她再次收到这家公司的信函，通知她可以上班了。

人人都喜欢谦虚的人，而不会与自以为是的人为伍。即使是在提倡“毛遂自荐”精神的今天，谦虚依然不失为一种伟大的美德。持有谦虚精神的人如同持有一张通行证，可以畅通无阻地行走于社会，因为谦虚的人更知道进取。而要教育出一个谦虚的女孩，必须要富足孩子的精神世界。那么，父母应该怎样培养一个谦虚的女孩呢？

第一，不要过度夸奖女孩。

父母对女孩过分的夸奖与肯定，很容易使孩子滋生骄傲情绪，认为自己是最优秀的。一旦这种骄傲情绪产生，再纠正就困难了。

当今很多女孩的父母喜欢在众人面前炫耀女儿在这方面或那方面的“与众不同”，这样就很容易使女孩子滋生骄傲情绪。事实上，一些潜质很好的女孩之所以没能如愿地在未来成为栋梁，正是源于她的骄傲自满、狂妄自大。

骄傲自大的女孩往往不屑于与别人交往，心胸变得很狭窄。她们虽能取得一定的成绩，但往往只满足于眼前取得的成绩，而且她们看不到别人的成绩。只有谦虚的女孩才有机会看清自己，看清别人，从而博采众家之长。

第二，经常给你的女儿讲一些优秀人物的故事或者一些浅显的道理。

比如“水满则溢”的故事：

一个容器若装满了水，稍一晃动，水便溢了出来。一个人若心里装满了骄傲，便再也容纳不了新知识、新经验和别人的忠言了。故古人云：“满招损、谦受益。”

另外，还有爱因斯坦的故事：

爱因斯坦是个名满天下的科学家，据说有一次他的学生问他说：“老师的知识那么渊博，为何还能做到学而不厌呢？”

爱因斯坦很幽默地解释道：“假如把人的已知部分比作一个圆的话，圆外便是人的未知部分，圆越大，其周长就越长，他所接触的未知部分就越多。现在，我这个圆比你的圆大，所以，我发现自己尚未掌握的知识自然是比你多，这样的话，我怎么还懈怠得下来呢？”

当然，这些道理和故事最好来源于女孩周围的生活环境，尤其是同时代、同年龄的其他孩子的优秀事迹对孩子更具有激励作用。让她们知道：天外有天，人外有人。很多事物的优越性都是相对的，人所拥有的永远都微不足道，所以没有理由不谦虚一点。

第三,父母要用自身的言行影响女孩。

切不可有骄傲自满的表现,因为一个尚未形成价值观、社会观的女孩极易受父母的感染。

第四,父母要为女孩创造一个有利于培养孩子谦虚品质的大环境,并与老师配合。在教育女孩谦虚的同时肯定孩子的长处,让女孩认识到只有谦虚才能使人不断进步。

一个人不管自己有多丰富的知识,取得多大的成绩,推而广之,或是有了何等显赫的地位,都要谦虚谨慎,不能自视过高。女孩也一样,谦虚的女孩更知道进取,知道要不断探求知识和人生的路。一个心胸宽广、能博采众长、不断地丰富自己的知识、增强自己本领的女孩必能创出更精彩的人生。

教会女孩勇于说“不”

对于一个女孩,需要学习的一项重要的本领就是要保护自己,才能在以后的生活中正确处理一些诱惑和不友好,而这种保护方式中就有女孩要学习如何拒绝别人,要有勇气说“不”。当遇到不能接受的事情时,女孩要勇敢地说“不”;当有人对女孩不友好时,女孩也要勇敢地说“不”;当有坏人欺负女孩时,女孩更要勇敢地说:“不”。而做到这些,女孩必须勇敢。这一心态的获得,必须要得到父母的富养,父母始终是女儿最坚强的精神后盾,无论女孩走到人生的哪个阶段,无论如何女孩遇到什么困惑,都需要父母的呵护。

报纸上曾经有一篇报道,说的是某中学初二的一个女生在放学的路上被一些流氓欺负了,但一直不敢向学校和家长反映,导致课堂上的她一直精神不集中,神情涣散,后来居然患上了精神病。

看到这些,可能很多父母心存隐忧和害怕,会担心女儿长大后不能保护自己,其实,只要给女孩勇气,教她学会拒绝别人,就是教给了她自我保护的本领。虽然中华民族一向倡导谦让的美德,但是,如果女孩非常不愿意,却要让她故作谦让,忽视自己的需求和权益,去满足他人的需求和权益,这对女孩的成长也是没有好处的。久而久之,她会变得没有自己的想法,即使自己的需求和权益受到他人侵犯，也不善于去维护和争取。

因此，教会女孩学会拒绝别人，最重要的还是增强孩子的勇气，让女孩有胆量去拒绝，女孩一般都比较害羞和胆怯。有些女孩虽然有不愿意的情绪，但是因为胆量较小，不敢自己去拒绝，这时，好心的父母往往会替孩子拒绝他人，从而维护孩子的权益。这样做的结果，就使女孩失去了实践的机会，从而导致胆量越来越小，越来越不敢开口说“不”。这不是富养女孩，而是娇宠女孩，看似爱女孩，实则害女孩。

那么，家长应该做的就是根据女孩胆小、害羞的性格特征，让女孩勇敢起来，让她敢于说“不”，具体说，家长可以做到：

第一，让女孩坚持自己的决定。有些女孩不敢拒绝同伴的要求是因为害怕别人不跟自己玩，害怕由于拒绝而导致孤独，离开伙伴心就没着落。因此，她平时跟小伙伴说话都很小心，别人要什么东西，她就会拱手奉送，可是，事后她就后悔了。这种情况就是平常说的“没志气”，常发生在年龄较小的女孩当中。这就需要妈妈逐渐培养女孩子的果敢品质，自己说过的话、做过的事，就应该勇敢承担起责任来，自己拒绝同伴后就应该承担起受冷落的后果，而不是过后就反悔。

第二，不能娇惯孩子，更不能越俎代庖。拒绝其实是一种习惯。有时候，女孩不会拒绝他人，与她的胆量虽说有关系，但也是因为缺乏拒绝的经验，还不习惯说“不”，因此往往无法开口拒绝别人。此时的父母不要因为女儿受了委屈，就主动“打抱不平”，长时间的越俎代庖，只能让女孩失去拒绝别人的勇气。

第三，教给女孩一些拒绝别人的技巧，比如：

(1)让女孩直接说出理由

父母要教导女孩，自己不愿意答应别人时，可以直接向对方陈述拒绝对方的客观理由，包括自己的状况不允许、社会条件限制等。

(2)让女孩学会用商量的语气和别人说话

告诉孩子，拒绝别人有时要和对方反复“磨嘴皮子”，直到对方认可。

(3)让女孩学会间接拒绝别人

告诉女孩，当自己实在无法满足对方的要求，开门见山、直截了当式的拒绝，犹如当头一盆冷水，使人难堪，伤人面子。而换一种方式，就不一样了。

大多数父母都明白一个道理，即女孩最终也要走向社会，爱她不能宠她，她始终也要在群体中生活。与人分享，才能得到别人的信任、支持和尊重，因此，父母们希望自己的女儿学会与人分享，养成慷慨大方的美德。这一点没错。然而，任何事情都要讲究一个度，若是轻易承诺了自己无法履行的职责，将会带给自己更大的困扰和沟通上的困难，这就需要学会拒绝别人。女孩只有学会拒绝，才能在复杂的社会中始终站稳自己的位置，让自己生存得自立自强。但拒绝别人实在不是一件容易的事，需要勇气，这就需要父母富养女孩，从各个方面让女孩树立起拒绝别人的勇气，这样女孩在与别人自主交往的过程中，才能学会有效地拒绝别人，也能学会友好地与他人相处，这是女孩成长过程中不可缺少的一种经历。

让女儿做一个温柔又坚强的女孩

女孩天生娇弱，但女孩绝不能是个弱者，可能父母会认为，温柔贤惠的性格对于女孩是最重要的，但女孩还需要勇气，一个柔弱的女孩子可能娇媚，让人怜爱，可是一个懦弱的女孩子难以在社会上立足。富养女孩，就要让女儿凡事有足够的勇气，把懦弱的苗头扼杀在摇篮里。因此，父母应该根据女孩子特有的柔与韧，让女孩子成为一个刚柔并济的女性。

女孩子聪明可爱自不必说，但是很多父母在教育女儿时，往往关注其灵秀性，注重女孩温柔性格的形成，而忽视了其勇气的培养，这使得女孩子普遍缺乏勇敢精神。这些“小公主”们凡事怕字当头：怕黑夜，怕生人，怕风，怕雨，怕闪电惊雷，怕动物，怕父母不陪在身边……但是父母们并不认为这有什么不妥，反而觉得女孩子就应该如此，只有这样，才能够有人疼，有人宠。但是这样的认识未免显得片面，因为他们没有看到一个懦弱的孩子很难建立起自信，也很难做成自己的事情。

女孩子胆小的源头在家庭，在父母，在他们不恰当的教育。造成女孩子胆小的原因主要有：

第一，经常恐吓。

孩子小的时候，难免会哭闹，有些家长见女儿又哭又闹，或者淘气调皮不听话，就采用恐吓的方法来让女孩停止哭闹，比如用大灰狼、老虎来恐吓，甚至关掉电灯或者让孩子独自一人，但这些方法无异于饮鸩止渴，表面上看是制住了女孩的哭闹，但实际上，她们稚嫩的头脑中，会形成抹不掉的阴影，它的副作用是很大的，会给孩子带来长时间的心理创伤。时间久了，就是一个特别胆大的女孩也会变得畏畏缩缩，因为对生活带有恐惧心理的女孩，是很难有勇气面对“侵略”的。在被欺负的时候，恐惧心理会卷土重来，像一个巨大的阴影吞噬女孩幼小的心灵。甚至在女孩长大以后，这种阴影仍然挥之不去——即使她们知道，狼外婆只是儿时的童话。

第二，动辄训斥。

俗话说严师出高徒，很多女孩的父母望女成凤，认为女孩是管教出来的，于是便陷入一些误区，他们对女孩管教得很严厉，对孩子的要求过于苛刻，孩子稍有差错，或稍有不顺眼的地方，动辄大声训斥，严厉批评，可父母忽视的是，女孩子生性娇弱，自尊而敏感，动辄大声训斥，不是让孩子彻底丧失自尊心，就是让她与自信心无缘，这样的做法无异于扼杀孩子的未来。

第三，过分娇惯。

与过分严苛相同，过分娇惯同样会让孩子产生懦弱的心理。这也不是富养女孩，因为娇惯让孩子们没有了接触挫折和失败的机会，也就剥夺了孩子锻炼的机会，有一句话说得很透彻，“再富不能富孩子”，表面上看，这句话与我们的“富养女孩”的理念完全相反，其实内里却具有异曲同工之妙。精神的富足才是真正的富养。

很多父母潜意识里把女孩子当成弱者来看待，过分地渲染使孩子产生自卑感。这让一个原本自信的女孩子，失去了坚定、果敢、骄傲等品质，对于女孩的成长极为不利，鉴于此，家长应该改变教育方式，富养女孩的精神，教女孩温柔但不软弱：

第一，家长必须自己要勇敢、坚强，做孩子的榜样。同时，还要积极鼓励孩子大胆与人竞争，积极参与各种活动，在参与中锻炼和壮大胆量。勇敢心态的培养要从小开始，从点滴的小事做起，对女孩多鼓励、多赞赏，帮助孩子排解心理障碍，克服自卑心理，才能造就新时代的新女性，让她们生活在自信自立的天空下，快乐而幸福。

第二，不要过分溺爱女孩。家长的过分保护会给女孩消极的暗示。在家长的溺爱下，女孩一方面会变得娇纵、不可一世；另一方面，女孩的身体动觉能力也没有得到开发，会对实践产生畏惧心理。

第三，鼓励女孩对外交往。女孩子的世界是以关系为主的，她们需要在交往中锻炼自己的能力。如果女孩的生活中缺少了这一环节，她们就不知道该如何与别人交往，当碰到不公平的事情时，就更不知道怎么处理了。

第四，鼓励女孩勇于争取。

香港著名女作家梁凤仪小的时候，是一个不敢说话的小女孩。有一次，小凤仪跟爸爸逛商场，就要离开时，她拽住爸爸的衣角："爸爸，再玩一会儿吧。"小凤仪并不是贪玩的孩子，她只是想要柜台里漂亮的洋娃娃。爸爸看出了她的心思，却没有主动买给她。终于，小凤仪忍不住了，她用细若蚊蝇的声音说："爸爸，我……想买一样……东西。""买什么？说话别吞吞吐吐，想要什么说出来！""我想买一个洋娃娃！"小凤仪鼓起勇气说。于是，她得到了一个洋娃娃。

小梁凤仪的父亲是睿智的人，他鼓励女儿去争取，让女儿大胆地表达自己的想法，更让女儿尝到了因为争取而成功的喜悦。

父母不可能永远是女孩的保护伞，只有真正地让女孩勇敢起来，拥有积极的心态，做一个生活的强者，才能让女孩独自去面对原本就不是一帆风顺的生活，在挫折面前才不会奢望别人的帮助，才不会在外人面前轻易流泪，才不会在困难面前手足无措、六神无主，也才能成为一个新时代的女性。

让女孩喜欢自己，接纳不完美的自己

每个女孩都是一个独立的生命个体，都有着无法复制的一些特征，正是这些特征，让女孩在父母心中有无法替代的位置。一个女孩只有喜欢并接受自己，包括优点和缺点，相信自己是最棒的，才能在人生的路上勇往直前、无所畏惧。著名宗教领袖马丁·路德·金说过："世界上所做的每一件事都是抱着希望而做成的。"接受并喜欢自己，是建立自信和勇气的前提，而这就需要父母的富养，让女孩从小在温馨和谐的家庭环境中成长，给孩子一个阳光积极的心态，才是真正的富养之道。

每一个人都需要自我认同感，对于成长中的女孩也一样，但实际上，很多时候，自我认同感的缺失是父母的教育造成的。比如，从小给女孩贴上了“弱者”的标签，对女孩的缺点大加指责等，都会让女孩有一种“无用感”和“自我否定感”，长期在这种心理状态笼罩下的女孩，是很难有勇气和自信的。

那么，家长该怎样做才能让女孩喜欢自己，然后逐步建立起勇气和自信呢？

第一，让女孩喜欢自己的性别。这是最基础的，只有先获得身份的认同，才能让女孩以女性的身份生存、生活、与人交往，从而赢得一种自我价值的肯定，对那些不喜欢自己性别的女孩，家长一定要采取措施及时引导，有位妈妈是这样做的：

“我女儿从两岁时，就希望自己是个男孩，为了让女孩喜欢自己是个女孩，我首先带女儿逛儿童服装店，欣赏女孩服装，看到色彩鲜艳、款式多样的女童装，女儿恨不得让我把所有服装都买回家给她穿。我再带她到外婆家看表哥的衣服，一对比，孩子就发现：男孩的衣服不如女孩的好看。我说：‘要是变成男孩了，只能穿和哥哥一样的衣服了。’女儿似懂非懂地点点头。晚上洗澡的时候，我还对她说：‘我们女孩还很讲卫生，从来不随地大小便。’洗完澡，我给她穿上漂亮的裙子，让她照镜子，欣赏自己。我说：‘要是不喜欢做女孩，妈妈帮你变成男孩吧，把你的漂亮衣服送给别的小朋友吧。’‘不要！’女儿急地大声说。”

这位妈妈是个有心人，女孩是公主，喜欢自己的公主，才会被人喜欢，才会有勇气和自信去赢得别人的认同。

第二，让女孩扩大交友范围，赢得友谊。友谊对女孩子极其重要。朋友们认可她，帮助她产生归属感，因为他们告诉她她讨人喜欢，被人喜爱。他们经常分享她感兴趣的事物，陪她打发时光，为她带来快乐，让她建立身份认同。她会想：“和这样的人做朋友，我就是像他们一样的人。”真正的朋友在对方遇到麻烦的时候，不离不弃，为之提供支持。换言之，真正的朋友，对于她获得身份认同、建立自信、培养社交能力及给她带来安全感，都是非常重要的——如果她的朋友都是“良友”的话。

女孩子与朋友关系密切，朋友几乎就是她个人的延伸。作为父母，一定要明白，拒绝她的朋友，就是在拒绝她本人，这使得你想开口对她说她交错了朋友变得格外困难。如果她的朋友想要破坏你的计划，挑战你的价值观并引发你的担忧，在你采取行动试图将他们排除在她的朋友圈之外前，请一定要慎重考虑。他们可能确实是正常的孩子，只是想挣脱大人的束缚而已。在你禁止任何事情之前，主动和你的女儿交谈，因为禁止可能导致事与愿违的后果。

第三，女孩也需要游戏。游戏对于一个人建立自尊和自信非常重要。和朋友一起玩“假装”和“演戏”游戏时，女孩子特别擅长设计故事情节。游戏使女孩子得以认识自我，因为通过选择决定玩什么或者做什么、和谁一起玩、玩什么等，她们可以逐渐丰富自我概念，并获得身份认同——这二者正是建立自尊必不可少的两个步骤。通过游戏，女孩子还可以发现自己有能力做些什么，因为游戏有助于培养她们在语言、社交、手工、制订计划、解决问题、协商和身体运用方面的能力，从而增强她们的自信，提高她们社会交往和结识朋友的能力。

第四，告诉女孩，“自信源于成功的暗示，恐惧源于失败的暗示。积极的暗示一旦形成，就如同风帆会助你成功；相反，消极的心理暗示一旦形成，又不能及时消除，就会影响一生的成功。”

最后，女孩子独自进行一些有安全保障的游戏，会使她们逐渐认识到，自己是可以独力完成一些事情的。

总之，父母是女孩人生路上的导航者，女孩在成长中，难免出现一些负面消极心态，父母要给予及时的排解，培养出一个勇敢、积极的女孩。

让女孩知道如何积极应对生活中的变化

中国的父母都望女成凤，但父母不恰当的教育方式和家庭环境，让很多女孩自卑胆怯，无法应对生活中的变故，从而和成功失之交臂。不难发现，生活在以下家庭中的女孩往往勇气欠佳：

(1)生活在破裂家庭中的女孩。由于得不到足够的父爱或母爱，与其他女孩相比，显然缺少一种优越感，从而导致自卑。

(2)生活在崇尚“完美主义”家庭中的女孩。由于家长要求女儿将每一件事都做得十全十美，实际上这是不可能达到的，于是女孩常常受到家长过多指责，使女孩怀疑自己的能力而产生胆怯的心理。

(3)生活在家长能力特强的家庭中的女孩。这些孩子常会感到：爸爸妈妈样样都行，就是我不行。有时家长本身的行为会妨碍女孩能力的发挥，尤其是父母处处代劳，事事包办，使孩子很少有机会去处理问题，锻炼能力，从而产生自卑。

(4)生活在家长作风粗暴、专横家庭中的女孩。由于家长教育子女的方式简单粗暴，或采取棍棒教育，常使孩子自尊心遭到创伤而产生胆怯，经受不住生活的考验。

其实，女孩的富养，除了要给女孩一个良好和优越的成长环境以外，还要教会孩子如何面对生活，用积极的心态承受挫折，父母既要呵护女孩，又要让她经受挫折和失败，毕竟喜怒哀乐少了哪一种体验都会造成她心理上的“营养不良”。当孩子遇到麻烦时，父母不能一个箭步冲上去，撑起用爱筑就的保护伞为她遮风挡雨，而应该忍住“帮孩子一把”的冲动，给她一个品尝挫折的机会，让她自己走出困境，那么，家长怎样培养孩子积极的心态呢？

第一，父母首先要经受住失败，给女儿做好榜样。

在一些父母看来，孩子的成绩就是大人的“脸面”——好了脸上有光，不好就丢人现眼。所以，一旦女孩犯错或遭遇失败，面子上先挂不住的恰恰是父母自己。父母希望女孩在挫折面前有很好的表现，自己却不能客观地看待孩子的失误、接受失败的现实，指责、埋怨甚至挖苦，这只能给孩子的心理蒙上一层阴影、加速孩子的自暴自弃，使孩子误以为失败是可耻的。正是父母的“坏”榜样，造就了孩子的“输不起”，更别说勇敢面对了。

明智的做法是不以成败论英雄，平和、坦然、一分为二地面对失败，当孩子遇到失败和挫折时，要告诉女孩：“我们的目标只是‘试试’而不是‘成功’，即便是一次失败的努力，也能从中有所收获。”这样孩子就会轻松许多。

第二，父母不能因为女孩较弱而事事包办。

星期天早上，4岁的悠悠学着妈妈的样子把自己的小被子平铺在床上，可无论是先折横边还是先折竖边，叠出的被子还是长不长、方不方，一点也不规整……

悠悠妈妈这时跑过来说：“你这么小，哪叠得了这么大的被子，妈妈来弄！快去玩吧！”话音未落就把被子叠得方方正正。

这位妈妈的做法是错误的，相对男孩而言，女孩更能将这些事情做得很好,只是需要父母的耐心。面对女孩遇到的大小麻烦,父母耐心的指导比简单的包办更能让她享受到干好一件事的快乐,这也是女孩克服困难、战胜自己的动力。引领的目的是让女孩学会如何解决自己碰到的各种难题,如果父母的帮助让她感到自己的无能、对未来失去信心,并丧失尝试和努力的欲望,这绝对是对女孩巨大的伤害。

第三,让孩子微笑面对逆境和困难。

因为人生阅历和年龄的关系,尽管身临逆境,很多女孩却往往摸不清挫折的“底细”,需要依据父母的态度来猜测和判断。父母的情绪直接传染孩子并起着明显的导向性作用。以积极向上的姿态和轻松的心态应付困境,这样做能减轻伤痛的指数。

父母都希望自己的孩子在困难和挫折面前“明知山有虎,偏向虎山行”,这是勇者的表现,父母要让女孩明白,做很多事都不是顺顺当当一下就能做好,但只要肯学、愿意想办法,很多难题都能迎刃而解。当女孩误以为自己走投无路时,最需要父母帮助点燃心中的希望,看清自己的潜力。告诉女孩,困难不等于绝境,关键是自己不能先被困难吓倒。要从困境中找到一个出口、获得比较圆满的结果,这个过程是孩子战胜自己的过程,如能使其长久地保持“我一定能把困难战胜”的热情和信心,那么父母无疑是给了女儿一种不断提升自己能力的体验,这将是一笔巨大的人生财富。

让女儿学会化悲痛为力量

随着经济的发展,生活水平一代比一代好,见识也是一代比一代广,现在的女孩大多出生在四个老人、一对父母的“四二一”家庭环境中,从长辈那里获得关爱也是越来越多,可是承受挫折的能力是不是也是一代比一代强、一代比一代出色呢?答案不尽然。诚然,女孩生性娇弱,但不能怯弱,富养女孩的重要目标之一,就是要培养女孩积极的心态、勇敢的品质。可如今社会,正是由于很多父母错误地理解了富养女孩的含义,对女孩过分宠爱,凡事包办代替,导致女孩形成无助、怯懦的性格。面对天真的孩子,成人有责任思考:孩子今后要面临的困难还很多,父母应怎样引导,才能让孩子在社会上独自闯荡时，能坚强地面对挫折呢？

可以说，女孩是爱哭的天使，这正是女孩惹人怜爱之处，家长要培养女孩敢于承受挫折的能力，让女孩在哭过以后，把失败当成重新奋起的起点，把眼泪当成成功的催化剂。生活中大大小小的逆境，都是磨炼女孩毅力和意志的竞技场。当然，要让女孩有这种积极的心态，需要父母从小教育女孩。

第一，首先要培养幼年女孩开朗的性格，发展女孩良好的人格素质。

对于，同一件事情不同的人有不同的感受。对于同样的挫折情境，个性特征有缺陷的人更容易感受挫折，如性格孤僻、沉郁压抑、过于内向、自卑或急躁冲动、感情脆弱的人就是如此。因此在幼儿期就要培养女孩活泼开朗的性格，发展其良好的人格素质。

女孩的人格素质是在其交往、生活经验中逐步形成的。幼儿园的集体生活、以游戏为主的轻松愉快的学习活动、平等的交往、家庭和睦民主的氛围、家长的关怀鼓励等，均有利于幼年女孩开朗性格的形成。但是现代生活中的许多环境和人为因素，如：高层住宅、缺少伙伴关系、父母忙于工作、交往限制、电视和游戏机等，都剥夺、扭曲着女孩天真、快乐的天性，助长女孩孤僻、冷漠、抑郁、自卑、自我中心、自我封闭、怯懦等人格的形成。家长应正视这些不利的环境和人为因素，创设愉快教育环境，进行正面积极引导，鼓励同伴交往和家庭和谐沟通等，培养女孩乐观、合群、自尊、自信的开朗性格。

第二，把真实的生活还给女孩，培养女孩的意志力和独立能力。

家长要明白，富养女孩并不是要女孩远离挫折，相反，应该让女孩接受真实的生活，如果女孩在受到意想不到的外力冲击时能迅速反弹起来，表明她看到了自己身上的力量。每一个问题的解决都会让她感受到成就的快乐，获得自信和探索的勇气。正是这种勇气和自信使她提升自己的能力，并能以这种积极的心态应对随时出现的问题，遇事不慌，也就能将挫折转化为奋斗的动力。

如果女孩的成长道路过于平坦，很少参与社会活动，实践能力较差，一旦进入复杂的社会生活，便常常感到无所适从，紧张焦虑。富养女孩，也需要家长摆正孩子在家庭中的地位，把真实的生活还给孩子。因为孩子们虽经历尚浅，但也会遇到各种挫折，如行路摔跤，和小朋友打架吃亏以及生病等,在这些日常生活的困难情境中,父母可有意识地鼓励孩子锻炼。

如一位年轻的母亲,在她的女儿蹒跚学步跌倒时,从不去扶她,只在一旁给予鼓励:“爬起来,自己爬起来!”当女儿的小手拿不稳东西,东西掉在地上时,她不帮助捡,而是鼓励说:“自己捡起来!”她的女儿从小就养成了“自己跌倒自己爬,自己掉东西自己捡”的独立精神与负责行为。

家长要引导女孩学会自己的事情自己做,学会自己照顾自己,从刷牙、洗脸、穿衣、洗手帕等小事做起,慢慢进步到帮助大人做拿东西、扫地、擦桌子、洗碗筷等力所能及的家务劳动。如果能持之以恒,对女孩的成长和独立工作能力、挫折耐受力的训练都有好处。如果父母把女孩放在一种特殊地位,事事包办代替,那么她们就会形成一种“鸡蛋壳”心理:在家任性、自私、无礼,一旦走出家庭,失去父母的仗恃,就会变得胆小、畏缩、缺乏独立性,人际关系紧张,缺乏克服困难的毅力和知识经验。这样的女孩势必在心理上遭受更多的冲突和创伤。

第三,帮助女儿认识自我,接受自我。

一个人只有眼睛望着理想,双脚踏着现实,才能立于不败之地;只有充分认识了解自己,才能确定合适的抱负水平,才能不断走向成功。这样,当女孩面临挫折和困难甚至失败时,能认识到自己的不足,也就能从失败中吸取经验和教训,重新来过。

第四,对孩子避免期望过高。

女孩在做事情时,难免会犯错误,家长应有意识地避免将其定为“失败者”,而应适当改变过高的期望目标,使女孩在成长过程中接受父母的鼓励和支持,敢于犯错误。先要肯定成绩,改变孩子受挫意识,再适当调整期望目标,使女孩树立克服困难的信心和勇气。

总之,父母要有意识地从各方面入手,采取多种方式,对女孩进行教育,让女孩从小形成积极的心态,在挫折和失败面前,能冷静地思考,找到成功的突破口,这样就会从失败中站起,坦然与挫折携手,擦干眼泪,继续上路。女孩需要本真生活的历练,经过逆境的打磨,女孩慢慢就能学会逆事顺办,养成坚持和执着的品性,为人生中的种种困境罩上希望的光环。

给失败的孩子多一次机会

人生中，困难和危险无处不在、无时不有。一个勇于迎接困难的女孩，才有战胜困难、夺取成功的希望，才能成为一个高素质的新时代女性，而那些蜷缩在温室中、保护伞下的女孩注定在困难面前会崩溃。这告诉父母，在教育女孩的过程中，培养女儿勇于尝试是必不可少的一步。因为人一旦失去了尝试的勇气，就失去了所有的一切！

我们不能不承认，现在的很多女孩都生活在蜜罐里，过着衣来伸手、饭来张口的生活。她们是整个家庭的“中心”，父母过度的“富养”，让女孩既缺乏承受挫折的机会，也没有承受挫折的思想准备。所以当挫折摆在面前的时候，这些女孩就会表现出懦弱、悲观、处处想逃避它的想法。但是生活并非一帆风顺，是处处藏着逆境的，对于女孩来说也无法避免。因此，富足女孩的精神，使她们懂得如何正确对待挫折、失败、困难，从而具有较强的心理承受能力和坚强的意志，懂得重新来过，对于她们将来的成长有着非同寻常的意义。

女孩需要富养，也需要对孩子进行耐挫折教育，家长必须认识到爱女孩应该有理智地爱，不能迁就她。在生活中很多父母对女孩嘘寒问暖，不让孩子受一点点委屈，这是爱女儿的表现，但过度的关爱和保护，会让女孩失去许多的动手机会，接受困难的机会便很少，其生活经验也会更少。女孩在过多的关爱中形成了依赖思想，把自己定位在“弱者”这一台阶上，当遇到什么困难时，首先想到的便是成人，而没有自己克服的意识和勇气。所以，富养女孩，父母应正确区分，真正富养的女孩，更有勇气去承担失败，也更能在失败中崛起。那么，家长应该怎样引导失败的女孩再尝试一次呢？

第一，给予引导。当女孩在交往中遭遇挫折和失败时，父母应引导女孩分析受挫折的原因，从中汲取教训，并想办法克服困难。当她自己克服了困难时，父母应鼓励、肯定。让孩子体验成功的喜悦，增强克服困难的信心。如果她独自克服不了困难，父母应给予适当的安慰和帮助，以免造成孩子过分紧张，影响身心健康。

比如，有位母亲在谈到克服女儿在下围棋时有“输不起”的心态时候说：

“当我女儿在下围棋时出现了那样的情况以后，我总是有意识地引导：下围棋时肯定会有输赢，只要你好好学，什么时候技术超过了别人，你就能战胜对方了，如果你现在还比不上人家，被别人吃掉时，你也要勇敢些，别哭，你下围棋时多用小脑袋想想，是哪里出错了……在一次又一次的心理引导和实践的体验中，孩子的承受力渐渐增强了。现在她参加了幼儿园围棋班的学习，考验的机会也多了，孩子对于失败的面对也更坦然了。”

第二，给予鼓励。当女孩失败后，当她误以为自己走投无路的时候，她最需要父母帮助点燃心中的希望，看清自己的潜力。那就鼓励女孩坚信挫折只是暂时的，孩子在你的鼓励下就会跃跃欲试，当孩子有了成功的体验后，以后就有面对困难懂得尝试的意识了。

第三，给予尝试。女孩有时会主动拒绝尝试新的或她们认为困难的事情，但如果父母帮她们将目标确定成“试一试”，而不是“成功”，孩子的内心就会轻松许多。如果她们被剥夺了尝试的机会，也就等于被剥夺了犯错误和改正错误的机会，离成功之路也就越来越远。所以当你的女儿拒绝尝试时，父母要及时地给予鼓励，鼓励孩子去尝试，哪怕是一次失败的尝试，如果女孩能在尝试中成功，那就会给她们以成就感，从而获得面对困难的勇气，如果尝试失败了，父母再出面予以帮助，在帮助中获得技能，让她懂得面对困难挫折不应退缩，而应勇敢地去解决。

第四，借助女孩的其他优势来激励她。在某一领域里的充分自信，可以帮助女孩更好地面对来自其他方面的挫败。如果面临挫折，孩子将自己的优点丢在了脑后，父母一定别忘了提醒她，借助优势激励她改变弱势的信心。通过优势激励，能让女孩有一种自我价值的肯定，这种心理暗示能鼓励女孩从挫折和失败中重新站起来。

总之，作为女孩的父母，不要让你的女儿成为在失败中不堪一击的弱者，不能让她像鸵鸟一样在遇到危险的时候，就把自己的头藏在沙土中以获得心灵上的解脱。在挫折教育大行其道的今天，父母不要误以为让女孩吃点苦就能培养坚强的女孩。富养女孩，父母需要把握好这中间的尺度，培养女孩的抗挫折能力和越挫越勇的斗志，应该让女孩时刻记得，放弃就意味着失败，尝试就有成功的可能。

第 07 章
富养的女孩能力强：
挖掘女儿潜能，开启智慧的人生

当今社会，女孩子如果想要进步，想要超凡脱俗，想要紧跟时代的步伐，成为一个知识女性，就必须努力学习。可是女孩子的大脑不同于男孩子，女孩子对于学习的适应性也不同于男孩子。在学习方面，女孩有着不同于男孩的特点，比如，女孩子更擅长有时限规定的任务，她们喜欢用感性来理解所学习的知识等，父母们对于这一点要有清醒的认识，要因势利导，激发女孩学习的兴趣，挖掘女孩的潜能和长处，弥补其短处，据此来培育孩子的出众的学习能力，把女孩培养成一个富有智慧的女孩，让其受益一生。

女孩的天赋需要父母的发掘

女孩天生乖巧,比男孩更懂事,女孩小的时候,她们也往往会表现出很多出色的天赋,当同龄的小男孩还说不出一句完整的话时,小女孩已经可以跟人聊天了;当同龄的小男孩还热衷于玩变形金刚和玩具枪时,小女孩已经能歌善舞了;当同龄的小男孩常常因为一点小事而打架时,小女孩已经充当起了人际关系的调解者……但我们深感奇怪的是,随着年龄的增长,小女孩的这些天赋将会被埋没。

面对女儿天赋的消失,很多女孩父母很迷茫和不解:为什么女儿越长越没出息呢?其实,并不是女孩越长越没出息,这与女孩的发展规律有关。青春期之前,女孩的智力要比男孩发展得快一些,这时的女孩会表现出很多天赋。但到了青春期,由于受身体和情绪的变化等因素的影响,女孩的天赋会渐渐减少,但值得注意的是,这并不是影响女孩天赋发展的主要因素。其实,父母对女孩的态度往往决定她的未来。女孩是敏感的,青春期的女孩更敏感,家有女孩的父母更能深刻地体会到,她们时常会为父母不经意的一个眼神、一句话、一个动作而伤心,女孩很在乎父母怎样看她。因此,父母要富养女孩,要尽量做到尊重女孩的感受。父母假若要开发女孩的天赋,就必须给女孩正确积极的教育。

“父母对女孩的影响是潜移默化的,它不仅塑造着女孩的人生观和价值观,还描画着女孩看自己的表情,如果父母眼中的女孩正直自信,女孩就不会辜负这份信任;如果父母眼中的女孩懦弱无能,女孩就会对自己产生怀疑。”这是儿童心理学家总结的一段话。

但在生活中,女孩的父母真正做到了富养女孩,从正面给女孩鼓励了吗?女孩唱歌跑调了,妈妈马上纠正,并且还说:“别再折磨我们的耳朵了!”女孩把刚从幼儿园学到的舞蹈跳给爸爸看,爸爸看完后笑得肚子都痛了,最后给了女儿一句评价:“宝贝,你的舞蹈好奇怪呀!”……女孩是很敏感的,作为她最亲近的人,父母都这样对待她的“作品”,对她的心理将会造成很大的伤害,这些消极的声音会严重地打击她的积极性,这将阻止她沿着天赋的道路继续走下去的脚步。而积极和鼓励的声音则不一样，让我们来看看几位母亲的教女经验：

“莉莉 8 岁的时候，我给她做了一块小黑板，从此她每天都教邻居家 4 岁和 5 岁的小男孩识字。现在她是一所中学的教师，学生们都很喜欢她。”

“很多年前，我给女儿娜娜买了一个漂亮的芭比娃娃，接下来的日子我发现女儿经常给娃娃做新衣服，她做的衣服剪裁还不够细致，针脚也不够整齐，可是非常有创意，她也很善于搭配色彩和花纹，现在她正在读服装设计专业。”

“一天晚上，我在厨房做晚饭，听到客厅传来并不是很好听的歌声，我走进客厅，看到我 10 岁的女儿在随着伴奏的音乐唱歌，我马上对她说：‘宝贝，你唱得简直太棒了！’现在她已经出了自己的专辑，我是她忠实的歌迷。”

从这些成功教育女孩的母亲身上，我们可以发现，每个女孩都是一粒亟待发芽抽枝、开花结果的种子，也许她是玫瑰花种，将来会绽放绚烂的玫瑰；也许她是一株小草，将来会焕发出绿色的、倔强的生机……然而有一点不容置疑：女孩天赋的发挥离不开父母的支持和鼓励。

那么，父母到底应该挖掘女孩的哪些潜能和天赋呢？

第一，让女孩尽情发挥语言天赋。

与男孩相比，语言天赋是女孩很早就显示出的天赋之一，由于大脑结构的优势，女孩通常能够比男孩更早、更生动、更流利地使用语言。通常男孩到 4 岁半才能讲清楚自己想要表达的内容，而女孩 3 岁时就能做到了。女孩能使用更多细腻、生动的词汇，正是由于女孩天生具有这种天赋，所以父母更应积极鼓励女孩说出自己的感受和体验，表达自己的观点。

第二，发挥女孩心灵手巧的天赋。

当男孩还在为写不好字而着急时，女孩已经初显心灵手巧的潜能了。有些女孩对色彩比较敏感，她们很早就可以握住画笔，按自己的意图画出喜欢的动物、花、草和小房子；有些女孩对针线、系小线绳情有独钟，看到妈妈织毛衣，做针线活，她们也会找些碎布织织缝缝；有些女孩天生有一双美丽、细长的小手，特别适合弹钢琴；有些女孩对书法感兴趣，泼墨挥毫，像模像样……当父母发现女孩在这些方面天赋时，都要给予孩子鼓励，鼓励她发挥自己的天赋，给予夸奖和积极的暗示。

第三，发挥女孩人际交往的天赋。

在女孩的眼里，世界就是由各种关系组成的，她们倾向于关系式的生活方式，因此，女孩的优势也将围绕关系展开。她们天生喜欢语言、社交和与人交流，鼓励并引导女孩参与人际交往，对女孩今后的生活大有益处。

总之，富养女孩包括挖掘女孩的潜能、发现女孩的天赋，父母一旦发现了女孩的天赋，就要积极地把它引导出来，这样女孩所具备的那些天赋才会成为她终身的财富。

引导女孩对学习的兴趣

当今社会，只有努力学习，才会具备竞争力，女孩也不例外，知识是衡量一个女性素质和修养的重要标准，而学习的动力是女孩学好知识的源泉，可以说，这种动力很大程度上应理解为学习兴趣。其实，女孩天生是好学的，她们两三岁时就对外界事物充满好奇，只是很多父母误解了富养女孩的含义，认为给足女孩物质条件，孩子就能学好，而忽视了培养女孩的学习兴趣。

其实，女孩天生乖巧、不顽皮，更愿意主动地去学习，所以，很多时候，并不需要父母过多的担心，但实际上，现代社会家庭中出现的各种不利于女孩学习的因素，导致了女孩学习怠惰，造成孩子内在的学习兴趣逐渐流失，我们不妨看看以下几种情况下，家长是怎么做的：

（1）当女孩向父母提问时，很多父母一般把所知的全部告诉孩子，这样做就会令她们无法体验自己寻找答案的乐趣，因而扼杀了她们的内在学习动机，同时更会让她们养成依赖及易放弃的习惯，令她们失去自学能力。

（2）当女孩要求父母帮忙做某些科目的练习，如搜集或整理资料等，不少家长都会帮忙，甚至会视为“家长作业”般尽心尽力地完成。然而，孩子因此而失去了一次难得的学习机会，通过练习资料处理等技能并发挥多元智能。

（3）当女孩被同龄人欺负时，很多父母的做法是替孩子出头，生怕自己的宝贝女儿受到伤害，但这样做是不对的，这会使女孩变得更加依赖父母，这本是一次学习的过程，它可以培养孩子的解决问题、保护自己及与人相处等能力。家长不妨按孩子的心智成熟程度，与她们共同讨论应如何面对这种处境。父母要耐心地聆听她们的感受及想法，并鼓励她们从不同角度思考解决方案。

俗话说得好，“天生我材必有用”，培养女孩学习的兴趣，让兴趣这个老师督促女孩学习，女孩必能发挥其最大的潜能学习，并有所建树。而身为父母，应该顺应女儿成长的规律，不应该压抑女儿的好奇心、禁止女儿发问，反而要鼓励她们，父母也应该多带女孩上街，让她们多接触新事物。

父母都希望自己的女儿能既轻松愉快，又能取得好成绩。学习兴趣是推动女孩学习的一种最实际的动力，它能够促使孩子自觉地去学。一般来说，女孩的学习兴趣与她们的学习成绩、学习信心是相辅相成的。她对某门功课有兴趣，学习成绩就会好，学习信心就会足。因此，父母对女孩学习兴趣的培养很重要。如何去培养孩子学习的兴趣呢？

第一，尊重孩子的兴趣。

很多父母认为，富养女孩，就应该把女孩培养成为一个全能型人才，于是从孩子一入学开始，就千方百计想孩子学得好，懂得多，所以家长把女孩的双休日、节假日都安排得满满的。事实上，孩子多学点东西是好的，家长这个出发点也是好的。但自己的女儿是否喜欢学呢？所以，作为父母，并不在于强迫女孩学这一样，不学那一样，而是应该多给孩子一些自由宽松的空间，让她们自己去选择感兴趣的、喜欢的事。例如，有些女孩并不喜欢弹钢琴，而喜欢动手操作，搞一些小制作。而家长认为这不应该是女孩的兴趣所在，便加以阻止，其实，这也是学习的过程，这样的学习孩子还会学得自觉、开心，况且在这样的活动中，不仅使孩子的思维能力得到发展，还能提高她们的动手操作能力。家长不但不应该阻止他们做，还要根据孩子的这个兴趣特点，为她们提供有关的书籍，创造机会让孩子参加一些有益的活动和比赛。

许多事实证明了，小时候培养的兴趣往往为一生的事业奠定了基础。有些做父母的对女孩寄托了很大的希望，但他们往往按照自己的主观意志去“规定”女儿的兴趣，而不是尊重孩子自身的学习兴趣去培养孩子，这样往往会延误孩子的发展，因为同样一套教育方式并不是在每个女孩身上都适用。

第二，注意把女孩原有的兴趣与知识学习联系起来，以培养和激发新的兴趣。

学生的天职就是学习，女孩也不例外，家长应该注意把孩子原有兴趣与知识学习联系起来，将兴趣引导到学习上来，以培养和激发新的兴趣。

第三，了解女儿的学习能力。

切记千万不能将自己的理想模式去强加给女孩，女孩有其本身的特点，而且每个女孩都有自己的特点，目标的制定还要因人而异，即使制定训练目标后也应不断调整，使之始终处于理想的模式。

第四，要让女儿有危机感，要给她适当的压力。

父母不可能永远庇佑女孩，也不可能呵护女孩一辈子，这是一个不可回避而且必须想清楚的问题。因此，女孩必须要努力学习，这种压力也能转换为学习动力，但学习动力的形成，最好不是灌输，要形成自觉，要引导孩子，让孩子自己分析得来。要让女孩对自己成长生活的小环境和大环境有正确清晰的认知，有危机感。关于大环境，而今大家的一句口头禅就是“现在是竞争社会”。要让孩子明白，这个激烈竞争的大环境是应当热烈响应，并积极参与其中的——要让孩子真心向往竞争。

但要提醒的是，危机感需要适度，不能不让孩子有一定的安全感，有护佑，这护佑当然不是权势和金钱，不是父母的代替，而是父母与她一起努力，一起奔跑前进，是交流和鼓舞带来的信心。

正确的教育造就成功的女孩，培养女孩的学习兴趣，可以让女儿快速提高成绩，也可以减轻自己的负担和压力，具备实力的女孩定能在未来竞争激烈的大环境下出类拔萃。

帮助女孩认真执行学习计划

当今世界，女孩要想进步，要想跟紧时代的步伐，要想在激烈的竞争中脱颖而出，就必须努力学习，但我们不得不承认，女孩的大脑不同于男孩子，她们更喜欢用感性理解所学习的知识，更擅长完成有计划的学习任务，因此，父母富养女孩，挖掘女孩学习潜能，就应提高女孩执行学习计划的能力。

然而，在生活中，大多数的父母常常会持有这样的观点：女孩子嘛，学那么多东西有什么用？在这种观念的影响下，我们常常会遇到以下几种场景：

当女孩对做手工非常感兴趣的时候，家长会不屑地对女儿说："这东西没用，不要学！"

当女孩想学某种乐器时，家长常常会用"太浪费钱"来打发女孩。

女孩想报一个舞蹈班，但家长却常常用"你没耐性，还是别浪费时间了"来拒绝女孩……

其实，这些方法都是不正确的，不是正确地富养女孩，其实，女孩执行学习计划的能力比男孩要强得多，男孩的动手能力强，但在感性思维方面却远不如女孩，但很多时候，正是父母的阻挠或者错误的教育方式，让女孩这种学习的能力丧失了。如果一直这样下去，就会有很严重的后果产生：女孩在知识和技能方面与同龄的孩子拉开距离，她的人生基本上也就没有成功可言了。

那么，父母到底应该从哪些方面培养女孩执行学习计划的能力呢？

第一，引导女孩学会探索性学习。

一位家长这样分享他的育女经验：

"一个秋天的黄昏，我和女儿在公园里散步。看着树叶一片片落下来，女儿问我：'爸爸，为什么这些树叶会落下来呀？''因为秋天到了，天气凉了，大树要保存足够的能量过冬。为了使自己不至于被冻死，它只好忍痛割爱，把这些耗费能量的树叶先扔掉了。'听了我的解释，女儿若有所悟地点了点头。但我又反问了女儿一句：'你说为什么这些树叶是向下落，而不是向上落呢？'女儿皱着眉头想了一会儿，还是摇着头问我：'爸爸，这是为什么呀？'这时，我把一本早已经准备好的《十万个为什么》交到她手中，并对她说：'它会告诉你。'从那以后，女儿的问题仍然很多，但遇到问题时，她已经不再问我了，而是自己去《十万个为什么》中寻找答案。"

有疑问才会有探索，有探索才会有学习的机会，所以上述事例中这位父亲的做法很科学，虽然他为女儿详细解答了问题，但他却没有让女儿满足现有的答案，而是继续给女儿制造疑问，让她的探索一直延续下去，这样女孩的学习欲望永远也不会停止。

第二，让女孩按照一个合理而科学的计划学习。学习是一件很苦很累的事，不然古人就没有"头悬梁、锥刺骨"的成语了。要想让学习不累，最好的方式，就是为孩子制订一个行之有效的学习计划，减少学习时间，提高学习效率。很多实验结果表明，限时学习计划使女孩在学习时用时少、效果好。女孩在学习时,按照合理而科学的学习计划进行学习,对自己提出要求,比如,在多长时间内完成学习任务,是否掌握了所学的知识,不仅能激发个人的学习积极性,而且能节省学习时间。而毫无时间要求地学习,往往是所用的时间多、学习效果差。

第三,学习计划要求女孩更集中精力学习。因为这是限时学习,女孩在学习时,可以很清楚地意识到这一点,集中精力是能否学习好的重要因素。父母不妨试一下,如果让女孩集中精力听 20 分钟的课,和脑子开小差时听 20 分钟的课作一下对比就可以发现,如果集中精力听课,孩子以前感到很难学的课、听不懂的课,一下子就听懂了。安排学习计划时,要特别遵从孩子的认知规律和生理特点。

女孩在感性思维上有优势,更善于执行父母给自己安排的学习计划,家长要引导女孩看到自己的优势,又要引导她们看到自己不善理性思维的劣势。总之,家长能够帮女孩找到弥补自己学习劣势的方法,才会促进女孩整体学习能力的提高。

分数不应该成为孩子的枷锁

在科学技术飞速发展、人类精神文明不断升华、物质文明日益丰富的今天,女孩同样需要和男孩一起竞争,于是,很多父母将大量心血倾注在女孩身上。为了让女孩拥有一个美好未来,他们殚精竭虑,绞尽脑汁,"恨不能将一腔热血,化作浇灌幼苗的春雨",他们将女孩成才的标准系在了分数上。的确,做父母的都希望自己的女儿考高分,这是无可厚非的,但是,如果不很好地处理这个度,很可能走向极端,使得分数成为孩子成长的枷锁。

富养女孩,一个很重要的部分就是挖掘孩子的智慧,但考试只是检验女孩学习情况的一种手段,是一项比较单一的检测,这基本上是对女孩学到的书本知识的抽查。分数永远只是个形式和手段,它不能证明孩子真正学到了多少知识,也不能证明一个孩子的品格与才能如何,它不是衡量孩子聪明与否的唯一标准。

一般来说,分数能反映孩子的一些情况,父母关心女孩的分数也是应该的。但是，有的父母望女成凤、用心良苦，把学习成绩看得太重，逼着孩子去争高分，殊不知这样会带来许多不良的后果。这会导致女孩在人生的路上“输不起”，对于女孩潜能的发挥也有一定的限制作用。

第一，过于看重分数，会让女孩惧怕考试。女孩天生是快乐的公主，高强度地学习，会影响她的学习效果，这就是为什么很多女孩平时学习成绩很好，但一临近考试就紧张，担心考不好，越害怕越容易出错，也就越考不好。

第二，过于看重分数，损伤了女孩的自尊心。当女孩没考好时，如果父母只关心孩子的考试成绩，不问青红皂白，轻则辱骂一番，重则打一通，会使孩子感到委屈，自尊心受到伤害。长此以往，会使孩子自暴自弃，造成孩子厌学。

第三，过于看重分数，容易造成女孩与家长的对立。有人说，女孩是父母最“贴心的小棉袄”，但很多父母亲却因为女孩的考试分数低，对孩子训骂，这时女孩就不会觉得父母是爱她的，而是容易认为父母喜欢她的高分。这就容易造成父母与孩子间的感情对立。

当然，我们并不一概反对看重分数，因为分数在一定意义上也能反映出女孩掌握知识的程度，反映出女孩运用知识解决问题的能力。但是，考试分数高的女孩并不表示她们将来走上社会也一定会成才，而考试成绩不好的女孩更不表明她们将来会一事无成。

家长富养女孩，就不能忽略了孩子的全面发展。除了分数，孩子的品德修养、性情习惯以及解决问题的能力，都会影响孩子的一生。未来的社会越来越需要有能力的人才，父母一定要注重培养孩子各方面的能力。

“女儿刚上小学，一年级第一学期期中考试，考了个双百，全家人很开心，女儿更是兴奋不已，第一学期期末考试又是双百，自然又是一番庆祝。但是，我感觉这样下去，不一定是好事，只不过当时也没有太在意这些。一年级下学期，平时测验试卷拿回家的时候，只要是满分，女儿总是神采飞扬地和我们谈论，只要不是满分，女儿就像犯了很大错误似的，头低得很，甚至不敢和我们交流。我逐渐意识到这里的问题了，我告诉女儿，不要在意这些分数，无论是平时的测验，还是期中期末的考试，只是对你这一段时间的学习进行检查，看看哪些知识真正掌握了，哪些知识还没有吃透，然后再将没有吃透的部分进行复习，争取掌握就行了，考满分固然欢喜，考两个零分回来，我们也不会批评你的，不要有太多的想法和压力了，快乐学习最重要，即使是零分，我们只需要知道为什么，然后去总结，继续进步，就行了，你还是最棒的。进行了一系列的开导，女孩终于学会轻松地去学习，轻松地去考试了。”

这位家长的做法是正确的，只有不过分带功利性地学习，女孩才能轻松地学习，她的潜能也才能得到发挥，那么，家长到底应该怎样对待女孩的分数呢？

第一，不盯分数，看学习效果。

作为父母，在督促女孩学习的时候，不要只盯着女孩的考试分数，更应该看孩子实际的学习效果。不能仅以分数作为评价女孩学业水平的唯一标准，要以一种平和的心态对待孩子的考试分数。孩子考好了，不妨进行精神鼓励；如果孩子考试成绩不理想，要帮助孩子认真分析，找出失误的原因，并鼓励孩子继续努力，这样孩子才会情绪稳定，自信心增强，身心各方面才会健康发展。

第二，承认孩子存在差异。

女孩和男孩之间，甚至女孩与女孩之间，在学习能力和方法以及智力上都是有差异的。其实，很多女孩明白学习的重要性和竞争的压力。但每个孩子由于智力的因素和非智力的因素，学习成绩总会有差异。父母要做的是认真了解情况，听听孩子的解释，不能武断地得出孩子学习不努力、不用功的结论。要以尊重平等的态度和孩子一起分析、解决学习中遇到的问题，帮助孩子掌握适合的、有效的学习方法，制订适当的目标。

第三，女孩成绩不好时给予宽容和鼓励。

父母永远是女孩受伤时停靠的心灵港湾，女孩考试失利时，她已经非常难过了。这时候，父母更不要刺激孩子，而要拿出宽容和安慰，一定不要在孩子的伤口上再撒上一把盐。同时也要不忘对孩子说“下次努力”，使孩子把目光转向下一次机会。

作为父母，引导与帮助孩子提高学习成绩，本来是无可厚非的，但不可过分看重分数，要重视女孩的全面素质教育，以利于孩子全面成长。父母应通过对孩子的教育，发掘孩子所蕴藏的潜能，从未来社会对人才的要求来看，真正能在社会上获得很好发展机会的人才，都是具备很好的创新能力的人，因此，父母不要为了追求短期效应，让女孩有太大的压力，那样，总有一天孩子会被压垮的，不要让分数成为孩子的枷锁，让女孩快乐地学习和成长，才是真正地富养女孩。

培养女孩的想象力和思维能力

我们深知，同样是思维，有些女孩的想象力不如男孩，她们更善于接受已定的计划。而正是这种想象力的缺乏，让女孩的思维能力的发挥受到限制，不利于女孩今后的发展，因为在当今社会，常规思维已经被淘汰，循规蹈矩意味着失败，相反，敢想、敢做的女孩才能在人群中脱颖而出，才能创造性地完成自己的人生目标。

想象的重要性我们深信不疑，有人生活的地方，都离不开想象。爱因斯坦说："想象力比知识更重要，是知识进化的源泉。"黑格尔在《美学》一书中指出："最杰出的艺术本身就是想象。" 毕加索也曾经说过："我花费了终生的时间去学习像孩子那样画画。"这说明孩子天生就具有想象力丰富的特点，这在他们的成长中有着重要地位。女孩想象力相对男生缺乏，并不意味着女孩想象力的缺失，也并不能成为阻碍她们智慧的获得。

小女孩从3～4岁开始，就已经有了丰富的想象力，如在想象性游戏中，常把玩偶当作自己的朋友，拿杯子给娃娃喝水，拿小手帕给娃娃擦眼泪等，大人说玩轮船游戏，小女孩能主动提出游戏的情节、角色的分配以及玩法等。

这一切都反映了女孩无处不在的想象力。作为父母，一定要开发和挖掘孩子内在的想象潜能，把这种想象潜能转化为一种智慧和能力。

第一，培养女孩的观察能力。父母要清楚地认识到，所有的想象都必须建立在现实的观察之上，没有一个人的想象力能离开他对现实世界的观察和联想。那么，父母要想培养孩子的想象力，首先就必须培养孩子的观察能力。其实，女孩本身就是细腻的，喜欢用眼睛去观察周围的世界，然后得出自己的结论。因此，父母应尽可能地引导孩子多多观察周围的事物，为孩子提供准确观察周围事物必需的材料。这样孩子的想象力才有现实的基础，才会更精确，更有创造性。

第二，保护女孩自发性的想象行为。对于孩子自发的富有创造性的想象力行为，父母一定要小心呵护，绝不要阻止他们这些自发的活动。每当发现孩子们在进行这些活动的时候,父母需要做的就是等待——除了观察和等待之外,不需要提供任何不必要的帮助,除非孩子主动请求父母的援助。

第三,把孩子的想象变成现实,而不是让女孩空想,要为孩子的想象力奠定现实的基础。这一基础打得越牢,孩子的想象力就越会得到越大的发展,任何夸张或粗糙的空想都不能使孩子走上正轨。我们只有做好了充分的准备,才能为孩子的想象力开掘出一条壮阔的通道,让孩子们的智慧之泉流淌。

有位母亲产生了这样的疑问:"当我女儿在桌上不断地用手指比划着想象在练琴时,如果我们真的向她提供一架钢琴,这到底是件好事还是件坏事?假如我们这样做了,孩子的想象力是不是就得不到应有的锻炼了……"

这个母亲的担心的确有一定道理,然而还是应该为女孩提供真正的钢琴。因为孩子这一想象中的需求如果得不到满足,她的想象力一样受到限制,就会在这一点上停留过久。如果她拥有了梦寐以求的东西,就会得到及时的训练,提高自己的能力,甚至想象自己已经成了一名伟大的音乐大师。很多音乐家就是这样成长的。永远不要担心孩子的想象力会穷尽,因为一个想象的满足,会激发更新更高的想象。

而随着一天天长大,女孩就会对以前那些简单的想象失去了兴趣,她们的想象力就会转移到对伟大的艺术作品的阅读和创造上来。这时,父母需要配合孩子想象力的成长,提供更具想象力的空间,来开发他们的创造性。毕竟,我们的孩子应该超过我们,从这个意义上来说,我们对孩子的想象力发展不应该作过多的限制。

想象力能活跃女孩的思维,诱发创造的情趣,有利于智力发展。然而,父母们一定要注意:创造性想象并不是一种虚无缥缈的空想。许多孩子喜欢在虚无的、令人痴迷的世界里漫游,她们被一种世界上从不存在的东西给吸引住了,但这些虚无缥缈的东西并不能代表真正的想象力。要知道,真正的想象力都是有现实依据的,没有任何一种想象能够脱离现实而独立存在,一旦脱离就很容易变成空想,孩子每天沉浸在这样的空想状态,神情就会变得恍惚虚幻,长大以后比较容易与现实社会格格不入,很难在社会上正常生活。所以,女孩的想象力需要父母的引导,需要父母为其插上翅膀,这时想象力才会变成女孩独特的智慧。

让女孩从小练就好口才

在女孩的眼里，世界是以关系为载体的，同样，女孩的优势也将围绕关系展开——她们天生喜欢语言、社交和与人交流，这促使她们去发展与之有关的技能。女孩天生是外交家，当男孩还在和邻居小孩打架的时候，女孩已经充当斡旋与维持和平的使者了，这些都是由于女孩有天生的语言天赋，对语言有更敏锐的直觉，父母富养女孩，就应该根据女孩的这些先天特征，训练女孩的口才，而女孩拥有好口才，也就拥有了她生存的一项重要技能。

女孩更擅长调动自己的听觉、视觉、触觉、味觉和嗅觉等，捕捉到那些微妙的、不容易被人发觉的信息以及更为具体的细节，建立起自己的直觉系统。女孩天生比男孩更敏感。“听”是女孩得天独厚的心智能力，因此女孩对噪音的反应更强烈，对语言有更高的敏感度。她们喜欢交往，并注重发展亲密的友谊。她们对人更感兴趣，在摇篮里就表现出与人交流的倾向性。交流使她们感觉到支持，先交流后行动是女孩习惯的方式。她们很早就学会说话、书写、造句，有良好的语言推理能力，并且很少出现阅读问题，这些使女孩一上学就表现出男孩所不具备的优势。而父母要让女孩把这些优势自然地应用到人际交流中，成为女孩口才训练的一个重要方式。

女孩口才的获得，可以说是先天因素和后天训练所得，具体说来，父母应该做到：

第一，鼓励女孩在平时表达自己的想法和感受。

正是由于女孩天生具有这种天赋，所以父母更应积极鼓励女孩说出自己的感受和体验，表达自己的观点。在这个时期，父母的鼓励决定了女孩是否敢于发挥自己的语言天赋。

一位女孩曾这样自豪地说：

有一次数学课，我用一种简单的方法做出了一道复杂的题目，但是老师并不承认我的做法。当我把这件事情告诉爸爸时，爸爸对我说：“女儿，你是对的！”后来，在我的成长中，经常会遇到类似的情况，都是爸爸的那次鼓励给了我继续说下去的勇气。

第二，培养女孩的口才要趁早。

我们经常听人们这样说:“如果在5岁前没有很好地教育孩子,那么以后再怎样教育都是无济于事的。”“在5岁前教会她所应该学会的知识,否则,长大后她会比别的孩子落后的。”这些话虽然不一定正确,但5岁前对女孩教育的重要性却要比我们所意识到的大得多。

5岁之前是女孩大脑发育的最关键时期,也是大脑发育最快的一个时期,到了5岁之后,她们的大脑发育就要减速了。因此在这一时期父母除了要教会女孩所应学会的那些技能,如说话、控制自己的情绪等之外,还应对她的大脑进行保护。如经常向她灌输一些好的情感,让她远离那些危险的、有害的信息。

另外,在5岁之前,女孩的语言天赋已经很好地表现出来。因此,在这一时期,父母除了要教会女孩说话外,还要引导女孩发挥她的这一天赋。如鼓励她朗诵诗歌,讲故事给她听,然后鼓励她复述等,这些都能在女孩语言天赋的基础上,极大地提高她的语言表达能力。

第三,把一些另类的女孩变成出色的外交家。

有些女孩依赖性强,有些女孩是敏感的,有些女孩大大咧咧,有些女孩有点孤僻,的确,由于家庭教育的不同和女孩们的性格不同,很多女孩都表现出了自己的独特个性,父母们首先要做到的就是认同和接受她们的性格。在此基础上,父母才能有效引导她们发挥性格优势,避免性格劣势,从而培养她们的口才。

蒙蒙虽然是一个漂亮的小女孩,但她天生就有一种男孩的性格,她像男孩子那样喜欢爬上爬下,甚至一些小男孩都不敢玩的体育项目如单杠、双杠等,她都敢玩,而且玩得很出色。她有点看不起那些受了委屈、挨了批评就哭哭啼啼的小女生,相反,爸爸妈妈的批评、指责往往对她不起作用…… 对此,蒙蒙的父母很忧虑:这孩子怎么就没点女孩气呢? 长大后怎么嫁人呀?

其实,蒙蒙父母有点杞人忧天了,虽然蒙蒙大大咧咧的性格有点像小男孩,但这种性格却有很多好处:就像我们前面所说的那样,女儿不像别的小女孩那样敏感、爱哭,做父母的要省心很多。而且最重要的一点是,这种大大咧咧的性格会使女孩拥有很多朋友。研究表明,不管是女孩还是男孩,他们都喜欢与那些不计较细节、性格有点大大咧咧的女孩交朋友,而且他们还摆出了几乎一致的理由:与这样的女孩一块玩不会累,而且可以玩得很开心。

以上只是一些较为粗略的建议，在生活中，父母可以抓住女儿的性格特点，鼓励她多交朋友，培养她的交际能力和训练她的口才，这对她以后的发展将会有很大的帮助，良好的口才是核心竞争力的重要部分。

动手能力需要从小进行培养

人们常用“心灵手巧”形容一个女孩，的确，大脑与手之间有密切的关系。科学研究证明：手的活动与精细的动作可以刺激大脑皮层的运动中枢，同时运动中枢又能调节手指的活动，神经中枢和手指反复地互相作用能促进大脑的发育及其功能的完善。苏联著名教育家苏霍姆林斯基也说过：“儿童的智慧在他的手指尖上。”心理学家也一致认为手指是“智慧的前哨”，这说明动作的发展多么重要。动手能力是一种最基本的而又十分重要的学习能力，父母在教育女孩、开发女孩智慧的时候，不妨从培养她的动手能力上开始。

但实际上，女孩更擅长于一些感性的思维，在实际操作能力上远不如男孩，这是由于女孩的大脑结构等和男孩不一样，但真正造成女孩动手能力差的原因不在于此，而是由于家庭原因。现在有很多女孩生长在独生子女家庭，全家围着女孩转，恨不得把所有的事情都替孩子做了，但是家长要冷静地想一想，这是真正地富养女孩吗？现在不让女儿做，等女儿长大了，她就什么都不会做，也懒得去做，因为在她的心中，爸爸妈妈早晚会为自己安排好的。这样的女孩成为一个合格的社会人吗？

幼儿园开家长会，老师特意向孩子的父母布置了一项家庭作业——教会孩子剥鸡蛋皮。一位妈妈在下面小声地说：“这多为难孩子啊，我家女儿还不知道鸡蛋长什么样呢！”老师觉得很奇怪，孩子都这么大了，怎么会不知道鸡蛋什么样子呢，那位妈妈继续说：“我总怕煮鸡蛋的蛋黄会噎着她，到现在还一直只给她吃鸡蛋清。”在场的老师和父母们都惊呆了。

这位妈妈真的很爱自己的女儿，在日常生活中大包大揽，什么事都替孩子做好，孩子上幼儿园了连鸡蛋的样子都没见过。这样的爱摧毁了女孩的动手能力，最终将会导致孩子一事无成。

从这个原因出发，家长应该了解到该如何培养动手能力强的女孩了。

这个其实并不难,家长不要事事代劳,鼓励孩子自己动手,生活中提高孩子动手能力的方法有很多种:

第一,让女孩在日常生活中学会自理,自己的事情尽量自己完成。

女孩学会走路之后,活动范围明显扩大了许多,这时的孩子非常愿意做些事情。但是她们手、脚的协调能力还不完善,做起事来常常“笨手笨脚”,家长千万别因嫌孩子麻烦或碍手碍脚而剥夺女儿学习劳动的机会,家长可以耐心地、反复给孩子做示范,让孩子跟着模仿,孩子慢慢地就会从不熟练到熟练,最后运用自如了。可以教孩子自己逐渐学会系鞋带、脱衣服、放被褥、收拾自己的房间,洗一些简单的东西,等等。

第二,鼓励女孩力所能及地帮助别人。

家庭生活是一种集体生活,也可以看作社会的缩影,家长要引导女孩多为父母做些事情,可以是一些很小的事情,如扫地、擦桌子、洗碗筷,等等,从小培养孩子为他人着想的意识。

第三,对于一些年龄较小的女孩,可以培养她们对于益智游戏的兴趣。也许很多父母认为,游戏是男孩的专属,但正是这让男孩在动手能力上强于女孩,让女孩投入游戏中,也正是为了弥补这一差距。

在人的智能结构中,幼儿的许多知识技能都是在操作活动中学会的,其思维也是在操作活动中逐渐发展的。因此,为女孩提供各种动手操作的机会,其满足了她们的动手兴趣,幼儿非常感兴趣的形式就是游戏。游戏是幼儿运用智慧的活动,在游戏中女孩的感知觉、注意、记忆、思维、想象都在积极活动着,女孩不断地解决游戏中面临的各种问题,这使孩子的思维活跃起来,有力地促进女孩儿的注意力、记忆力、思考力、想象力的发展,同时也促进女孩动手能力的发展。

第四,父母要善于称赞孩子。

当孩子努力去做了,或做得很好时,家长要立即予以称赞和鼓励,以调动孩子的积极性,增强孩子的自尊心和自信心。这种称赞尽量不要以实物的形式,比如给孩子买玩具、买好吃的东西等,因为这样容易刺激孩子的虚荣心,时间久了,反而会阻碍孩子的健康成长。

总之,生活中处处都有机会,女孩的动手能力随时都可以培养,父母要从传统的价值观中走出来,鼓励女孩多玩,在玩的过程中让她多看、多听、多想,关键是多动手,把女孩培养成为一个自信、乐观、有创意、心灵手巧的人。

每个女孩都应该学习管理时间

女孩天生安静，懂得克制住自己，懂得珍惜时间努力学习，但现代社会中，很多女孩出生于独生子女家庭，父母的包办和安排让女孩不会合理安排自己的时间，很多家长常常会面临这样的情况：女孩写作业时，写着写着没了耐心，或者嫌太难，不想做了，一点毅力和耐心都没有，这都是女孩不会掌握管理时间的表现。父母都有“望女成凤”之心，都希望孩子能有一个很好的未来，但这一愿望的实现，需要父母充分挖掘孩子的潜能和智慧，会统筹规划自己时间的女孩更能事半功倍地学习和生活。那么，父母该怎样培养女孩掌握时间管理的能力呢？

第一，让女孩学会珍惜时间。

可能很多家长会认为，孩子年龄还小，再让她玩几年，到了一定的年龄，她会知道学习的；还有一些父母，认为女孩不能放过任何空闲的时间，这两种教育方法都是极端的。真正地珍惜时间，是指该学的时候就认认真真地学，不要去想另外任何的东西，该玩的时候就痛痛快快地玩，也不要去想学习。光玩不学不行，光学不玩不行，边玩边学也不行，社会不需要玩才，社会也不需要书呆子。

有一个孩子，她学习很努力，成绩也不错，父母对她很关心，但也要求严格。一回到家，先把该做的作业做好，她对自己要求严格，看了一会儿课外书，准备看一会儿电视就睡觉。这时候爸爸来了，看到自己的女儿在看电视，就说：“你应该珍惜时间，努力学习，以后考上清华、北大。”她只好去书房看书了。

时间一天一天地过，她也这样一天一天地过……

这样的情景恐怕在很多有女孩的家庭都发生过，这些女孩将来到底会怎样，留下的是给家长的思考。让女孩努力学习，珍惜时间，但也要给孩子以空间，还时间于孩子，适当指导孩子合理安排属于她自己的时间，我们的女孩才会快乐。

第二，让孩子学会分出事情的轻重缓急。

父母可以帮助女孩把复杂的工作分解一下，再制订一个时间进度。就拿写作业来说，父母可以试着让女孩调整写作业的顺序，一般先做简单的，再做有难度的。因为人的最佳学习状态应该是在学习的10分钟以后，口头作业和书面作业交替做，这样不会太乏味。

父母教会女孩把事情的轻重缓急分出来，让女孩在第一时间把那些必须且紧急的事情做完，再去做别的事情，这样合理利用时间，有利于提高效率。

培培是个很可爱的小女孩，她只有10岁，却不需要爸妈吩咐任何事情。每个周末，培培早晨起来第一件事情就是摊开记事本，写下自己一天要做的事情，并且按照轻重缓急从上到下罗列开来。

接着，培培按照所罗列的任务单，从第一件事情开始做，做完一件事情才会接着做下面的事情。根本不用大人督促，培培不但能很快地把作业做完，同时还有玩的时间，这令爸妈很高兴。

培培这个习惯还是从妈妈那儿学来的，妈妈是个业务员，每天要做的事情通常都记下来，然后按照所写去做，通常不会把事情落下，效率也很高。培培在妈妈潜移默化的影响下，也养成了把一天的事情按重要程度罗列出来这个好习惯，并且受益匪浅。

父母每天让女孩把一天的任务写下来，分出哪些是紧急要做的，哪些是次要的，哪些是必须要做的，哪些是可做可不做的，进行一个先后排列，然后让孩子根据排列的先后顺序去做事，就会提高孩子的时间管理能力。

第三，教会孩子统筹安排。

会统筹安排，才会在同样的时间内做出更多的事情，提高时间的利用率。

美美与丽丽是二年级的同班同学，又是好朋友。一次轮到两人值日时，美美与丽丽比赛谁做事的效率高。她们每人打扫一半教室，每人擦一半黑板。

比赛开始了，美美首先去打水，把水洒到自己要扫的一半教室里，然后在等待水干些的同时，去擦属于自己的那一半黑板。而丽丽先是急忙去擦黑板，擦完黑板后急忙去打水。这时的美美已经把黑板擦完了，而教室的地也刚好能扫了，就动手扫了起来。

丽丽把水洒在地上，却不能立即扫，她只有眼睁睁着看着美美把地扫完，而自己还没有动笤帚呢。丽丽此时才理解美美先洒水的用意，这样可以节省时间啊，她不禁暗暗对美美表示佩服。

女孩和男孩不一样，一般情况下，女孩比较善于完成别人已经统筹好的计划，而这正是女孩的缺陷，父母不能忽视弥补女孩的这一能力。孩子做事情大多都是一件事情完成后再去做另外一件事情，父母要教孩子学会同时做几件事情，根据事件的特点与需要的时间学会统筹安排，这样能够节约时间。

第四，帮孩子养成科学的作息规律。

科学的作息规律不仅有利于休息，还能提高做事的效率。父母根据孩子的特点，帮孩子制订合适的科学作息时间，会使孩子不但睡眠得到了保证，还能避免孩子在课堂上打盹，从而提高时间的利用率，加强孩子的时间管理能力。

目前，我们的女孩最需要的是自控能力和事情统筹能力的培养，当女孩学会自控的时候，就要让她学会统筹安排自己的时间和学习的顺序。孩子面临的事情往往是几件事都得做，或者都想做。那么怎么办？不是让孩子不做这件事而去做另外一件事，而是合理地安排时间，把事情都要做好。教会女孩学会管理时间，让孩子养成做事有条不紊的好习惯，同时也能提高她们的自信心和独立性，这对于女孩今后的独立生活大有益处。

第 08 章
富养的女孩品格高：
富足的教育为女儿的优秀加分

著名的美国作家塞缪尔·斯迈尔斯曾经说过："女人的品质将决定世界的未来。一个无品无德的女孩子，不光会对社会造成一定的污染，同时还会对下一代造成一种无形的伤害，这样的人，当然会受到社会的排斥、人们的鄙视。相反，一个品性清奇、兰心惠质的女孩子却会让人倍加推崇。"因此，父母要把培养女孩高贵的品质作为富养女孩的重要部分，这种品质的培养，等于为孩子的社会生活能力加分。

女孩要从小培养优雅的谈吐气质

父母给予女孩的不仅是生命，还有人格力量、品质、修养等部分，一位出色的女性与良好的家庭教育是分不开的，正如塞德兹说过："人如同陶瓷器一样，小时候形成一生的雏形，幼儿时期就好比制造陶瓷器的黏土，给予什么样的教育就会形成什么样的雏形。"每个女孩都希望被周围的人喜欢，做到这一点，女孩就必须拥有优雅的谈吐。

谈吐优雅的女孩子待人接物彬彬有礼、不卑不亢；谈吐优雅的女孩子，餐桌上行为得体；谈吐优雅的女孩子，不和父母顶嘴，不打断别人说话；谈吐优雅的女孩子，随时随地体贴照顾他人，尊敬和关心他人；谈吐优雅的女孩子，把"请"和"谢谢"挂在嘴边，总之，谈吐优雅不仅赋予了女孩柔性、大气、得体之美，更为女孩成长为淑女奠定了最强有力的基础。已经踏入社会的父母更是深深明白，举止优雅将会为长大后的女孩子带来无穷的魅力。但在现实生活中，由于家庭教育中女孩修养教育的缺乏，很多女孩在谈吐上没有形成一种很好的习惯，失去了女孩本身应该有的淑女气质。

一位母亲道出了自己的忧愁："人家小姑娘穿得干干净净的，说话甜甜的，很讨人喜欢，但我女儿就是个'皮大王'，说话大喊大叫，把玩具弄得'身首异处'，喜欢和男孩子在一起疯，小裙子上总是脏兮兮的，我怎样才能培养出一个谈吐优雅的小淑女？"

如果一个女孩过于外向，尤其是在谈吐上毫无顾忌，处处尽显如男孩一般的淘气，这的确是让父母感到头疼的一件事情。如果父母顺其自然，那孩子势必会变得日益失去女孩子的风范，毫无优雅可言，如果父母严加管束，又极有可能会扼杀孩子的天性。那么，身为父母，我们究竟应当怎样去约束女孩子不当的说话方式，一点一滴地培养起她们小淑女般优雅的谈吐呢？

第一，作为母亲，应该以一个有修养、谈吐优雅的女性形象来给女孩一个示范作用。妈妈要做优雅的好榜样，女孩子是妈妈的一面镜子，所以，培养女孩优雅的谈吐，更需要妈妈言传身教。

一位妈妈这样写道："别以为小孩什么事情都不懂，她可都看在眼里呢，有一次她冲我发脾气，我就说她‘小姑娘不可以这么大声说话’，结果就听到她小声嘟囔：‘妈妈和爸爸不开心的时候也这么大声说话的。’听到女儿这么说，从那以后，我尽量克制自己的急性子，暗自发誓要给她树立一个优雅妈妈的好榜样。”

无数事实证明，母亲的一言一行对女儿的影响是巨大的，如果母亲说话大嗓门，那女儿讲话也必然不能细声细语；妈妈说话无所顾忌，女儿自然也会大大咧咧……所以要想培养出女孩优雅的谈吐，妈妈必须先做优雅女人。

第二，告诉女儿谈吐优雅的标准。

在日常生活中，女孩父母们不妨参照以下标准，对女孩提出合理正确的要求：

(1)父母要教育女儿，与人谈话的时候，要表现出对他人的尊重、理解和善意，要面带自然的微笑，千万不要出现随便剔牙、掏耳、挖鼻、搔痒、抠脚等不良习惯动作。

(2)在言谈措辞上，父母要让女儿养成使用文明礼貌用语的好习惯，如经常说“您好”“谢谢”“请”“对不起”“没关系”等。父母还应告诉女儿，沉默寡言、啰嗦、重复都是不正确的语言表达方式。需要注意的是，父母向孩子讲解优雅举止的标准时，不要用教训命令的口吻，而是要循循善诱、谆谆教导。当谈吐优雅成为孩子一种不自觉的习惯，孩子卓尔不凡的气质也就形成了。

第三，父母要多提示和表扬女孩。

孩子的一些错误的语言往往出于考虑少，而不是有意冒犯。如果父母此时严厉斥责，制订规矩，往往会使孩子产生反感和抵触情绪。因此，想让孩子变得谈吐止优雅，最好的方式就是提示和表扬。

父母可以制订一些家庭内部的基本原则，来引导孩子谈吐文雅，比如，如果你想说：“你这个没教养的孩子，吃饭时不能大声说话！”可以换成这样说：“我们家的规矩是吃饭时不能大声说话。”这样孩子比较容易接受，因为你是在说一种制度、一种行为，而不是在批评她。

谈吐优雅是一个女孩有修养和气质的重要表现，谈吐好的女孩，能由内而外散发出一种馨香，父母如果在女儿还小的时候，就注重对其谈吐的培养，那么女孩长大成人之后，势必会成为一位高贵、文雅、知书达理的优秀女性。

引导女孩建立助人为乐的习惯

天赋的温柔善感使女孩子具有母性的气息，同时也丰富了女孩子的内心世界，因此，女孩子比男孩子更具有爱心，这也是女性魅力的一个重要特征。因此，作为父母，要维护并发扬女孩子爱心、善心、良心，这是使女孩任何时候面对任何人都能堂堂正正的根本，其中，助人为乐的精神也是父母应该培养女孩所拥有的，是需要父母一份恰当的爱哺育出来的。

“助人为乐”这四个字，蕴含着人世间至真、至诚、至美的奇妙含义。助人为乐的女孩，由于使对方的困难得以解决，使别人的不便变为方便，可以从帮助别人的过程中发现自己的生存价值，女孩就会有一种成功的体验，正如歌德所说：“你若要喜爱你的价值，你就得给人创造价值。”

我们深知，养育一个女孩很难，养育一个具有良好品质的女孩更是最困难的工作之一，像诚实、善良、仁爱和奉献这样的理念对于成长中的女孩而言是模糊而难于掌握的，特别是孩子可能会从学校的同学、朋友以及媒体那里得到相互矛盾、抵触的信息。那么，在这种极富有难度的情况下，父母应该怎样培育出一个助人为乐的女孩呢？

第一，当女孩还小的时候，对孩子进行善恶对错的教育，让孩子形成正确的价值观。“种瓜得瓜，种豆得豆。”从小在孩子心灵这片土地上，播下“助人为乐”的种子，长大后，她们就会像美丽的天使一样关心别人的疾苦，多为别人办好事，体验到完美人生的快乐；如果种下“自私自利”的种子，孩子长大后只会关心鼻子尖底下的丁点儿小事，怎么能有所作为，又怎么能获得快乐呢？

第二，让女孩经常参加一些慈善活动或者助人的社会实践活动，让女孩感知别人的疾苦。例如，让儿童为教堂义务劳动，或者打扫附近的公园，这类活动都能教会孩子助人为乐。

13 岁的小丽是一名初一的女孩，家庭经济富裕，她从没体会过生活的艰辛和困苦。一次，母亲在学校的号召下，把小丽送到一个山区的家庭“体验生活”。那家也有个小女孩，叫妮儿。

妮儿家的房子是用泥土和茅草建造的，屋里黑洞洞的，除了一张破旧的桌子，再没有一件像样的东西了；妮儿长得又瘦又小，个头比自己矮了一大截。为了挣学费，妮儿还要常常去砖窑帮忙挑砖坯，一天只能挣1元2角钱。

看到这些，小丽的心里沉甸甸的。她掏出50元钱放在妮儿妈妈的手里，真诚地说："阿姨，以后我会帮助妮儿的。"

回来以后，小丽像变了一个人。她不再吵着要妈妈买新衣服了，也不再挑食和吃零食了。整整一个暑假，她没有吃一根冰棍，用省下来的300元钱买了文具、衣服，寄给了妮儿。

小丽就是个满怀爱心的人，能够随时发现别人的困难，并且能把帮助别人解决困难当作自己的责任。能够在生活中遇到这样的人，是一种幸福，而她这种品质的获得正是父母用心教育的结果，富养女孩，不是让女孩享受物质生活，而是要富足孩子的精神品质，因此适当的生存体验还是需要的，让女孩明白世界上还有许多不幸的人需要帮助，这有利于女孩正确人格和品质的形成。

第三，父母要参与到助人为乐的活动中来，给你的小公主树立榜样。

在生活中，父母的行动是女儿的一面镜子。父母以身作则，为女孩做出榜样，孩子耳濡目染，日久天长也会养成自己的行为习惯。如邻里之间互相关照；帮助孤寡老人的生活；心系灾区灾民，为灾区捐款捐物；单位同事遇到困难时给予帮助和关照；哪怕在公共汽车上给人让个座，这种教育的作用是潜移默化的，将会收到润物细无声的效果。

孩子爱帮助人，爱做好事，这是人类善良的本性所致，应当弘扬。但是现实生活中，由于很多父母对人生的误解，他们所表现出的自私心理和功利主义，对成长中的女孩极易造成不良的影响。

助人为乐是一个人思想境界的行为体现，是一种精神的升华，有名言说得好：关心他人，竭尽全力去帮助别人，会使人变得慷慨；关心别人的痛苦和不幸，设法去帮助别人减轻或消除痛苦和不幸，会使人变得高尚；时常为他人着想，会丰富自己的生活，增加自己的涵养。做父母的不仅承担着教育女孩成就学业的责任，还担负着传承中华文明、培养孩子健全人格的重任，教育和帮助女孩助人为乐，每一个家庭都担负着义不容辞的责任。

帮助女孩开阔心胸，宽容待人

人们常用“善解人意”来形容心胸宽广的女孩，这是女孩应该具备的一种美好的品质和美德，心胸宽广的女孩性情温和，能够处理好各种人际关系，能够很快地适应各种不同的环境，能够融洽地与人合作，充分发挥自己的潜能，这样的女孩人见人爱。

我国古代许多伟人都很重视宽容的品质。如孔子曾说，一个真正的人要有宽容、恭敬、诚信、灵敏、慷慨等五德，他把宽容放在五德之首。先哲庄子说，圣人应有包容天地、遍及天下的宽阔胸怀。近代民族英雄林则徐指出，“海纳百川，有容乃大”。一个人善于宽容，他的人格才会像海一样伟大。今天的社会更具有组织性和开放性，女孩更需要具有宽容的品质。在一个组织性强、生产社会化程度高的社会里，社会进步与个人事业的成功更需要人们相互合作，而合作要以宽容为基础。宽容是女孩与人交往、合作的“润滑剂”。

然而，由于家庭教育中女孩品质教育的缺失，很多女孩并没有将宽容这一美好的品质传承下来。

微微是个很听话的女孩，但就是爱告状，一点小事就去找老师，“老师，朋朋欺负我，他刚才把我撞倒了”“老师，巧巧把水彩墨水撒到我的书上了，我的书都没法看了”等。

一天，同学们正在玩游戏，忽然，彤彤不小心踩了微微一脚。看到刚买的白球鞋上有了一个大大的黑脚印，微微生气地跑到彤彤的身旁，狠狠地踩回她一脚。当老师质问微微为什么要这样做时，她却理直气壮地告诉老师：“我妈妈说了，不能受别人的欺负，别人打我，我就要打别人。彤彤踩了我，我当然也要踩她。”

随着现在的社会开放性越来越明显，社会变化加速，新生事物层出不穷，社会价值取向出现了多元化的趋势，人们的个性也更加鲜明。但女孩不能失去其重要的品质——心胸宽广，从微微的那些话中，我们可以发现，父母的一言一行都是女孩效仿和学习的榜样，宽容的品质也需要父母的细心教导，宽容心对于女孩个性品质的发展以及良好人际关系的建立，都有着非常重要的意义。富有宽容心的孩子往往心地善良，性情温和，惹人喜爱，受人拥护。而缺乏宽容心的孩子，往往性情怪诞，易走极端，不易与人亲近。

因此，父母要教女孩学会宽容，培养孩子宽广的胸襟，要应该做到以下几点：

第一，父母要心胸宽广、以身示教。

教育家马卡连柯曾指出，父母“在开始教育自己的子女之前，首先应当检点自身行为”。父母让孩子学会宽容，首先自己应有宽容的品质。如果父母本身心胸狭窄，无视他人的意见，习惯于将自己的意志强加于人，不给人改错的机会，为一点小事争执不休，为一点小利而斤斤计较，孩子又怎么能学会宽容呢？

父母宽容大度、遇事不斤斤计较，与邻里、同事融洽相处，孩子就会学着父母的样子处理自己与同学之间的关系，也会变得宽容、和善。

第二，让女孩明白“人无完人”。父母应该让女儿明白：金无足赤，人无完人，每个人身上都会有缺点。和同学、朋友相处，没有必要求全责备，应该学会求同存异。对于朋友的缺点和不足，对于同学心情不好时所说的话和所做的事，没有必要斤斤计较，要求事事都摆个公平合理。多给人一分宽容和理解，同时也为自己带来一个好心境，使自己的个性更加完善。

第三，培养孩子善待他人的意识。孩子一旦学会善待他人，就学会了宽容别人，因为女孩已经有了一颗友善的心、宽容的心。那么，自然而然孩子也就会在日常生活中宽容他人了。

父母应该让女孩明白，他人是自己的影子，善待他人，也就是善待自己。对他人多一份理解和宽容，其实就是支持和帮助自己。

第四，用故事教育女孩学会宽容。故事是教育孩子的重要手段，国内外都有体现宽容品质的小故事，父母可以借此教育孩子。通过故事还能够教会孩子站在别人的立场、角度上考虑问题，有利于孩子去理解别人的想法与行为，让孩子对别人的痛苦感同身受，激起孩子的宽容、善良之心。

第五，眼界宽的人，胸怀也会宽广。父母不妨经常利用各种节假日，带孩子游览祖国的大好河山，这将使他们受益匪浅。在这一次次的游览中，女孩就能增长知识，开阔眼界，也便能拥有宽广的胸怀，也就很少会因为日常小事而无谓地烦恼了。

一个女孩，最重要的莫过于一份恬适淡雅的心态和善解人意的品质，这是富养女孩的重要标准。人非圣贤，孰能无过。父母要教育女孩学会宽容，和气待人，这样才能团结同学，营造愉快的生活和学习氛围。在以后人生的道路上才能以宽广的心胸消除许多无谓的矛盾，化干戈为玉帛，拥有良好的人际关系。

教会女孩不做虚荣攀比的人

勤俭节约、真实、勤勤恳恳是中华民族的传统美德。女孩在未来社会中要担任妻子和母亲的责任，必须学会勤俭持家，这就要求女孩必须远离虚荣攀比。但在这个飞速发展的高科技、高竞争时代，众多父母在女儿的智力发展方面下足了功夫，认为这就是富养女孩，但却忽略了对女儿勤俭节约这一美德的培养，所以女儿出现了虚荣攀比的情况。

11 岁的米米长得很漂亮，弹得一手好钢琴，是个人见人爱的女孩。但是，她也是个十分“奢侈”的孩子，穿的衣服不是“耐克”就是“阿迪达斯”，总而言之，从头到脚都是名牌。有些时候给父母她买来不是名牌的衣服，不管多好看，她都一概不穿，还为此哭闹了很多次。

父母对她这点也十分头疼，实在不明白为什么孩子这么小就如此热衷于名牌，而米米的理由就是：“让我穿这些，我怎么出去见人啊？我的同学都穿名牌，我要是没有，人家会笑话我的。我不穿，要不我就不去上学。”

不仅如此，米米还“逼”着爸爸给她买手机和高档自行车，原因也是“同学都有”。

米米不是一个特例，这已经成了现代社会的一个普遍现象。尤其是出生在经济条件稍微好一些的家庭的女孩，从小就习惯了玩高档玩具，吃“洋”面包，穿名牌衣服，同学之间也相互攀比，比谁的衣服牌子更有名、谁的自行车最高档、谁的 MP3 存歌最多、谁爸爸的车更气派。

女孩这种沉溺享乐的比较，是典型的攀比心理，这对她的成长有着消极的影响。事物的发展都是由量变到质变的，如果父母掌握不好教育女儿的尺度，听之任之，久而久之就会让女儿陷入物质追求的泥潭无法自拔。她今天可能要求买高档玩具，明天则有可能是更奢侈的东西。长此以往，当她日益增长的要求无法得到满足的时候，孩子可能就会为了满足虚荣心而抵挡不住社会上的各种诱惑而走上不归路。

所以，如何让女儿养成勤俭节约的习惯，摈弃虚荣攀比的心理，帮助女儿清除人生道路上的隐患，是做父母的义不容辞的责任。

第一，让女儿体会挣钱的不易。

富养女孩并不是娇宠女孩，对女孩进行一些勤俭节约品质的教育，才是真正富足女孩的品质和精神。

女儿之所以大手大脚花钱，喜欢和别人攀比，是因为父母从小未曾对她进行过勤俭节约的教育。父母的钱袋永远向女儿敞开着，加上父母对她的宠爱，她根本就不知道金钱的价值和劳动的意义，认为只要自己伸手，父母就能拿出钱来，甚至很多女孩不知道父母的钱是从哪里来的。父母要想女儿学会勤俭节约，就要让她知道金钱的来之不易，这样她才会知道节省。

一个周末的下午，小雨要爸爸带她逛商场。她看中了高档的衣服，还要高档的玩具，爸爸不给买，她就撅着嘴不理爸爸了。

爸爸看到女儿这样，想到了一个卖衣服的同学，一个好办法在他心里涌现。

他说："小雨，你想要买东西，爸爸可以给你买。但是，你得先答应帮爸爸一个忙。"

小雨听爸爸这么说，爽快地答应了。

"爸爸有个同学是卖衣服的，你先跟叔叔去卖衣服，叔叔卖出去10件衣服后，爸爸就给你买刚才看上的那些衣服和玩具。"

从没卖过衣服的小雨很高兴，觉得很新鲜，立即回应爸爸："好啊好啊，卖10件衣服很简单嘛。咱们快走，找叔叔去！"

于是，爸爸把小雨带到卖衣服的叔叔那里，小雨就一本正经地跟叔叔站在一起，帮助叔叔卖衣服。虽然小雨和叔叔每次都很热情地招呼顾客，可1个多小时过去了，一件衣服也没卖出去。

直到快中午了，小雨难过得不得了，没想到卖衣服这么难。而当天下午，小雨和叔叔的生意有所好转，卖得很好。当爸爸拉着小雨的手要去买衣服时，小雨摇着头说："爸爸，我不要那些东西了，就从叔叔这里买一条便宜点的裙子吧。你们挣钱太难了。"

小雨的爸爸是个教育女儿的有心人，生活中，很多父母总是苦口婆心地教育女儿:“女儿啊,你一定要省着花呀。爸爸每天出去工作,好辛苦啊。”“女儿,爸爸挣钱不容易啊,你不要再买那么贵的衣服了。”其实千言万语,都没有让女儿去亲自体会一下挣钱的艰辛效果来得好。

第二,带女儿体验穷苦的生活。

无论男孩女孩,吃不得一点苦,都无法在未来社会上生存。随着生活水平的提高,现在的女孩生活越来越好了,她们从小过惯了衣食无忧的生活,不了解穷苦的生活是什么样,当然也不懂得勤俭节约的意义。那么,父母不妨给女儿上一堂体会贫穷的课,带她去体验一下困苦的生活,磨炼下女儿的意志,锻炼她的性格,让她体味贫穷和生活的艰辛,这样女儿就会懂得勤俭节约,对现在的生活就知道珍惜了。

第三,家长应该以身作则,不要在女儿面前大谈自己错误的金钱观,同时自己也要有正确的消费观念,女孩耳濡目染,就能树立正确的消费观念和意识,那么勤俭节约的习惯就会养成。

总之,富养女孩,是要富足女孩的精神和品质,而不是物质,懂得勤俭节约、没有虚荣攀比心理的女孩才能在未来社会中摆正自己的位置,不为金钱和物质俘虏,才能拥有健康、幸福的生活。

让女孩知道“欲做事先做人”的道理

世事洞明皆学问,人情练达即文章。决定一个人能否成功的要素是多方面的,除了知识和能力以外,良好的做人与做事习惯也起着关键性的作用。良好的习惯能帮助一个人迅速地融入团体,最大化地发挥自身的能力并借助团队的力量,从而更加容易地实现自己的目标和抱负。这就是欲做事、先做人的道理。

女孩天生比男孩在打理人际关系上更有天赋,在女孩子的眼里,世界是以“关系”为主的,她们更喜欢用和谐的关系来诠释社会,也愿意用沟通和交往走进社会人群中,寻找自我价值。因此,家长要根据女孩这一天性,从小培养女孩良好的做人和做事习惯:真诚待人,认真负责地履行对他人的承诺,拒绝做冷漠、自私、不会与人交往的小公主;让女孩学会做人,再学会做事，培养出一个做事有条有理、讲求效率、善于合作的女孩，不让拖沓低效的做事习惯成为女孩成长道路上的绊脚石，就能帮助孩子播种良好习惯和品质，收获美好未来。

女孩要想适应社会需要，与时俱进，就必须学会做人。而作为21世纪的家长，要想教育好自己的女儿，必须树立正确的教育观念，掌握科学的教育方法。那么，家长到底该怎样培养出女孩会做人这一品质呢？其中最重要的就是身教。

第一，不要以成人的做人标准教育孩子。

家是孩子的第一所学校，富养女孩，就要给女孩一个良好的生长环境，良好的家庭环境对孩子起着重要的作用。良好的家庭环境并不是指家庭经济的富有，而是指家长为子女提供的良好的教育环境。而父母是女孩的第一任教师，他们的言行、说话的语气和面部的表情神态、行为方式、生活作风、兴趣爱好、情感态度等都直接影响孩子。

对人慷慨、受人欢迎的家长，也能教育出一个会做人的女儿。可在教育过程中，许多家长在这些方面不注意，以成人的思维习惯和标准要求孩子什么能干，什么不能干，甚至告诫孩子不能无缘无故送别人礼物，要苛求回报，这样下去的结果，必然会让孩子扭曲了与人交往的目的，扼杀孩子之间纯真的友谊。

有这样一则故事，一个姑娘在一个富有的人家当保姆。一天，女主人的女儿发现保姆姐姐喜欢妈妈的粉色手套，就自作主张把手套送给了保姆。女主人回家后，很是生气，对小女孩说："你要明白，不要把东西送给陌生人，她能给你什么？"

很明显，这个妈妈教育女儿的方式是错误的，人与人之间最重要的莫过于情感的连接，作为父母，如果教育女儿带有目的地与人交往，那么，只能把女儿教育成一个势利小人，孩子也交不到真正的朋友。

第二，要在诚实守信方面做女儿的表率。

当今世界，有些不良风气已经污染了孩子们的心灵，但我们在家庭教育中一定要注意诚实守信，答应了女儿的事情一定要做到，万一做不到要向孩子解释原因。现在的家长容易犯一种所谓德育虚伪性的错误，他们会要求女儿做诚实守信的人，可对自己的所言所行又不严格要求。须知，家长的身教比言传更为直接、重要。有些家长常常会自觉不自觉地在孩子面前撒谎，孩子就觉得撒谎是对的，所以家长要做诚实的人，即使在迫不得已的时候，至少做到不当着孩子的面撒谎。经过父母身教的女孩也会是个诚实守信的人。

第三，在真诚待人方面要做女儿的表率。

随着经济社会的发展，很多女孩都是独生女，她们是一家的中心，从小养成了唯我独尊的观念，不能与他人分享，只知“人人为我”，不知“我为人人”。为纠正其观念行为，家长就要在平时的家庭生活中着力营造和谐的家庭氛围，做到家庭成员人人平等、互相尊重、平等待人，还要在社会生活中建立良好的人际关系，尊重他人，平等待人，学会与他人分享。

第四，在尊重他人方面做子女的表率。

为使女儿成人、成才，许多家长视女孩为自己的私有财产，“望女成凤”心切，对待孩子或溺爱姑息，或简单粗暴，这很容易使孩子的心理产生扭曲。作为家长首先要尊重女儿，努力创设家庭的民主氛围，是父母为孩子应尽的义务。同时，不能一味讲家长权威，要注意和孩子进行思想交流与情感沟通。

这些品质都是女孩成功做人的前提，家庭教育的目的首先就是“人的教育”，其次是在人的教育基础上的“人才教育”，做人是第一步，会做人的女孩才能以健全的人格和完美的品质获得别人的喜爱，才能活得更加轻松、自在。

教会女孩做一个有公德意识的人

社会公德是指人类在长期社会生活实践中逐渐积累起来的、为社会公共生活所必需的最简单、最起码的公共生活准则。在我国现代社会中，社会公德的主要内容为：文明礼貌、助人为乐、遵纪守法、服务社会等。

女孩天生与男孩不一样，她们不调皮好动，安静，乐于与人合作，喜欢“甜甜”的东西，在对于礼貌以及别人的认可度上要求更高，更喜欢通过一些社会行为来让别人认可自己的价值。而作为父母，要想让女儿成为一个合格乃至优秀的社会人，就必须从小让女儿树立社会公德意识。

女孩要富养，就是要让女孩生长在一个良好的教育环境中，而一个健康的家庭，是女孩终生受用的财富，在家庭中，夫妻关系、婆媳关系、兄弟姐妹关系……对孩子性格品质形成有很大的关系。因此，父母必须尊重、孝敬老人，对待兄弟姐妹要宽容和帮助，夫妻之间理解和信任，只有在这样的基础上，孩子才可能获得稳定、温暖的家庭幸福，并从中学习到关心与信任，也才能学会关心爱护别人，因为家庭是社会的一个个小细胞。

那么，具体应该怎样培养女孩的社会公德意识呢？

第一，要教育女孩尊敬长辈。

首先要教育孩子见到长辈应主动打招呼，学会使用尊称和礼貌用语，懂得长幼有序；长辈、父母出门或回家要主动站起来，迎送，帮助递包，提醒带齐东西；听长辈讲话时要认真，不东张西望，不插嘴；与长辈谈话时要和气，讲礼貌，不要高喊大叫，外出或回家时要和家长打招呼，让孩子养成通报的习惯；听从长辈的教导要虚心，并认真按长辈的教导去做，长辈批评时不顶撞、不任性，要养成虚心听取批评意见的习惯。家长对正确的意见一定要坚持，不要孩子一闹就妥协，当然，家长也要注意批评的方式与方法，要求孩子遵守学校纪律，不让家长操心；在家里要干些力所能及的事，做到日常生活自理。

第二，培养孩子从小就知道文明礼貌。

文明礼貌是中华民族的优秀传统，是人们在日常人际交往中应当共同遵守的道德准则。在女孩与人的互相交往中，和悦的语气、亲切的称呼、诚挚的态度等，这会使得女孩更加友好，俗话说："良言一句三冬暖，恶语伤人六月寒。"因此，文明的谈吐和行为是女孩具有良好修养的表现，讲文明礼貌能促进女孩和别人之间的团结友爱，是沟通女孩与他人之间情感的道德桥梁。

培养女孩的社会公德意识，需要父母从日常生活中的细节入手，不要让女孩出言不逊，恶语伤人，失礼不道歉，无理凶三分，更不能骑车撞倒人后扬长而去，乘车争先恐后，在公共汽车上见老人或抱小孩的妇女不让座……如此等等，防微杜渐，是防止女孩出现不文明行为的最佳方法。

第三，培养女孩从小就知道遵纪守法。

对孩子守纪、守信、守法教育应从小抓起，有些家长总是不自觉地庇护自己的孩子，认为孩子小还不懂事，骂人、打人、偷东西、毁坏公物、随地大小便、扔垃圾、墙壁上乱画乱抹、霸道、自私……都不要紧，孩子大了自然会懂事，然而这些恶习日积月累，当孩子长大时，不但给家庭带来痛苦，也给社会带来灾难。

第四，从小培养孩子服务社会的责任心。

责任心并不是男孩的专利，女孩也必须有责任心，未来社会已经把是否能为社会服务作为判定人才的一大标准。一个没有责任心的人，将会在他生活和工作的各种领域内面临同样的命运——不被接纳重用，从而让自己陷入任何集体都不喜欢的“怪圈”之中。

家长要在日常生活中培养孩子的责任心，女孩的大部分生活不是在学校就是在家庭，家庭因此成为培养孩子责任心主要阵地之一。当女孩的责任心得到培养时，她们就会主动地帮助他人克服困难，主动地参与集体活动、公益事业，逐步地懂得服务社会是每个社会成员的责任。

要让女孩有责任心，父母就不能一味地宠爱你的小公主，她也需要经历一些生活的历练。首先，孩子的事，要尽量让孩子自己做，家长不要处处为孩子代劳，事事替孩子包办。这样并不是真正地爱护孩子，其后果是剥夺了孩子的锻炼机会，使孩子缺乏独立生活能力和适应生活环境的能力。其次，要有意地让孩子参与劳动，让她们体味劳动的果实。让孩子做一些力所能及的事情，不仅能使孩子体验成功的喜悦，而且有助于培养孩子对家庭、对自己的责任心，劳动还能培养独立精神，锻炼顽强的意志，提高心理素质，使人养成良好的劳动习惯和吃苦耐劳的好品质。

一个眼里有国家和社会的女孩就不是一个自私、狭隘的女孩，这样的女孩才不会活在自己的小世界里，会立志对国家和社会作贡献，长大后才会有出息。这才是父母真正富养出的眼界开阔、独立自主、有梦想的女孩，这种品质的获得将会对女孩的一生都大有益处。

教会女孩做一个孝顺父母的人

“望女成凤”是千百年来的历史积淀，成了家长们挥之不去的浓重情结，很多父母倾尽所有于女儿，千种照顾、万般呵护，无非期盼着女儿长大成材，自己能老有所靠、老有所依。渴望孩子孝顺，是做父母的第一本能。的确，从天性来讲，女孩子一般细心一些，对父母平时也会关注得多一些；男孩子心粗一些，容易忽略生活细节，于是就有"女儿是父母的贴心小棉袄"一说，可是，有的父母那种急功近利的思想往往抹杀了许多女孩子善良的天性和呵护父母的本能，让孩子把心思更多地放在了成功、成才，而不是成人上。正是由于很多父母的教育不当，不太注重孩子素质的培养，反而使得女孩子们产生了叛逆心理，要么无视父母的爱和呵护，要么就把自己的全部心血都放在了拼搏进取上，而完全想不到要回报给父母以爱和孝顺。

女孩本身更具有孝心，孝顺之心是一个女孩子善良、爱心的体现，著名大文学家雨果曾经说过："人世间没有爱，太阳也会死。"没有爱，就没有世界的一切，女孩子最可贵的莫过于拥有天使一样的爱心。因此，父母在富养女孩、培养女孩的品质时，一定要注意培养孩子的孝心。但家长一定要记住，孩子的孝心是从父母那里学来的，"老吾老以及人之老"，只有做到以身作则孝顺长辈，才能培养一个孝顺自己的女孩。

"可怜天下父母心"，生活中很多父母一心扑在自己的女儿身上，把最好的都给女儿，却忽视了女孩品质的培养。可是孩子却显得很冷漠，完全无视父母的贡献。当今的一些女孩子非常冷漠，她们通常都为了自己的一己之私，不惜搜刮父母的一切资源，特别是对待公婆，她们完全没有孝顺之心，并且不以为耻。究其原因，女孩不孝顺的很大一部分原因，是在于家长的负面教育。只有能言传身教、孝敬长辈的父母才能教育出孝顺的女儿。

陈凤是一所小学的老师，在她嫁给丈夫的第二年，婆婆就瘫痪了，刚刚大学毕业、爱干净的陈凤就担当起了照顾这个瘫痪老人的重任，甚至在怀孕期间，她都没有间断。转眼，女儿也长到8岁了。而陈凤对待老人尊敬孝顺，不仅感动了周围的邻居和同事，也感动了自己可爱的女儿，她的孝心得到了回报，女儿每天坚持要帮妈妈洗脚。

看到妈妈为奶奶洗脚，女儿坚持也要为陈凤洗脚。开始时，陈凤觉得自己能干的活，没有必要让孩子做，可是在孩子的一再坚持下，她也就接受了孩子的"服务"。后来，劳累了一天的陈凤回到家里，睡前女儿为她打好洗脚水、洗脚已经成了习惯，用陈凤的话说："孝心是可以传递的，你想让自己的子女怎么对待自己，你就怎么对待老人"。陈凤说："女儿也很懂事，不用我为她操心。"去年，女儿因为品学兼优被评为"三好学生"。

有付出就有回报，毫无保留地孝敬老人，若干年以后，父母也会实现角色的转换，被女儿孝敬着，陈凤就做到了。家长要以身作则，施教要潜移默化。俗话说："言教不如身教。"孩子会在和家长的长期接触中习得一些良好行为习惯。特别是孝顺公婆这一点，如果母亲本身做得不到位，那么女儿也难以有真正的孝心。

那么，父母该从哪些方面起到以身作则的作用呢？

第一，要真孝顺，而不是"当面一套背后一套"，很多妈妈当着女儿的面，对公公婆婆孝敬有加，但孩子一走，马上称呼父母为"老不死的"，也有一些父母，认为给长辈一些金钱，就是孝顺父母，这在无形中会扭曲孩子做人的准则和价值观，甚至学习到如何前后不一地对待老人，这对于女孩品质的形成是极为不利的。

第二，要和女儿一起孝顺长辈，并推己及人，关爱周围的老人。随着孩子年龄的增长，家长更应该对孩子进行"老吾老以及人之老"的教育，向孩子进行敬爱父母、老师及长辈的教育。对于喜欢以关系式来理解生活的女孩子来说，这是最好的教育。

第三，对于年龄较小的女孩，还不能进行正面的说教，这时候，父母的身教就更为重要了。父母的一言一行都给孩子的人生留下无法改变的印记。

以上这些方法可以给孩子起到身教的作用，这样教育出来的女孩会同样关心父母健康，分担父母忧虑，听从父母教导，不给父母添乱，这样也有利于孩子不断增强孝敬父母的观念："父母养育了我，我应为他们多做事。"也才会更爱自己的父母，也愿意用自己的行动回报父母。

第 09 章
富养的女孩有气质：
素养均衡让你的女儿人见人爱

俗话说："貌由心生。"但容貌决不是女孩子的全部资本，只有用积淀的内涵形成的气质才会让女孩超凡脱俗，否则，女孩子的美貌最终会流于世俗，并成为其前进的障碍。女孩的气质是由内而外散发的一种馨香，来自她优雅的举止，来自她的审美，来自于她的博览群书，来自于她的琴棋书画无所不知……父母如果在女儿还小的时候，就注重对其气质的培养，那么女孩长大成人之后，必将成为一位高贵、文雅、知书达理、人人赞赏的优秀女性。

女孩的魅力取决于女孩的气质

一个女孩，最动人之处恐怕莫过于脱俗的气质，当然，这里的气质与心理学中所指的不同，这里的气质侧重美感。气质决定女孩的魅力指数，气质好的女孩往往受人欢迎。然而，气质并不是外在的装扮所得，一个人的气质是指一个人内在涵养或修养的外在体现。气质是内在不自觉的外露，而不仅是表面功夫。如果胸无点墨，那任凭用再华丽的衣服装饰，这人也是毫无气质可言的，反而给别人肤浅的感觉。所以，作为女孩的父母，要从小培养女孩吸引人的魅力，就要从培养女孩的气质开始，而提升女孩的气质，让女孩做到气质出众，除了让女孩从小学会穿着得体、说话有分寸之外，还要不断让女孩提高知识、品德修养，不断丰富孩子的内在涵养。

因此，女孩气质的培养可以分为两个大方面，外在的和内在的，具体来说，父母应该做到：

第一，外在形象上。不可否认的是，女孩是否能得到别人的赞赏，很大一部分原因取决于外貌。当然，培养女孩的气质，并不是要把女孩打扮得花枝招展，而是要让女孩有一个干干净净的身体，“女儿是水做的”，这句话一点也不假，冰清玉洁、高贵典雅、柔美脱俗是要让女孩学会的自我装扮准则。

(1)让女孩冰清玉洁，最基本的是培养女孩喜欢整洁的习惯。洁癖虽然不太好，但是憎恶肮脏却是必要的。整洁大方、做事有条理、生活有规律，是气质好的必备条件之一。

(2)若要高贵典雅，则一定要培养女孩对是非的判断力。一个能敏锐判断身边事物的女孩，才能有主见，只有有主见的女孩才会做事合理，能知进退，做事易成功，进而才能具备自信力。

(3)若要柔美脱俗，则该培养其仪态形象。学跳芭蕾舞是最好的选择，不仅塑身形，还可以增加柔韧度。

第二，内在涵养上。一个人的气质是内部修养、外在的行为谈吐、待人接物的方式、态度等的总和。优雅大方、自然的气质会给人一种舒适、亲切、随和的感觉。

(1)培养女孩的审美能力，随着孩子年龄的增大，父母应有意识地对孩子进行一些审美教育，让孩子懂得什么叫美。女孩的审美能力提高了，她才会远离“不美”，才能随时避免自己处于“不美”的状态。一个人的长相是天生的，但是对美的感悟却是不同的。审美力好的女孩可以把自己最美的状态展现给大家，也就是平时所指的“气质好”。

(2)腹有诗书气自华，应该让女孩多看书、多思考，气质不是一个月、两个月就可以改变的，需要父母给女孩从小进行诗书教育。而同时，女孩审美能力也源于她的修养和文学内涵。

(3)给女孩一个良好的生活环境，开阔女孩的眼界。从小不一样的环境会造就不一样的人，一个人的阅历、学识以及对自己的了解程度都会对气质有一定的影响。

(4)正确理解气质的定义。气质也是分很多种类的，比如张扬、灵性清秀、妩媚，还有一种就是更难达到的高贵。可是很多父母却误解了，认为培养女孩的气质，就是一定要把女孩培养成在穿衣打扮、言行举止、一举一动上都绝不出格的“淑女”。

9岁的小然在班里有个外号“小喇叭”，一到下课，第一个冲出教室的一定是她，翻单杠、爬云梯，那些男孩都不敢玩的器械小然倒一点也不害怕。但有一天，原本蹦蹦跳跳的小然突然变得稳重起来，做事慢条斯理，下课时，她走在全班同学后面，课间活动时，别人在一旁玩耍，她却安静地坐在台阶上看。当老师问她怎么了，她从口袋里掏出一枚生鸡蛋，告诉老师：“妈妈告诉我不能弄破它，以后我要做淑女了。”

难道让女儿天天握着一个鸡蛋就能让孩子变成“淑女”？其实，小然的妈妈的做法是没必要的，也不是一个好的办法，这不仅不利于孩子的身心发展，也遏制和破坏了孩子童年的快乐，每个女孩的气质类型都不是一样的，根据其特质培养，才能培养出真正有气质的女孩。

总之，父母用培养气质来培养女儿，比用服装和打扮来美化女儿，要具备更高一层的精神境界。因为几乎所有的女性都渴望自己在性格和外表方面，对别人具有更大的吸引力。那么，父母就应该根据女孩的气质类型，让女孩从小修炼出良好的气质，让她懂得如何去发挥自己的优点及克服自己的缺点，从而使自己魅力大增。

从小培养女孩的阅读兴趣

培根说："书籍是在时代的波涛中航行的思想之船，它小心翼翼地把珍贵的货物运送给一代又一代。"歌德说："读一本好书，就是和许多高尚的人谈话。"书籍是人类进步的阶梯，是智慧的源泉，而对于一个女孩来说，读书是培养气质的根本方法，因为气质是由内而外发出的，读书能给女孩带来内在的积淀和更加深邃的内涵美，而相反，一个不读书的女孩即使外表美丽，也只是流于世俗，而不能上升为真正的气质。培养女孩爱上阅读的习惯能让她们受益终生。家长要培养女孩公主般的气质，就要富养女孩，让女孩多读书，不仅能开阔女孩的眼界，更重要的是，让女孩的修养和品位提升了一个层次。

但实际上出于很多原因，女孩在很小的时候对书籍的好奇以及兴趣经常被以父母为中心的家庭教育扼杀了，有些家长认为"女孩读书无用"，而有些家长则认为"孩子应该把精力放在学习上，阅读太多影响学习"，而他们忽略了女孩情商的培养也同样重要，读书使人明智，女孩的气质很大一部分是从书中获得的。当女孩与人交谈时，能娓娓道来、引经据典时，女孩便能获得别人的赞赏，一个博学多才的女孩往往在气质上更胜一筹。

"我知道读书对于女孩同样很重要，因此努力培养女儿爱上阅读是我一直追求的目标。小家伙 4 岁时开始，我就坚持每周末带她去书城读书，那时候她还不认识字，每次都是我不厌其烦地给她朗读，之所以选择去书城，是想让她感受读书的气氛。晚上睡觉前总要给她讲 20 分钟左右的故事，女儿很喜欢听，经常被逗得哈哈大笑。在学前班女儿学了 3000 个常用汉字，这真是件大好事，从这以后她就能独立阅读图书了。现在，女儿在同龄女孩中显得更睿智一些。"

这位妈妈的做法是明智的，女孩在智商上并没有太大的差别，但有些女孩能鹤立鸡群，受人赞赏，就是气质上与众不同，从小通过读书培养女孩的气质，能让女孩成长得更加自信、健康。

那么，怎样才能使女孩爱上阅读呢？又怎样指导女孩阅读呢？当然，这重在引导：

第一，去伪存精，为孩子挑选到健康、积极、有益于女孩身心发展的书刊。我们不得不承认，现在市场上充斥着各种书刊，并不是什么书都是适合女孩阅读的，父母应该为女孩选择真正有品位、适合鉴赏的书刊。

约翰逊医生说："一个人的后半生取决于他读到的第一本书的记忆。"因此，父母一定要很小心地把第一本书放到孩子的手里。不要过于强调女孩阅读的数量，那样只会让孩子装了一肚子的书，却解决不了生活中的一个小问题。所以，父母们要引导孩子，让她们熟悉并喜欢最优秀的文学作品，不要浪费时间阅读垃圾文字。

第二，注意培养女孩的阅读方法。当女孩年纪还小、无法识别很多文字的时候，要教孩子带着感情阅读，这样有利于培养孩子的表达能力以及想象力。父母可以选择大号字体印刷的书籍，或者指着文字大声朗读，来帮助孩子们阅读。父母在读书的时候孩子会跟着进入书中的情节，很快孩子就会认识很多生字，并独自阅读。

第三，和女孩进行亲子阅读时，不要忽视身体语言的作用。模仿是孩子学习的主要方式之一，父母可以将书中的内容用丰富的肢体语言表演给孩子看，孩子在模仿的过程中就会更好地理解书中的内容，并能激发她的想象力。睡前阅读是最佳阅读时机，幼儿的浅睡眠时期最容易进行无意识的记忆，因此睡前的阅读一定要把握。

第四，为了增强和激发孩子阅读的兴趣，建议家长们将书本上的知识与生活认知结合起来。比如在和孩子一起读过海洋动物书后，就可以带她去海洋馆看看海豚、海豹到底是什么样子；看过植物书后，则可和孩子一起去野外认识各种可爱的植物。这样就可以使阅读变得很有趣，孩子的读书兴趣就会逐渐建立起来。

其实，让女孩爱上阅读并不是什么难事，关键是家长要知道想让孩子读哪类书，还要进行有目的的引导，只有这样孩子才能够按照家长的期待爱上读书。当你的女儿爱上阅读以后，她对于自我气质的培养也自然会有一个全面的认知和理解，气质也就能由内而外散发出来。

培养女孩的音乐素养

女孩天生对声音和语言比较敏感,比男孩更加能感悟音乐,我们不难发现,很多女孩小的时候,比男孩更喜欢听摇篮曲,比男孩更喜欢唱歌,但随着年龄的增长,很多女孩的这种天赋就慢慢磨灭了,这主要是由于家庭教育的缺失,父母让女孩把过多的经历投入到了学习上,而忽略了开启女孩的一些天赋。要知道,父母不仅是女孩生命蓝图的缔造者,还是维护者,在女孩的成长过程中,良好的教育会使女孩既定的生命蓝图更加壮观,而如果是劣质的"穷困"的教育,那么,这种生命蓝图就会遭到破坏。

而同时,是否及时地开发女孩的音乐素养,不仅可能影响到女孩的未来,更决定了女孩即将成为一个女人所应该有的气质,有气质的女人钟爱音乐,但不是让自己看似某一类人而附庸风雅。因为在她们看来,听音乐就像呼吸空气一样自然,并且不可缺少。当大多数人争先恐后地要冲入"神秘园"时,当每条大街上都有一些萎靡的低吟时,有气质的女人总会莞尔一笑。

有位妈妈这样述说自己在培养女孩音乐天赋上的成就感:

"我的女儿是有音乐天赋的。学校音乐老师也称赞她,主要是她唱歌的音调、节奏都不错。女儿近 3 个月来,每到用餐时就打开音响,播放贝多芬和朗朗的钢琴曲。我很得意,因为我达到了我的目的:让她不仅跟老师学钢琴,而且还要时常让她置身于钢琴音乐的氛围,长此以往渗透到骨子里去,让她真正喜欢钢琴,喜欢音乐,使音乐、钢琴成为她生活的重要部分。"

这位妈妈的做法是明智的,她在开启女儿音乐素养上也投入了心血,这是真正地富养女孩,正如她说的,"我达到了我的目的",音乐和美术、文学、舞蹈、阅读等一样,都应该成为当代儿童文化素养培养的一个重要部分,女孩更需要这方面的塑造。具备良好的文化艺术素养,能使女孩从小学会欣赏美、有生活情调,从而形成高雅的气质。

既然音乐与女孩气质的形成联系如此紧密,所以,父母不能再忽视甚至阻止女孩音乐素养的培养了。我们不妨把音乐添加到对女孩的教育中。

第一,当你发现你的女儿正在聆听一段动人的音乐或者自然界的一些声音时,不要打断她,让她静静地听。

第二，当你发现女儿在音乐上有天赋时，不要因为家里经济条件不好，舍不得为她买心爱的乐器。要知道，你的一次吝啬可能会让女儿的前程变得暗淡，甚至影响到她独特气质的形成。

第三，当你的女儿问你如何看待她练习的一段音乐时——不把这个问题给她踢回去。你的肯定和鼓励使她相信自己，使她有了继续努力的动力。

第四，当你的女儿不是很喜欢音乐时，为了培养孩子的气质，你需要进入孩子的世界，和她一起沉浸到音乐的氛围中，因为父母是孩子的第一任老师，女孩的很多兴趣爱好是培养出来的。

当然，以上这几点都需要父母在日常生活中根据女孩的特质来教育和培养，有气质的女孩爱好音乐，但不执着于一些流俗的音乐，这也需要父母的引导。

让女孩拥有发现美和欣赏美的能力

“女人可以不美丽，但不能没有气质”，相信这句话几乎所有的女人都会认同，毕竟，对于女孩来说，身体和面貌是父母给的，从一出生，女孩的长相就已经成为不可改变的事实。长相漂亮美丽的女人固然不少，但是其比例相对来说还是少之又少，毕竟平凡的女人最多。但漂亮的女人如果没有气质，就如同一朵几近枯萎的鲜花，一潭永不流动的死水。相反，天生并不漂亮的女人，一旦插上气质的翅膀，神采便会立刻飞扬起来，乃至明眸顾盼、楚楚动人……我们可以断定，几乎所有女人都希望自己魅力四射，而一个女人的气质，能让一个女人魅力指数倍增。真正有气质的女人，除了懂得让自己变美丽以外，还知道如何欣赏美，这就涉及对女孩审美能力的培养。

父母富养女孩，培养的是女孩富足的精神内涵，从而让女孩获得气定神闲、温文尔雅、落落大方的气质，更深层次的，就是让女孩成为一个有品位的现代女性。可以说，品位的获得，离不开审美能力的培养。因此，父母就要让女孩从小学会欣赏美，明白何为美何为丑。

那么，父母该怎样培养女孩的审美能力呢？

第一，引导女孩树立正确的审美观。

审美品位最能反映人的气质。怎样培养我们的小公主具备较高层次的审美意识，以便让她们在富有个性的审美中建立自尊与自信呢？

一位智慧的妈妈这样介绍了自己的经验：

我和她爸爸几年前就下岗了，家里的经济条件也就很不宽裕，但出于女孩的天性，她很爱漂亮，看到班上或者邻居小姑娘着装艳丽或戴项链、手镯，不免流露出几分羡慕。她悄悄地问我："我也想涂红指甲，妈妈说好不好看？"

我意识到女儿开始越来越爱美了，必须加以引导。于是，有一天，我在毛衣厂买了一些剩下不用的毛线，把五颜六色的线头一截截接好，给孩子织了十来件衣、裙、裤、背心，利用颜色俱全的特点，精心设计出富有儿童情趣的款式和图案。

女儿穿上这些衣服，平添了几分聪颖、活泼。小朋友们羡慕极了，好多阿姨也都借她的衣服做样子。

后来，我再问女儿："你还要那些粉色棉袄和项链、戒指吗？"她赶忙说："不要不要了，像个小大人，多俗气！"

当女孩年龄还小的时候，往往对一些颜色较多、较鲜艳的衣服、首饰比较感兴趣，而父母应通过正当的方法，引导孩子树立正确的审美观，以免孩子陷入错误的审美意识中，阻碍审美能力的发展。

第二，经常带女孩出入一些审美场合，让女孩接触广泛的审美范围。

当然，这种审美活动要在女孩年纪到相当时，需要女孩已经有独立的审美能力，能对美产生一定见解的时候。比如带女孩去参加宴会，让她接触一些潮流信息；也可以带女孩参加音乐会、画展等活动，女孩的眼界也会因此而扩展很多。

第三，让女孩学会创造美，这是审美活动的最高境界。

欣赏美只是审美的前奏，真正应该让女孩学会的是创造美，比如让女孩学会通过独特的装扮打扮自己，因为美丽的最高境界就是拥有自己的个性，不随波逐流。

一位很喜欢和女儿一起创造奇迹的母亲，这样介绍了自己的经验：

我和女儿最喜欢的活动就是做衣服。一次，我对女儿说："我们一起动手，为你制作一件世界上最美丽的衣服怎么样？你来设计样式和图案，妈妈帮你一起做。"

女儿立刻来了兴致，对我的建议表示赞同。没过几天，女儿就设计好了她所喜欢的衣服样式——一件非常漂亮的小裙子，上面还有一个卡通小姑娘，比其他女孩的喜羊羊好看、有新意多了。接着，我和女儿又一同去购买了相关的材料布料、扣子等。几天的时间，女儿的衣服就做好了。

这件衣服穿在女儿身上立刻有了轰动效应，路人多行注目礼。女儿也开始对自己的审美越来越自信了，她甚至有了自己的理想——成为一名优秀的服装设计师。

一个会审美的女孩不会停留在欣赏美上，而是会把自己独特的审美能力用在创造美上，很多著名的服装设计师最初的动力就来源于此。

以上几点是父母对女孩审美能力培养必经的几个过程，这个过程是循序渐进的，有正确的审美意识，才能产生审美能力，进而转换成审美创造力，具备这种能力的女孩必定是个在审美上有独特见解的人，这样的女孩也必定是个气质女孩。

让女儿做一个有生活情趣的人

新时代的女性，充满情调地生活，能提升自己的气质，让自己成为别人赞赏的对象，那么如何做一个魅力健康的女人呢？以前对女人的定义大多都是："女人是水做的。"其实，生活中真正称得上女人的女性并不多，法国有一位哲学家说过这样一句话："女人不是生而成为女人，女人是后天培养而成的。"的确，生成只是性别取向，是自然界生命的延续；养成则是神似，是感悟生活、智慧沉淀所形成的秀于外、慧于中所展露的光华。父母要让女孩成为一个气质女性，就要富养女孩，让女孩从小学会有情调地生活，才能让女孩学会享受生活、感悟生活，从而把女孩培养成真正有品位、健康、漂亮的女人。

情调是情感的调味剂，父母可以从以下几个方面着手，让女孩懂得有情调地生活：

第一，让女孩学会修饰自己的仪表。当然，这里的让女孩学会修饰自己的仪表，并不是让女孩过分注重自己的打扮，这里的"修饰"，是指女孩的一种审美能力的外在体现，比如一个小小的发卡、一个发型等就能显露出女孩的气质和独特的审美能力。

让女孩学会修饰自己的外表，并不只是一种情调。“服装整洁是最好的自我介绍”，在女孩与他人会面之前，整理自己的外表有两层意义：一是让别人正确地看自己，二是端正本身的“姿势”。

那么，父母应该让女孩怎样修饰自己才能达到更加突出自己情调这一目的呢？

（1）修饰要符合女孩的性别、年龄特征。女孩有属于自己的打扮，这是毋庸置疑的。

（2）修饰要适合场合环境。父母应让女孩明白，在不同的场合环境，打扮和装束也要有所考虑。比如，如果去出席婚礼，应穿着华丽些，但不宜超过新郎、新娘。如果出席严肃隆重的会议，就应穿得朴素大方。

（3）修饰应注意扬长避短。这一点需要父母长期的指导，女孩得体的修饰既可以充分展现其长处，也能掩盖她的弱点。不得体的修饰会夸张女孩的缺陷，情调与气质也就因为这一不得体的修饰荡然无存了。

（4）修饰要以整洁、新颖、协调为原则。父母要教会女孩怎样正确地修饰，修饰首先要以整齐、干净、保暖或凉爽的卫生学原则为第一位。其次要做到新颖，但并不意味着怪诞。修饰不在多、浓，而在于协调。装饰品戴得太多反而显得庸俗。一身淡雅的服装，配上一串耀眼的项链或别针，在强烈的对比下，会显得协调、漂亮。

第二，让女孩学会使用香水。当然，这是针对一定年龄的女孩来说，年纪尚小的女孩是不适合的。

要让女孩拥有情调，香水是不可或缺的，女孩选择适合自己的某种固定牌子的香水，会成为一个气质女孩的专有标志。其次，父母要让女孩明白如何正确使用香水。很多女孩多把香水洒在手帕、衣服上，这不但使香味易于消失，而且会使衣服招致虫蛀。还有些女孩把香水涂在发根、耳背、颈项和腋下，这也不好。最好的方法，是把香水涂在肚脐和乳房周围，另用一小团棉花，蘸上香水放在胸罩中间，这样不但使香味保持长久，还可以使香味随着体温的热气，向四面八方溢散。

第三，让女孩学会陶冶性情，这就需要女孩丰富自己的文化底蕴。这里说的“文化”绝不是狭隘意义上的语文、数学、英语、地理，而是对广泛知识的汲取，涉猎广阔，如对时事的关心，经常上网了解最新信息，多看展览，做生活的有心人，注重日常知识的积累，提高审美情趣，做事不人云亦云，有自己独到的见解等。拥有良好教养由内而外散发出高雅气质的女人，有着一步一洞天的美丽，这样的女人留给人的第二眼、第三眼远比第一眼的“惊鸿一瞥”来得荡气回肠。

有一定文化底蕴的女孩，就能在自我情绪低落的时候自我调剂，找本好书，泡杯好茶，不快的心绪也就不翼而飞了。

总之，一个有情调、有气质的女孩能在不经意间流露她的美丽，她的美不是刺眼的妖娆与浓烈，不是灼眼的艳丽，是阳光下健康红润的肤质，是洁净的甲缝，是光洁的鞋面，是似有还无的体香，是低柔的语调，是一言一行、一颦一笑间散发的耐人寻味的魅力，而不是华而不实的外表下遮蔽的空虚的心灵，有情调的女孩应该是在生活中经营美丽、创造美丽的高手，于点点滴滴中蕴藏温婉可人的雅致，悠悠如梅兰芬芳。然而，女孩的这种情调不是一朝一夕能促成的，需要父母倾注自己长期的心血，女孩需要富养，细心培育和呵护的女孩才会精致、有品位地生活。

做大气女孩，不能小家子气

女孩的气质很多是从举止上表现的，有气质的女孩拒绝小家子气，在未来社会，女孩同样需要和男孩一样出入各种场合，接受社会的“检验”，只有落落大方、不卑不亢的女性才能得到别人的认同和赞赏，才能尽显一个女性的魅力。因此，家长在培养女儿的时候，一定要注意杜绝女孩的小家子气，让女孩大方接物，对女孩今后的成长大有益处。

某儿童心理学家曾在多所小学进行了调查，结果显示：5 个小学生中就有 2 个腼腆的孩子，程度会因年龄不同而略有差别，其中 60% 以上为女孩子。女孩子更易害羞，这是一个不争的事实，害羞是女孩的天性，对此，家长若不及时进行引导，就导致了女孩小家子气的形成，与人交往的时候显得扭捏作态，毫无气质可言。这就是为什么生活中我们总是能听到很多这样的声音：

“女儿很腼腆，如果让她在亲朋好友面前唱歌、跳舞、讲故事，她总是低下头，紧张得半天开不了口。”

“女儿从小就害羞，家里来了生人（包括不经常往来的亲属），她会很快躲到妈妈的背后，把脸藏起来。”

“女儿在幼儿园从不主动表现自己——回答问题不积极，不主动找小朋友玩……我问她为什么？她总是说不好意思。可是她在家表现得却总是很活泼。”

这些都是很多父母的感慨，在日常生活中，很多女孩在自己家中活泼大方、能说会道，可一旦到别人家里或碰到生人，就会局促不安、胆怯怕生，做什么事都要成人代劳。对此，父母们也很是无可奈何：“这孩子，在家里挺能的，怎么出来就变样了？”诚然，每个女孩都有一个正常的害羞期，但这是在女孩1~2岁的时候，过了这个年龄，如果女孩还是胆小怕事、小家子气的话，恐怕父母需要进行引导了。

可以说，很多女孩这种小家子气的形成，是和父母的教育有很大的关系的。

第一，父母过于溺爱女孩，让女孩没有独立面对人际的能力。

我们不得不承认，很多父母是把自己的女儿当成“闺秀”来养的，女孩是父母眼中的宝贝，父母不忘对女孩才情的培养，但是忽略了女孩也将要成为社会的一分子，这样的女孩尽管能在知识储备上高人一筹，但是没有熟练的人际交往能力，与人交往的时候，不能轻松自如，在气质上充其量是“小家碧玉”，而不是“大家闺秀”。

第二，很多父母喜欢给孩子“贴标签”。

很多孩子小家子气的缺点其实是父母长期给她“贴标签”的结果，当女孩在人前忸怩的时候，父母不是鼓励女孩大方交往，而是以孩子害羞给自己找台阶，长此以往，孩子也就不敢交往了。

每次带燕燕出去，妈妈总会提前给女儿打“预防针”：诸如见到认识的叔叔阿姨、爷爷奶奶要主动问好，人家问什么要好好回答……但十次有十次女儿拿她的话当耳边风，偶有巧遇她也会把脸扭向一边根本不看人家；如果对方是高高大大的男性，她就干脆趴在妈妈身上给人家一个后背。这时，妈妈往往会以“这孩子害羞”敷衍过去，觉得这样才能在熟人面前挽回点面子。

和燕燕妈妈一样，很多家长在孩子给自己“丢面子”时，都会赶紧向对方解释，“我女儿太腼腆”或“她是我们家脸皮最薄的”。可家长这样当着孩子的面说孩子害羞是十分不妥的，这就好似给孩子贴上了一个“害羞”的标签，当这种“我是害羞的”的意识深深植入孩子的内心，她就会认为自己就是这个样子了，以后她还会利用这个标志来逃避不喜欢的人——这时，害羞就成为小女孩一种有意识的行为。

第三，当女孩不能大方与人交流时，父母不是体贴反而指责。扭捏、小家子气的女孩一般都会自信心不足，父母一味指责只会让孩子的自信心再次受到打击。可以想象，一个自信心严重受创的孩子，又怎么可能变得开朗大方呢？

以上这些都是父母富养女孩过程中出现的一些误区，杜绝女孩的小家子气，父母必须杜绝这些教育失误，父母的教育决定着女孩成为一个什么样的人。

让女孩拥有镇定自若的气质

所谓镇定自若，就是一种气定神闲的气质，就是能使自己的心境不随着外界环境的不同而改变，具体说，就是指在顺境中，不狂妄自大、盛气凌人；在逆境中，不惶恐气馁、垂头沮丧；在安逸环境中，不奢侈放纵、盲目攀比；在危急情况下，不惊怕恐惧、慌慌张张。古人说：“心中有惊人想法或消息而不在脸上表现出来的人，可以任命做上将军。”同样，一个女孩子如果能在与人交往的过程中保持镇定自若的态度，那么，她一定备受关注。

虽然人们对男人的最好评价就是临危不惧、处变不惊，但是镇定自若同样是一个女人不可缺少的气质，因为随着社会的发展，女孩的气质也越来越重要。遇事能够镇定自若的女孩，懂得如何用恰当的方法“自救”或“他救”，使自己摆脱困难，解除父母的担忧。但是，随着物质生活的逐渐丰富，一些女孩的心理问题也随之出现。家长教育方式不当，学习压力过大，离婚和再婚家庭增多，社会的不良影响等都是引发她们心理问题的原因。但归根结底，孩子的问题就是家长的问题。

的确，做到镇定自若对于一个男孩来说，都绝非易事，更何况柔弱的女孩,但让女孩也学会镇定自若并非不可能,那么,父母该怎样下功夫,培养女孩镇定自若的气质呢?

第一,家长自己要摆正心态,给女儿以精神上的榜样作用。家长要想让女儿心理健康,能够镇定自若,首先要自己摆正心态,遇事不慌张,积极想办法解决。父母是女儿镇定自若的榜样。培养女孩镇定自若的气度并不难,可以让她从做一些力所能及的事情开始,比如给邻居送东西、吃饭前摆放好碗筷、到商店或菜市场买东西、接听家里的来电、到物业公司保修、开学自己报到等,锻炼她的交往能力,使她知道自己能够做许多事情,以后当她遇到难题时或者不如意时,她就能保持镇定,冷静地分析问题,想办法解决问题或保护自己。

第二,让女孩具有坚强的性格。

赖斯是一位举世瞩目的女政治家,她是一位镇定自若、优雅迷人、极度忠诚的女性,是每一个女人应该效仿和学习的对象。

在传统上由男性主宰的领域里,她是第一位升迁到最高层的黑人女性。她有着不平凡的人生经历,做过学者、教授、教务长和外交政策顾问。她走过亚拉巴马州的伯明翰、科罗拉多州的丹佛、加利福尼亚州的帕罗·阿尔托,最后在47岁时进入白宫。作为一位政坛上的女强人,她杰出的从政之路对任何一个国家和阶层的女性都是一种激励。而赖斯父母对她的教育也值得天下父母们借鉴。

1954年11月14日,赖斯出生在美国亚拉巴马州的伯明翰。她的父母分别来自赖斯家族和雷家族,其祖先都是奴隶的后代,可想而知,他们曾经受过怎样的待遇。但是这个家族到赖斯出生时,已有了比较高的社会地位。赖斯的父亲在取得神学硕士学位后,接管了由赖斯祖父创立的教堂,后来还担任了丹佛大学副校长。

也许是因为有这样的历史,赖斯家相信:只有当孩子们付出的努力比白人孩子高两倍,他们才能有相同的成果;高出三倍,才能超越对方。而这也正是父母教给小赖斯的第一堂课。

较高的社会地位并没有改变赖斯是一个黑人女孩的事实,她同样面临着种族歧视的伤害。她几乎每天都要面对种族歧视的恐惧,而父母不得不在这方面给予她更多的指导和保护,这使得赖斯很早就学会必须提防白皮肤的人。谈到童年时受到种族歧视的经历,赖斯说自己的母亲是她的"有力捍卫者”。她的母亲是个勇于反抗的人，同时也是一个镇定自若的人。她不卑不亢，极力维护自己的尊严，同时，又保护了黑人的形象。母亲是赖斯心目中的英雄，也是她的榜样，赖斯的成长过程中充满了艰辛，但是她表现得很坚强，很积极。

正是这些与众不同的经历，锻炼了赖斯镇定自若的气质，在踏入政坛以后，她经历了各种坎坷，而每次她都应付自如，这不能不说得益于父母对她的教育。经历了挫折和磨难的孩子，总会比别人更理解这个世界，她们能理解变化，能够应付变化，而且在变化的世界中能够不断前进，寻找属于自己的位置，这也是赖斯成功的原因之一。

第三，开阔孩子的眼界。“富养女孩”，一定不能把她放在蜜罐里溺爱，而要把她放进社会的熔炉中进行历练，只有见过大世面，女孩才不会显得太小气，她们没有斤斤计较的小市民心态，凡事都能够从宽处、大处着眼，自然能够顺势时不骄，逆势时不馁。当女孩经历了各种各样的事情，有了一定的处世经验，自然也就拥有了处理突发事件的能力。

女孩子的镇定自若是难得的一种气质，那会让她更富有特色，因此，“富养女孩”就要在这方面下功夫，让孩子变得坚强，同时，能够让孩子经历各种事情，所谓“经一事，长一智”，循序渐进，孩子自然就拥有这种独特的气质了。真正地富养女孩，不是让女孩在温室中成长，而是要给孩子更多的空间，让她自己去经历，去体会，去总结，这才是最富有效果的教导方式。

让女孩保持活泼的天性

女孩天生比男孩安静、细腻，但并不代表作为一个女孩就不能活泼。很多父母认为，一个活泼的女孩很难有淑女的气质，但父母不明白的是，活泼也是一种独特的气质，只要女孩不过分好动，活泼的女孩更招人喜爱。因为孩子生来是活泼的，父母不能为了孩子将来成才，就要孩子接受自己的安排，做各种各样的事情，这样美其名曰为了孩子，不如说是为了自己，因为孩子在不自由的氛围中很难有智能的增长，只会显得呆滞木讷，这绝不是“富养女孩”的目的。

在“不能让孩子输在起跑线上”这一号召下，很多父母为了把女孩培养成一个真正全能型淑女，不停地为自己的孩子安排各种培训班，企图让孩子掌握各种技能，备战竞争激烈的未来。这样的做法似乎无可厚非，但是，所有的家长都忽略了一点，那就是埋没了孩子活泼的天性，女孩活泼的童年失去了，女孩天真的脸上没有了笑脸，取而代之的是厚厚的眼镜，是被紧张学习压迫的苦闷的脸。女孩有女孩的培养方法，相对于男孩来说，女孩情商的培养更为重要。父母要让女孩拥有快乐的童年，一定要让孩子玩够，体会到充足的快乐，让她快乐地没有压力地成长，让她活泼的天性永久地保持下去。因为真正能够挖掘出孩子潜力的，是在她玩得非常开心的时候。

6 岁的小雅相对于其他同龄的女孩来说，显得格外活泼好动。周末，妈妈带她到公园去玩。妈妈在前面走着，一边轻声和女儿交谈着，可是一回头却发现小家伙不见了，妈妈急忙四处寻找，发现在不远处的草地上，小雅正趴在地上，专注地玩什么东西。

妈妈悬着的一颗心落了下来，她悄悄地走到小雅背后，发现小家伙正专心致志地用一根草棍拨弄着一只小蚂蚁，翻来覆去，仔细观察蚂蚁的每个动作。“宝宝，你在干什么？”妈妈问。“妈妈，我正玩小蚂蚁。”小雅连头也没回，妈妈受到了启发，这是孩子好奇心的表现。

回家后，妈妈给小雅买了一只玩具小鸟，它会叫、会飞。小雅高兴极了，爱不释手，她专心致志地观察小鸟的各种动作。第二天，当妈妈下班回家，却发现女儿正动手拆玩具鸟，桌子上已经有了几个小零件。见妈妈来了，小雅显得有些害怕。妈妈故意板着脸问：“你怎么把玩具给拆开了？”小雅怯生生地说：“我只是想看看它肚子里有什么，为什么会拍翅膀、会叫。”

妈妈很高兴，她相信会玩的孩子才能会学，她必须抓住这个时机，培养孩子的智力。于是，她鼓励女儿说：“宝贝，你做得对，应该知道它为什么会拍翅膀。”听了妈妈的鼓励，小雅高兴极了。不一会儿就把玩具鸟给拆开了，并对里面的结构观察起来。

小雅妈妈做得对，会玩的孩子才会学，活泼也是一种气质，每一个活泼好动的孩子，总是具有敏锐的观察力、想象力和思考力，而这些是成才的关键。

对于一个女孩子来说，活泼一点，说笑玩闹中自有一种别样的风采，人生不能如死水微澜，像鲜花一样的女孩子，不能培养成一个死板的淑女，这不是富养的真谛。可是现实生活中，很多家长开发孩子的智力往往只注重孩子认知能力的发展，却忽视了情感因素在开发智力中的巨大作用，也就是人们说的情商。上文中小雅的好奇心与活泼的天性，就是她情感因素的重要方面，而小雅妈妈就做到了开发和培养女孩的情商。

正确地培养女孩，就应该根据女孩的天性来培养。也就是说，女孩子的成长过程就是学习她应该学的事情。父母培养女孩，但很多时候却在阻碍着女孩成长：父母命令她去做这做那，把学习当作任务要她去完成，甚至为此去羞辱、责骂，让她战战兢兢地去做。富养孩子，就不能让孩子受到这样的待遇。这样做的结果很可能是既让孩子对学习感到厌倦，同时还毁掉了女孩子应有的气质，使她变得木呆呆、混混沌沌、行动迟缓。

所以，作为父母，一定不能太侵犯女孩子所极端看重的、与生俱有的自由，不能埋没女孩活泼的天性，把孩子造就成一台只会听话却不懂思考的机器，让一个原本活泼的小公主长成一个木呆呆的榆木淑女，应该针对她们的特性，利用她们的欲望所发动的快乐，让她们得到了自己最喜欢的自由，这对于她们就是一个不小的鼓励，同时还保留了孩子的活泼天性，维护了孩子的情感。这才是“富养女孩”的精髓之一。

第10章
富养的女孩有主见：
让你的女儿比同龄人更好自立

女孩要想在竞争激烈的社会中站稳脚跟，还必须学会有主见地做人、做事。让女儿有主见，这一任务对于父母来说，责任重大，父母要富养女孩，让女孩生长在健康、积极的环境中，但不能溺爱女孩，包办女孩的生活和学习，而应该给孩子提供更多自己做主的机会。要想孩子有主见，首先要培养她们的自主意识，要舍得放手让孩子凡事多尝试，家长切忌事必躬亲。

让女孩学会有条理、有计划地做事

当今社会，生活节奏已经日趋加快，只有有条理、有计划地安排生活、学习和工作，才能有将生活安排得有条不紊。而作为一个女孩，是否能条理性、计划性地做事，也体现了一个女性的自主意识。女性娇弱但不懦弱，自主的女孩可以掌握自己的命运，刚柔并济地在未来社会中打造出自己的一片天空。但女孩是否能自主，需要父母的富养，然而生活中很多父母对此并没有引起重视，对女孩的自主精神进行压制，认为这是女孩不听话的表现。其实，父母需要做的是进行引导，而不是压制。培养女孩做事有条理，是培养其自主精神的一大方面。

“妈妈，我的芭比娃娃放哪儿了？你快帮我找找！”小雨大声地喊着。过了一会儿，妈妈又听见小雨在自言自语：“我的拼图呢？”妈妈心想，小雨都快5岁了，还总是这样，做事情时一点儿条理都没有，以后可怎么办呢？

其实，生活中这样的情况并不少见，常有爸爸妈妈们抱怨，说女儿经常把东西扔得到处都是，永远也找不到自己想要找的东西。其实，这可能是因为父母们在最合适的时期，没有及时训练及培养孩子做事有条理的好习惯。那么，为什么孩子做事没有条理呢？

孩子做事没有条理，不仅与家长的教育方式有关，而且和家长自身的行为也有直接关系。有的家长打开衣柜，总是找不着要换的衣服，有的家长把看完的报纸随手一丢。久而久之，家长的行为就会给孩子带来不良的影响，不利于培养她做事有条理的好习惯。

要培养孩子做事有条理的良好习惯，家长应该怎么做呢？

第一，父母以身作则。

正如上面所说的，很多父母不良的习惯对孩子容易产生坏的影响。俗话说：喊破嗓子，不如做出样子。父母要言传身教，以身作则，做任何事情都要表现出一种强烈的责任感，以认真负责的态度影响女儿，如在家做事时主动勤快，有条理，脏衣服不乱塞乱放，换下来就洗，上班前总是将房间收拾整齐等，为女孩树立良好的榜样。

培养孩子做事有条理是一个漫长的过程，只有父母坚持要求，反复强化，不断激励并加以督促引导，才能使孩子养成做事有条理的好习惯。

第二，建立合理的作息制度。

有规律的生活是培养女孩做事有条理的重要前提。父母应根据孩子的年龄特点和家庭条件，把每天起床、睡觉、做游戏、看动画片、学习及家务劳动的时间都固定下来。教孩子做事时，一定要交代清楚什么时间去做什么事情，怎样才能做好这件事，应注意些什么问题，做到要求明确，检查及时。

第三，培养孩子做事有条理的习惯。

父母应该随时留心观察女孩，看看她做事是否有秩序，是否知道先做什么，然后再做什么。通过观察，如果发现孩子这方面能力差，应立即给她指出来，并告诉她无论做什么事都要按步骤完成，做完一件事再做另一件事。如果有许多事情要做，必须先安排好顺序。如星期天，父母给孩子提出哪几件事是必须要做的，然后让孩子自己安排。可以让她用画将要做的事及先后顺序表示出来，一次次地强化，久而久之就会养成做事有条理的习惯。对于年纪尚小的女孩，可以从吃饭、穿衣这些小事开始。

比如把为女孩穿衣、脱衣的全过程用照片的形式记录下来，贴在醒目的地方，还可以将穿衣脱衣的顺序编成朗朗上口的儿歌，录到复读机中，等到女孩做角色游戏时，可边听儿歌，边根据照片的步骤，一步一步帮助小娃娃穿衣，脱衣。如此，家长不仅在游戏中教会了女儿穿衣、脱衣的方法，培养了她做事的条理性，而且还让她在自由的环境中获得了成功的体验。

第四，要孩子进行必要的惩罚。

对于做事常常丢三落四的孩子，小小的惩罚也是必要的。

楠楠去上绘画课，到了教室才发现，忘带橡皮了。其实，妈妈早就发现楠楠没有带橡皮，故意没有告诉她，想给她一个教训，让她以后注意。

第五，让孩子自己的事情自己做。

其实，女孩相对于男孩来说，是细心的，只是很多家长长期为女孩包办生活，导致了女孩自主做事能力的弱化。为了培养孩子做事有条理的好习惯，家长应学会放手，鼓励她自己的事情自己做，家长只给予必要的方法上的指导就可以了。家长可以利用双休日的时间，和孩子一起制订这一天的活动安排，提醒、督促她按计划完成。开始时，孩子可能丢三落四、虎头蛇尾，家长不要批评她。只要家长不断地要求孩子，同时加以引导和鼓励，就一定能够收到好的效果。

由于孩子身心发展的特点，做事难免会丢三落四，家长不必为此发愁。但父母要对此进行引导，培养女孩的秩序感是一个循序渐进的过程，需要家长坚持与耐心，需要父母从各个方面下功夫。

教会女孩从小自己穿衣打扮

当今社会，像一些成年人一样，女孩子也深受这个追求光鲜外表、超级享受、一夜暴富的社会的困扰，但女孩只要有主见，能抵挡住外界的诱惑，就能绕开社会的不良“熏陶”，健康成长。同时，在21世纪初，女性拥有了更多的机会，和以往任何时候相比，更少受到性别的制约。家长有义务帮助她们充分发挥自己的才能。为使她们的机会实现最大化，并免受新的社会地位给她们带来的潜在问题的困扰，家长要富养女孩，让女孩拥有自主意识。而要想培养女孩有主见的个性，父母就应该给孩子提供更多自己做主的机会，其中就包括让女孩从小穿得自主。

女孩是美丽的精灵，虽说“貌由心生”，但也不能否定“人靠衣装”的道理，更何况是天生爱美的女孩。但现实生活中，我们发现，很多父母为了让女孩专心学习，在很多行为上限制女孩，尤其是穿衣打扮，很多女孩的衣橱里出现频率最多的莫过于两套校服：一套可以在春、秋、冬季穿，是长裤、长袖的运动服，另外一套则是适用于夏季穿着的纯棉短袖T恤。一个在自己穿衣打扮上都不能有主见的女孩很难在日后其他事情上有主见。

富养女孩并不需要刻意在一些物质方面短缺，让女孩穿得自主，本来就是富养女孩的要求。父母在日常生活中，要注意以下几点：

第一，不要用太多规矩限制孩子的穿着，尽量让孩子穿她喜欢的衣服。比如，父母带孩子外出玩耍时，在保证安全的前提下，可以让孩子自己决定穿什么衣服，切忌随自己喜好而不顾孩子的感受。

当然，这也要适合女孩的年龄和一定的场合，不能任其发展，否则也不利于女孩主见意识的培养，反而让女孩形成骄纵、任性的坏习惯。成长期女孩总的穿衣原则是，要符合一个学生的身份。随着年龄的增长和孩子自主意识的增强，父母可以适当放宽要求。

第二，当女孩在穿着上和你有不同意见时，如果你有顾虑，用“共同决定”的方法诱导她。例如，你认为女孩穿得不适宜，不要说“不准”！而是告诉她，我们去找别人评理，如果××说这样穿可以，就这样；但如果说不好，就不穿，孩子往往能接受第三方的意见。

第三，假如女孩太过注重穿着打扮，要告诉女孩，真正的美丽是心灵的充盈，而不是外表。

妈妈带女儿坐公交车外出，一位衣着华丽的美女坐在“老幼专座”上，照着镜子，摆弄自己的发型。这时，一位老人上车了，美女装作没看见，继续弄她的头发，这时售票员开始提醒大家：“哪位给老人让个座？”这时坐在离门口比较远的一位女士站起来，搀扶着老人边走边说：“老人家，您坐这吧！”下车后，妈妈问女儿：“你觉得那位照镜子的阿姨美吗？”“美！”“那她与那位给老人让座的阿姨相比，谁更美呢？”“照镜子的阿姨。”“孩子，人美不美并不是看外表，要看内心。那位给老人让座的阿姨才是最美的。”

这位妈妈的做法是正确的，孩子还小，不懂得什么是真正的美，需要父母的引导和教育。如果在女孩小的时候，她就能把握“真正美”的标准，那么，她长大后就绝不会因为自己的外表而怨天尤人，而是把大部分心思用在提高自己的修养和美化自己的心灵方面。而同时，从另外一个方面说，她也就不会过分注重自己的穿着打扮了。

第四，不要太多说教。如果孩子相信了你的说教，她可能失去判断力，没有主见；如果孩子不相信说教，她可能叛逆，或不信任你，毕竟现在的女孩都有强烈的自我意识，尤其是穿着打扮上。

在教育女孩的方式方法上没有一定的对错，因为孩子要因材施教。富养女孩，就要培养女孩有主见的意识和能力，对一个孩子来说，在穿着上，你用“不允许”“不准”“违规就要处罚”这些传统的方法来教导她的话，她会学会的就是：“我不应该这样穿，因为我怕惩罚。”慢慢的，孩子有主见的意识就被抹杀了。其实，穿衣只是一个方面，任何事情都是这样，最好的方式是鼓励她们，激发她们去做想做的事情，每个人都该有自己想追寻的理想，鼓励她们正面地往这边走，负面的则用“稍稍的”惩罚把它挡住，你就能培养一个有主见的女孩。

让女孩独立管理自己的存钱罐

现代社会,无论从家庭还是社会角度来说,女性都必须在金钱上有独立自主的意识,并且要能管理金钱。父母培养女孩对金钱的管理能力,是为了培养一个有主见的女孩,这是富养女孩的要求之一。而生活中,很多父母认为,如果孩子过早或者过多接触钱,那么孩子的人生就会把钱定为核心,影响孩子品质的培养。尤其对于女孩来说,品质高洁是一种重要的竞争力,如果被金钱浸染,那么就会变得俗气不堪,还会影响孩子的判断力。

其实,这种认识是错误的。金钱是一个不可忽视的社会元素,如果不给女儿讲金钱的事,那么在早期的接触中,她可能会形成错误的意识。孩子们总是看到通过购买的方式,把自己喜欢的东西带回家。当她们有了需要时,就希望父母给自己买回来。比如,有一个小女孩,当妈妈生病死去的时候,要求爸爸把死去的妈妈买回来。再比如,孩子不知道金钱是需要辛苦去赚取的,她就不可能珍惜父母的劳动成果,而任意挥霍。

而这种错误的金钱意识,会让女孩形成依赖父母、没有主见的坏习惯,因为真正的独立既包括精神上的独立,也包括经济上的独立。错误的金钱意识,使许多孩子喜欢乱花钱,对于物品不够爱惜,会让孩子在金钱上依赖父母。因此,为了不让自己女儿正确的金钱意识太晚形成,不如及时告诉她什么是钱。尤其是让孩子自己学会管理钱,不但可以培养孩子的勤俭意识,同时对于孩子思想独立性的培养也很有帮助。

现在,由于人们的荷包大多都很丰满,并且对富养女孩有错误的认识,认为女孩就应该用物质养,才能培育出“大家闺秀”,他们对孩子的要求常是有求必应、无求也应,不惜给孩子买来各式各样的潮流玩具,时髦流行的高档衣服,父母的虚荣心得到了满足,孩子的攀比心理也逐渐形成。尤其是女孩,由于非常注意外表形象,这种虚荣和攀比心理就更严重,这会严重影响孩子的身心发展。

同时,从小在钱堆里长大的女孩都会过度重视物质享受,缺乏刻苦奋发的精神,即使父母苦口婆心地告诫要独立,但是她们还是不由自主地选择依赖。因为她们害怕被现代社会无情的竞争淘汰,同时有人受不了外界存在的太多诱惑。

无论是从培养孩子的品质来说，还是从培养孩子的主见性来说，都应该尽早让孩子学会管理自己的钱罐。培养孩子正确花钱，有以下几种途径：

第一，教孩子学会储蓄。在孩子小的时候，可以给女儿设一个储钱罐，并会告诉她：这个“银行”不会把你的钱拿走，而是为你保存起来。并鼓励她把钱存到这个“银行”里，让孩子体会到金钱储蓄的快乐。如果条件允许，还可以在银行以女儿的名义开个账号，让她保存自己的存折。

第二，当女儿长到一定年龄，对金钱有一定的认识的时候，就可以给孩子零用钱，但是数目不要很大，且要相对固定。在给孩子零用钱时，首先要告诉她这些零花钱该花在什么方面，怎么花，然后给孩子做个计划，并监督孩子严格按照计划行事。如果孩子提前把当月的零用钱用完，父母就要问明情况，再决定给不给、给多少，并对下月的零用钱作出调整。

很多父母，特别是那些财大气粗的父母，认为这未免显得小里小气，这样的教育方法也有小题大做之嫌。其实，只有这样才能够教会孩子节制自己，也才能让孩子在经济上独立。

第三，让孩子想办法通过自己的努力来增加自己储蓄的金额。比如可以让孩子参加家庭劳动，为鼓励孩子达到某个目标而设立某种有意义的奖项，这样孩子会深刻体会到赚钱的辛苦，同时会爱上被认可的快乐。

第四，让孩子去购物。开始可以让她买自己的东西，不但锻炼了计算能力、应变能力，还有利于孩子养成爱惜物品、勤俭节约的好习惯。慢慢的，当家庭需要购物时，也可以请孩子代劳，并让孩子对所购物品发表意见，比如买哪种物品更经济实惠等。

久而久之，孩子会形成一种理智而独立的购物习惯。同时，她会通过提高自己的能力来满足消费需要，而不是依赖别人。

总之，成长期的女孩不是成熟的消费者，大人的关心和引导是十分必要的。这种干预和引导的出发点应该是促进孩子成长，让孩子早日形成经济上的独立意识，从而形成精神上的主见性，以便能更好地适应社会。

鼓励女孩为自己的事情作决定

每个人都需要有自主意识,才能成为一个独立的生命个体,女性也不例外。现代社会,女性已经不再作为男性的附属品而存在,而是和男性平等地站在一起,已经很少有性别制约。但我们不能否认的是,女孩在自主意识和能力方面,还有待加强。

有人说:"生命的价值在于选择。"但做父母的常常忘记这一点,他们不让孩子去作选择,总是认为女孩需要保护,总是忍不住要替孩子作选择。于是,孩子只能按照父母的决定去做。那么,这些决定越正确,其窒息感就可能越强。一方面,孩子获得的资源越来越多,能力也越来越强,但另一方面,她的生命激情却会越来越低,自主意识也就原来越淡薄。她们感受到这一点,于是想对父母说"不",但她们又一直被教育听话,所以连"不"也不能说了,只好用被动的方式去叛逆。

可以说,替女孩作决定,干预了女孩的成长过程。女孩自出生以后,自主意识就会越来越强,就有一种想要自己作决定的愿望和要求,可如果父母长期让女孩的这种需求得不到满足,很可能导致孩子产生消极的自我评价,而这一点可能会深植于她的内心。长大以后,孩子可能会缺乏判断力和选择的能力,缺乏责任感,凡事依赖,缺乏主见。

培养女孩的主见意识,需要父母对女孩从小放手,让孩子自己作决定,即父母给孩子制定一个基本的底线——认真生活不做坏事,然后放手让孩子去决定自己的人生,只是在非常有必要的时候才去帮孩子。

第一,让女孩自己去选择。

作为成年人,父母幸运地拥有大量选择机会,可以更好地控制自己的生活。而女孩,作为未成年人,也应该拥有选择的机会。

生活在一个存在多样化选择的时代里,女孩子必须能够作出有根据、负责任的决定。如果你的女儿了解自己的偏好,对自己的偏好充满信心,足以顶住外部的压力,并且能够全面考虑她作出的选择可能给自己及他人带来的后果,她就会作出更加正确的决定。与她一起生活和学习的成年人应该尽可能帮助她培养这些思考和反思的技能。

赵雨刚上小学二年级时，学校要举行全校性的纠正错别字竞赛，赵雨告诉妈妈："老师想让我参加纠正错别字竞赛。"

"这是件很好的事，你去报名了吗？"

"还没有。"

"为什么？是不是没有想好？"妈妈问。

"竞赛时台下会有很多人看，我有点害怕。"赵雨很激动，毕竟这是她第一次参加这种集体性的竞赛活动。

"要是参加竞赛的话，可以锻炼锻炼自己，不过这件事你还是自己决定，我只是告诉你我的想法。"妈妈鼓励道。

后来，赵雨自己决定参加这次全校范围内的纠正错别字竞赛。

女孩有自己独立的人生，让孩子自己作抉择，有助于强化她的自我意识，赵雨的妈妈是位家庭教育的有心人，她也是明智的。因为一个经常为自己的人生作决定的女孩，她的生命力是顽强的，尽管因为年轻，她会遇到一些挫折，但那些挫折最终和成就一起，让她感觉到自己的生命是丰富多彩的，"更重要的是，这是自己的"。

第二，尊重孩子的意愿。

做父母的应尊重女儿，把她当作家庭中平等的一员来对待，要尊重她在家庭中的地位，任何涉及女儿的事情，应尊重或听取女儿的意见。要尊重孩子的见解，甚至当你不同意时，也要以商量的口吻表示对孩子的尊重。如对话时，不要中断或反驳孩子；不要干涉孩子用自己喜欢的方式做事等。

第三，给孩子自己的小天地。

无论你的居住条件如何，都要给你的女儿一块属于自己的小天地、小角落。在这个角落里，可放置玩具架及小筐、纸盒等容器，每天给女儿一些自由支配的时间，让她自己作决定，自由地带小伙伴玩耍，自己取放玩具，做一些力所能及的劳动。这一点正是富养女孩的必要要求，女孩要富养，正是要给她一个安定和谐的生活环境，即使家庭条件不好，也要尽量满足孩子独立居住的要求。从生活上自主，也是让孩子自主的一个重要开始，给女孩独立的空间，有助于女孩独立地思考。

总之，只要不是原则性的问题或危险的事情，父母都可以放手让女孩自己作决定，而且要多提供机会，让孩子自己作决定，父母千万不要左右你的女儿，也不应该对孩子事先作出假设或者限制，要给女孩以单独思考、学习和玩耍的时间和机会，这样孩子才能成长为一个独立、有主见的女性。

女孩也要学会对自己的行为负责

责任感是人们对自己的言行带来的社会价值进行的自我判断，并从中产生情感体验。这种体验来自对自己行为后果的反馈，同时又激励、督促自己去履行一定的义务，以实现一定的行为目标。但谈到责任感，可能很多父母认为这是男孩应有的品质，其实不然，女孩也需要责任感，责任感是一个人安身立命的基础，女孩作为一个独立的生命个体，如果养成做事不负责任的习惯，就会更多地重视行为过程本身，而不太重视行为结果。因此，女孩也必须培养责任感，必须让女孩有对自己的行为结果负责的习惯。

然而，现实生活中，基于对富养女孩的错误认识，很多女孩的责任心被父母抹杀了。人都有一种积极向上的内在趋势。孩子幼儿阶段所表现出的各种主动尝试的愿望，正是一种责任心的萌芽。如孩子自己要求独立吃饭，试穿衣服，手脏了自己洗……父母应该密切关注她，鼓励她，而不是帮她去做。幼儿在尝试的过程中，培养责任意识能增强自信。那么，家长应该怎样培养女孩的责任意识呢？

第一，给女孩一些家庭劳动的任务，让她学会为集体承担责任。

当今社会，只有学会借用集体的力量，才能发挥自己最大的价值。

女孩也是家庭中的一员，应该从小培养她对这个集体承担责任，例如做一些力所能及的家务，这个家务可以是一件很小的事情，甚至只是在饭前把碗筷摆好。别看这些事情小，它能让孩子知道在这个家庭之中，每个人都有自己的作用，每个人都有自己角色。当孩子认真完成了自己的家庭任务时，应给予及时表扬，如果失职了，也应该批评和惩罚。只有这样，才能让孩子不以自我为中心，强化自己对他人的责任，对周围环境负责。

把女儿培养成一个有责任心、目中有人、能对自己的行为负责的人，就应该从小事做起，从让她自己洗手、自己吃饭、自己穿衣开始。

第二，激励孩子做正确的事。

因为年幼的女孩做事往往是凭兴趣，对她要求不明确，女孩便不会坚持下去，因此，要让孩子对某件事负责到底，必须清清楚楚地告诉她做事的要求。如把洗青菜的活儿承包给女儿，做好可以表扬她："我自己都没有做得那么好！向你学习！"要是孩子没有做好，也要告诉孩子："没洗干净的菜不能吃，否则，会吃坏了肚子的。"这样她才会知道，对自己的行为是要负责的。

有个10岁的小女孩负责为家里倒垃圾已经5年了。在她5岁时，突然对倒垃圾产生了兴趣，一听到收垃圾的铃声，就提着垃圾桶去倒。她的父母为了提高她参加家务劳动的积极性，培养她的责任感，就对她帮父母做事予以表扬，说她能干、勤快，还经常当着女孩的面在外人面前称赞她："干得不错！我们都应该向你学习！"这样激发了孩子主动倒垃圾的自豪感，并慢慢地形成了习惯，把这项劳动看成一种责任。

第三，放手让女孩自己处理自己的事情，父母不要事事包办。

燕燕的妈妈要求燕燕洗完澡后把换下来的衣服放进洗衣机，可8岁的燕燕却经常忘记。妈妈就让她用一个记事本记下洗澡后该做什么事，以便提醒自己。从此以后，燕燕还真记住了，而且还做得很好。妈妈就夸她说："燕燕，你做得比大人都好，妈妈也得向你学习。"现在，燕燕已不需要记事本提醒自己，她为自己的进步感到很自豪。

可见，当要孩子记住做某事时，与其大人经常提醒或给她贴备忘字条，还不如让孩子自己记下要做的事情，并及时鼓励孩子。那样孩子会为记得提醒自己而高兴，慢慢地也就学会了对自己的行为负责。只有学会对自己的事情负责的女孩，才能逐步发展为对家庭、对他人、对集体、对社会负责。

又比如，当你的女儿损坏了别人的玩具，一定要让孩子买了还给人家。也许对方会认为损坏的玩具不值多少钱，或认为小孩子损坏玩具是常有的事，或者因为其他某些原因而不好意思收下女儿的赔偿。但从培养女孩的责任感出发，还是要说服对方收下，这样可以让你的女儿知道，谁造成不良后果就该由谁负责，每个人的行为都是要付责任的。

第四，父母在家中要为孩子树立好的榜样，"言必行，行必果"，这样才能树立威信要求孩子负责任，才能让孩子有模仿对象。

女性是社会的半边天，培养女孩的责任心，让女孩对自己的行为负责，也是为了能让孩子在不断的锻炼中形成有主见的能力，毕竟，"吃一堑，长一智"，让女孩学会负责，慢慢的，她也就学会承担了。

每个孩子都需要发表意见的机会

当今社会，女性已经不用担心性别歧视，可以和男性平起平坐，可以畅所欲言地发表自己的见解和意见，女性在社会生活中的作用已经日益凸显。女孩自打出生时，就有要发表意见的要求，比如用手去触摸自己喜欢的东西，不喜欢有些长辈抱自己时，就大声地哭闹，对于此时女孩的这些行为，父母一一接受了，可是随着年龄的增长，父母为什么又把这种自主权压制了呢？这对孩子的成长是极为不利的。

其实，女孩要求发表意见、要求自主的意识是随着年龄的增长越来越强烈的，父母要给予孩子的是尊重，要多给她发表意见的机会，而不能压制。

冉冉是个很可爱的女孩，但父母惊异的是，这么小的女孩居然总是有自己的想法。冉冉说："我已6岁大了，不再需要别人告诉我该做什么、该怎么做，我想自己做主，决定一切事情。""妈妈要我上床睡觉时，可我不想睡，有一个好办法可以拖延时间，比如不断提出问题，妈妈没回答完，我就不睡觉。"冉冉希望自己控制睡觉前的活动，于是会选择性地要求妈妈讲故事、唱儿歌给她听、陪她在被窝里窝一会儿，或者再回答她一个问题等。

当妈妈满足其种种要求后，准备离开她的房间时，冉冉又会再提出"最后一个"问题。而这个"最后"的问题常常不止一个。于是，请自己可爱的女儿上床睡觉变成整个家中相当冗长的仪式。

冉冉的这种表现就是这个年龄段女孩要求自主的外在反映，是孩子要求父母接受自己意见的方式，随着年龄的增长，女孩能从环境中慢慢地体会到"权利"的存在，也相信自己有运用"手段"的能力，如利用提问题的方式规避睡觉。在这种情况下，她感觉到自己的权利受到了肯定，甚至感觉到父母对自己的重视和无奈，她反而会很开心。父母对女孩这种"自主"的要求，应该感到开心才对。要培养出一个有判断力、有责任感的孩子，前提是父母必须懂得权利的授予。所以说，孩子希望自己决定上床的时间，父母在可接受的范围之内，给予孩子一定的权利，这样才是双赢的做法。

具体说，父母应该注意以下几点：

第一，不要压制孩子的想法。

父母当然比女儿拥有更大的权利，甚至有权让女儿完全得不到任何权利，但这么做的后果是造就一个本性温柔但却没有主见、没有责任感而且脾气暴躁的女孩。

其实，疏导是比围堵更好的手段。而且，孩子拒绝父母要她做的事，不是要反对父母，只是想对自己的事有主导权。如果父母理解并尊重这一点，那么，对女孩的发展是有利的。

第二，支持孩子在小事上自己拿主意。

当冉冉几次不肯睡觉时，妈妈对她说："冉冉，我相信你一定能管好自己的，因为你明天7点要起床。所以，你自己会在9点前上床睡觉，我相信你会自己注意时间。"果然，冉冉听话多了。

其实，家长可以支持女孩自己管理自己，并提醒她界限何在。当孩子作选择时，她觉得自己的确享有主导权，这一点会令她开心。又或者可以问她："你想要先听故事呢？还是先换上睡衣？"两种选择都暗示她该睡觉了。

第三，父母要保持适当的权威。

许多家长也许在自己的孩童时期，所接受的教养方式是极端威权的，父母说一，他们绝不敢说二，所以，他们从未享受发表自己意见的权利。于是，他们把这种教育方式传达给了女儿。如果孩子所争取的是对她自己的自主权，而不是对父母的或其他人的管理权，那么她的要求就没什么不对。父母应将大人的权利保留在适当范围内，别将它过分延伸到孩子身上。但同时，也要让孩子尊重父母的权威。父母应尊重孩子的权利发展，同时坚持对孩子有利的一些原则。

比如，你的女儿选择了晚上8:45上床睡觉，但时间到了，她仍不肯上床，你这时要严格要求她："因为你今天答应的事情没有做到，所以明天你没有选择，一定要在8点半上床。"家长说出口的话，一定要严格执行。

女孩从襁褓时期对父母完全的依赖，到发展自我意识、建立自信、试验探索，终于长大成一个独立的女性，这都需要主见的培养，要想孩子有主见，父母可以遇事问她的看法和想法，不管是幼儿园的事还是家里发生的事，报纸上登的事，或者是路上看到的事，包括爱吃什么，爱穿什么，爱玩什么，都要问她原因，从日常这些小事中，学会让女孩独立地发表自己的意见，让女孩学会独立思考，慢慢的，女孩就形成了遇事靠自己的习惯，也就有了自主、独立的能力。

女孩要多参加社会实践

俗话说："生活即教育，社会是课堂。"富养女孩，并不是让女孩深居闺中，不谙世事，这样只会导致女孩依赖性强，没有主见，缺乏判断和自主的能力。只有让女孩融入实际的生活，才能发现生活中的美丑善恶，才能找到改善生活、改变社会的途径，才能成为一个有主见的女性。

其实，生活中并不是女孩们不能自主，而是很多家长不愿意放手。

芊芊今年6岁半，什么事情都依靠父母，甚至发展到做作业都要父母陪着，当别人问及她以后有什么理想的时候，她说："永远不长大！"这令别人很奇怪，但芊芊有自己的原因："不长大就可以永远和爸爸妈妈生活在一起，爸妈可以给我做好一切！"但在接下来的一个月，芊芊似乎变了。父母在北京最冷的一月底让她参加了一周滑雪拓展营，她是其中最小的营员。她生活自理，表现良好。回家后，早上主动穿衣洗脸，还把自己抽屉收拾整齐，慢慢地，芊芊慢慢地开始能自己学习，并能主动帮爸妈做一些力所能及的事情。

女孩毕竟也要和男孩一样，步入社会，参加社会实践活动以前的芊芊是令人担忧的，这样的女孩在生活中并不少见，但正如芊芊爸爸妈妈一样，如果试着大胆放手，家长或许会发现，用不了多久，那朵温室中的小花会像蝴蝶般破茧而出，并飞得潇洒而自在。

家长不妨鼓励你的女儿走出校门和家门，去参加一些亲近自然、融入生活、关注社会的实践活动。让女孩从小就融入鲜活的生活，主动发现的生活问题、社会现象，进行调查研究，寻求解决问题的方案，增强她们的独立意识和主见能力。通过一些社会实践活动，女孩们会变得敏感、活跃，能用一个孩子的眼睛主动寻找、发现生活中和社会上存在的问题、弊端、不合理之处，从而让她们形成许多有价值的研究问题，开启自己的智慧。现代社会，女性的自主意识已经成为决定女孩命运的重要因素，而社会实践活动正是充当了让女孩提前经历社会、历练自己的这一角色，拓宽女孩的视野，培养女孩的阅世能力，也是富养女孩的要求。

社会实践活动种类多样，包括：

(1)“手拉手”活动，能使生长在城市的女孩心系贫困山区，长知识，献爱心，受磨炼，效果好。

(2)“给祖辈买东西”。让孩子自筹经费10元或15元，给祖父或祖母买一种蔬菜、一种水果和一样日用品，然后送到祖辈手中，看买的东西是不是爷爷奶奶需要的。爱就意味着用心灵去体会别人最细微的精神需要。在买东西的时候学会讨价还价也是生活需要的本领。

(3)“卖晚报”。会不会推销也是难得的锻炼，如果把报卖完了，所得差价便是劳动的成果。

活动也是教育。教育女孩，的确有别于教育男孩，女孩需要富养，但一些社会实践是无论男孩和女孩都必须经历的，家庭教育中也不可能单纯通过讲解和说教就能教育出一个优秀的女孩。

那么，家长在让女孩参加社会实践活动的时候，哪些是需要注意的呢?

第一，要明白活动要达到什么目的，有没有吸引力。

孩子毕竟是孩子，尤其是幼年的女孩，可能对活动的趣味性更关注。再有意义的教育活动，如果没有趣味性，也很难达到良好的教育目的。

第二，防止走形式。孩子参加社会实践活动，是要达到教育的目的，不是走过场，要让女孩自己解决活动中遇到的困难。同时，在一些社会活动中，家长还可以让女孩自己筹划、联系和组织。这样孩子可以从中得到更多的锻炼、收获和乐趣。家长要鼓励孩子在社会实践中注意观察，学会提问，善于交往，动手动脑，勤做记录，这样收获会更大。

第三，社会实践的难度要适中，难度过大会让女孩有一种受挫感。毕竟，女孩是娇弱的，父母要以呵护为主，受挫只是生活中的插曲。女孩有了强烈的受挫感之后，很容易自暴自弃，这对于培养女孩的主见性反而起到了一个反面作用。

总之，家长在教育活动中，如果能经常注意调动孩子学习的主动性，多给予女孩参加社会实践的机会，就不仅让孩子增长了知识，而且能锻炼孩子做事和交往的能力。

第11章
富养的女孩性格女好：
让好性格带给女儿美好的未来

性格有社会评价意义，也就是说性格有好坏之分，它标志着一个人的为人方向。比如善良、勤奋是好的性格特征；虚伪、懒惰就是不良的性格特征。女孩最重要的莫过于拥有温柔贤惠的性格，当女孩长大成人，父母最欣慰的莫过于她积极健康、乐观向上，同时又很自信、自尊、自爱。而这些都需要父母的精心培育，需要“富养”。具有活泼、开朗、热情、乐观等良好性格的女孩，都生活在和谐融洽的家庭气氛中，都生活在父母的爱心呵护下，她们的父母家人之间关系正常良好。但父母塑造女孩良好的性格，要讲究教育方法和态度，女孩的性格就是父母教育和态度的“副产品”，孩子的性格发展如何，主要看家庭生活给她奠定了何种基础。正确的教育方式会让女孩恬静淡雅，好性格会让女孩幸福一生。

教会女孩做一个尊重自己爱护自己的人

女性最珍贵的就是拥有温柔的性格,但温柔并不代表放弃自尊,尤其是在婚恋问题上。有人格、尊严,是一个人最基本的品格,同时也是一个女孩应该恪守的人生信条。

人们都说女性是最尊重自己的人格尊严的,尤其是中国的女性。据有关资料显示,在我国全部女性犯罪中,90%左右是十几岁的女孩。人们不禁要问,这些女孩为什么会犯罪呢?她们的人格尊严到哪里去了呢?女性的自尊、自爱就这样被轻易地抛掉了吗?当然,探究其原因是多方面的,其中一个重要的原因就是因为她们涉世不深,意志薄弱,没有足够的力量抵御来自社会上的诱惑,大部分是上当受骗的……可家庭教育的缺失,正是导致这一社会现象产生的重要原因。

女孩需要富养,就是为了让女孩在未来社会中能拨开迷雾,洞悉周围的人和事,从而能自尊自爱,但这种美好的性格是需要从小培养的,并不能一蹴而就。家长要明白的是,无论男孩女孩,恋爱是人生的必经阶段,女孩适时地恋爱,找到一个称心、理想的爱人,可能会成为她生活、事业的动力。但是,如果过早地谈恋爱,就可能会成为她前进的阻力,甚至会酿成苦酒,葬送青春。因此,教育女孩学会自尊自爱,父母义不容辞。

那么,父母应该怎样让女孩认识到自尊自爱的必要性并且让女儿学会自尊自爱呢?最重要的就是让女孩正确认识和处理友谊与爱情的关系。

友谊和爱情是两个既相联系又有区别的概念。友谊是人们之间建立在共同利益、相互理解和相互信任基础上的一种高级情感。爱情则是一对男女基于一定的客观物质基础和共同的生活理想,在各自内心形成的最真挚的仰慕,并渴望对方成为自己终身伴侣的一种强烈、稳定、专一的感情。

友谊和爱情是有联系的,但是,友谊和爱情又有着本质的区别:

(1)情感不同。友谊是同志或朋友之间的深情厚谊,它不具有异性之间的吸引,因而它表现在情感上带有平和、深沉的色彩。爱情则是一对男女的相互之爱，并渴望对方成为自己的终身伴侣，它在友情的基础上，加上了异性的吸引，表现在情感上就较为炽热、奔放、激情。

（2）对象不同。友谊是广泛的交往，友谊通四海，朋友遍天下。爱情则是在一对男女之间发生的。友谊之花可以向一切至诚奉献，爱情却如一颗美丽的明珠不可分为两半。

（3）稳定性不同。友谊可能是暂时的，它会因环境的改变、工作的调动、思想认识的分歧等，随时可能发生变化；而爱情关系一旦确立以后，则要经得起时间的延续，空间的分离，患难与共，白头偕老。

（4）承担的义务不同。在友谊关系中，主要承担道德义务，朋友间要真诚、热情、互助、讲原则；而爱情在缔结婚约前承担道德义务，在婚后除了承担道德义务外，还要承担家庭和法律的义务，并受法律的保护。

那么，很多家长会产生另外一个疑问：作为家长，应该怎样让女儿与异性交往呢？

（1）让女儿和异性接触时，以集体和小组活动为主，尽量避免过于频繁的个体接触。

（2）提高警惕，若女孩单独与异性接触，要使女孩处于受保护和开放的环境中。

（3）让女儿明白，要珍惜少男少女的纯洁友谊。

（4）教女孩学会择友慎重，交往适度。

（5）鼓励女孩与异性交往，但应把握活动内容的有益、健康，避免庸俗、低级的内容。

（6）理智、情感与行为的高度统一。当女孩萌生初恋的倾向时，要让女孩理智地解决问题，此时，不妨用伟大女性——居里夫人的事例告诉女孩学习的重要性。

居里夫人中学毕业后为了挣钱到巴黎去上大学，就到乡村一个有钱人家当家庭教师。这家的大儿子卞西密尔爱上了她，她也爱上了这位漂亮的大学生。俩人陶醉在初恋的甜蜜之中，并计划结婚。当时的她还不满19岁。由于卞西密尔的父母坚决反对，卞西密尔的决心动摇了。她内心十分痛苦，曾有过“向世界告别的念头”。但是，突然的打击拨开了热情的迷雾，她终于意识到，由于自己的年轻，这场恋爱完全是感情占了主导地位，自己还不懂得怎样选择自己的终身伴侣，也没有学会从本质上认识人。她看到了自己和对方在性格上的差异,原来热恋的对象并不像自己想象的那样可爱。终于,理智和意志使她摆脱了个人的苦恼,保持并坚定了向科学进军的生活目标。后来,她到巴黎求学,在追求科学的共同工作和生活中,找到了自己理想的伴侣皮埃尔·居里,他们共同为人类作出了贡献,也得到了幸福。

对于成长期的女孩来说,对异性产生好感是情理之中的事,但稍有不慎,就可能把它理解为是梦想中的爱情,作为女孩的父母,要注意女孩的思想动向,及时地对女孩加以引导,使其思想步入正轨。

女孩天性阴柔,在以往社会被认为是弱者,但随着时代的发展,女性早已和男性平等地站在一起,但女性必须自尊自爱,从小拥有一个不卑不亢的性格,而作为父母,更需要用富养的方法教会女孩保护自己,好性格会伴随女孩掌握自己的命运,拥有幸福健康的一生!

女孩应该永远保持善良的本质

女孩天生比男孩更善良,更富有同情心,更容易对周遭发生的不公正事情产生情绪,可以说,善良是女孩天生的性格。但生活中,许多父母往往对孩子进行一些特殊的教育,例如:“社会如何尔虞我诈。”“人与人之间如何钩心斗角。”“别人打你,你也打他,打不过就咬。”“咱们宁可赔钱,也不能吃亏。”这是现在很多父母在教育女儿时经常说的话。也许父母的本意没有错,即告诫女孩学会保护自己,小心上当,可是这些父母都忽视了对女孩进行善良教育。特别是孩子们的母亲,应用自己的爱,从小培养女孩博爱、同情、宽容等品德。

一个健康的女孩就好比一棵树,必须以善良为根,正直为干,丰富的情感为蓬勃的枝丫,这样才能结出美丽善良的果子。女孩善良的情感及修养是人道精神的核心,必须在童年时细心培养,否则难有效果。

陈宇是个很懂事、很善良的女孩,而她善良的性格,是从很小的时候爸爸就开始教育的,爸爸常常给小陈宇讲故事、讲历史。小陈宇至今保存着两块珍爱的徽章,一块上面写着博爱,一块上面写着天下为公,她常常将它们别在胸前,那是小时候爸爸送给她的,爸爸希望她长大成为一个爱自己的国家、爱自己的民族、有社会责任感的人。他告诉陈宇，人不能光为自己活着，要像孙中山先生等志士仁人一样，以天下为己任。

上学后的陈宇，在学校里乐于助人是出了名的。只要班上有请病假的同学，不管晚上放学多迟，天气多恶劣，陈宇都要去同学家帮助他（她）将落下的功课补上。但有一次，陈宇自己病了，却没有一个同学主动来看她，这使善良的陈宇非常伤心，父亲最懂女儿的心思，他严肃地抓起陈宇的手告诉她：咱们不应计较别人对你的回报，我们不是为了得到而付出，而是为了让这社会更美好。

陈宇的爸爸说，陈宇和所有的孩子一样，原先只是一张白纸，她的好品质是一点一滴积累而成的，父亲只是起了个启发熏陶的作用。

的确，女孩的善良是从小形成的，女孩这一张白纸需要父母用心去描绘，那么，家长该怎样让女孩从小保持一颗善良的心呢？

第一，父母之间相互爱护。这能让女孩感受到家庭之爱，从小生活在这种环境中，会让女孩有一种积极、温暖的心态，父母之间的一言一行都影响着孩子的态度。从父母恩爱、彼此尊重的家庭里走出来的女孩，更懂得去爱别人，她们对家人温和亲爱，对外人也谦让有礼。

第二，父母要从自身做起，要富有同情心和爱心。这样才能把善良的根植入孩子的心中。涓涓之水，汇成江海，爱的殿堂靠一沙一石来构建。自小给予女孩同情心和怜悯的情感，是在她身上培植善良之心、仁爱之情。孩子最初的同情心和怜悯心是成人同情心和怜悯心的反映。所以，父母同情别人的困难、痛苦的言行会深深打动孩子心灵，感染和唤起孩子对别人的关心。

比如，在公共汽车上，家长对女儿说："你看，那个阿姨抱着小弟弟多累呀，我们让她们坐到这里来吧。"邻居老人生病，家长带着女孩去探望问候，帮老人做事。新闻报道有人缺钱做手术，生命垂危，家长带孩子去捐款，献上一份爱心……经常看到大人是怎么同情、关心、帮助他人的，对于培养孩子善良品质是最好不过的了。平时让女孩把自己的痛苦状态时的感受与别人在同样的情境下的体验加以对比，体会别人的心情，可以使孩子学会理解别人，学会移情。例如：看到小朋友摔倒了，家长启发女儿："想想你摔倒时，是不是很疼？小朋友一定很难受，快去扶起他，帮他擦擦脸。"某地发生灾情，家长可引导孩子："那里的小朋友没有饭吃，很饿，没有衣服穿，冷极了，你想想，如果你也在那里，会怎么样？我们去捐点衣服、食品送给灾区的人吧！”……

父母对周围人应表现出真挚的同情，并帮助我们身边正遭受痛苦和不幸的人。父母还应以自己的善良感染和陶冶孩子，在孩子的心中撒播善良的种子。要热忱支持孩子的献爱心活动。

第三，父母要学会关爱你的女儿。父母先学会关爱孩子，才能让孩子关爱别人。可以有以下几种办法：

(1)随时关心你女儿的成长和身心发展的状况与需要。

(2)尊重孩子的个性，维护她的自尊与荣誉感。

(3)给予女儿的种种帮助与作为，必须具有正面的意义。

(4)确实了解孩子以后，才给予正确的引导与协助。

(5)无论多忙，一定要抽出时间跟孩子谈天，建立亲密的感情。

总之，家长，在平时生活中关注孩子，培养孩子的善心，那仁慈博大的爱心就会在女孩心头扎下根，并会随着女孩的成长而不断扩展和升腾。女孩就会有一颗仁爱之心，从而爱父母、爱朋友、爱家乡、爱祖国！

多给女孩鼓励和欣赏，让她更加自信

每个人都渴望得到他人的肯定和欣赏，大人都是如此，成长中的女孩更是如此。富养女孩，就是要给女孩足够的自信，让女孩拥有积极健康的性格。成长中的女孩一般比男孩更加敏感，很多时候，她们更在意周围人对自己的印象，她们对自己的评价主要来自外界对自己的评价，如果外界对她的评价主要是积极的，那么女孩对自己的评价也会是积极的；如果外界对她的评价主要是消极的，那么女孩对自己的评价也会是消极的。因此，作为家长，对于女儿，千万不要吝惜你的表扬和赞赏，孩子哪怕是有一点点的进步，也应该及时给予肯定和表扬。因为多给女儿一些欣赏，她便会多一份自信。

可是，生活中，经常有家长全然不顾自己女儿的感受，当着外人的面这样评价自己的女儿：“你看你女儿学习成绩多好啊，你看我女儿，总考六七十分，真让人着急……”而她的女儿刚开始还扯妈妈的衣服，不让她说，后来好像都无所谓了。女孩脸皮薄，父母如果常常对女孩进行消极的评价，孩子慢慢也对自己产生了消极的评价，那就是“我不如别人”。随之，女孩也会对自己产生消极的心理暗示，那就是，我就是差，我好不了。她一旦把自己做了这样一个定位，那她就会真的变成一个自卑的孩子，家长再怎么批评，再怎么着急，恐怕她也不会再改变了。

因此，作为家长，一定要注意自己对女儿的评价，即便孩子考试考差了，或者孩子存在这样那样的问题，也不要轻易指责她或对女儿作一些“定性”的评价，家长要做的是帮助她找到问题存在的原因，然后和她一起想办法改善目前的状况。最好的做法是学会欣赏孩子，找到女儿的闪光点和突破口，用这个闪光点来激励孩子，改变不足。如果放过孩子的一个优点，也许就放过了一次孩子进步、成功的机会。

美国有一个家庭，母亲是俄罗斯人，她不懂英语，根本看不懂女儿的作业，可是每次女儿把作业拿回来让她看，她都说：“棒极了！”然后小心翼翼地挂在客厅的墙壁上。客人来了，她总要很自豪地炫耀：“瞧，我女儿写得多棒！”其实女儿写得并不好，可客人见主人这么说，便连连点头附和：“不错，不错，真是不错！”女儿受到鼓励，心想：“我明天还要比今天写得更好！”于是，她的作业一天比一天写得好，学习成绩一天比一天提高，后来终于成为一名优秀学生。

在挫折教育大行其道的今天，学会欣赏孩子，给予孩子自信，也是必要的，女孩美好的性格是父母一手塑造出来的。父母要知道，你为她喝彩，她会给你一个又一个惊喜；你说她不如别人，她会用行动证明她真的很笨。

女孩更需要悉心的呵护和父母的关爱，作为家长，如果能够对你的女儿多一些欣赏的语言，孩子便会朝着你欣赏的方向去发展；相反，如果你总是打击孩子，比如说“你英语怎么总是这么差啊”这类的话，那么孩子并不会因为你这么说从此英语会变得好起来，相反，你的语言让孩子觉得，她的英语就是这么差，而且是理所当然地就这么差。

有位妈妈这样讲述自己教育女儿的过程：“女儿刚开始对写作文感到很头痛，经常不知道要怎么写，有时需要我跟她一起想，写完需要我帮她修改。尽管有时改动会比较多，但我仍然告诉女儿，文章写得不错。而且我会告诉她，这篇文章比上篇文章有进步了，现在的文章比以前写得好了，现在妈妈改得少多了,基本上自己就能写得比较通顺了,等等。我想我对女儿的这些积极的心理暗示会有用的。果然,女儿现在的作文真的比以前好了,而且自己也知道用一些好词了。女儿自己有时也会自信地问我:‘妈妈,我现在的作文是不是比以前写得好多了啊?’我的回答当然是肯定的,我相信女儿还会不断地进步。”

可见,父母学会欣赏女孩,对女孩进行积极的心理暗示,有助于提高她的自信。“自信源于成功的暗示,恐惧源于失败的暗示。”因此,作为家长,要多给孩子一些成功的暗示,而不要把失败挂在嘴边。萧伯纳有句名言:“有自信的人,可以化渺小为伟大,化平庸为神奇。”歌德也说:“最真诚的慷慨就是欣赏。”在女孩的性格形成过程中,鼓励、表扬的积极作用要远远大于压制与批评。富养女孩,并不是物质上的绝对满足,很多家长应该把对女孩经济上、物质上的慷慨转换一下,慷慨表扬、慷慨赞美,满足女儿在心理上的需求,从而激发孩子上进的内在动力。自信心会让她形成一种积极的性格,这如同是一双翅膀,能让她飞得更高、更快,如果没有这对翅膀,她或许会永远在地面上徘徊不前,永远都看不到前方那亮丽的风景线。如果你希望孩子飞起来,就多多地欣赏孩子,给孩子以自信吧!

让女孩学会不比较、不嫉妒

嫉妒心是在自己不如别人优越而有了失落感时才会产生的。嫉妒心是对某些方面超越自己的人的一种嫉恨,是对无意或有意竞争者的一种仇恨心。一般来说,一个人并不对所有的人产生嫉妒,只是嫉妒比自己强的人,每当与这些比自己强的人在一起时,嫉妒就会产生,内心就会产生一种痛苦的刺激,从而造成情绪上的抵触和对立,最后把这种变态情绪发泄到对方身上。

在女性中,嫉妒心理是普遍存在的。对于成长期的女孩,可能引起她嫉妒的内容是多种多样的。如别人突出的学习成绩,优越的家庭条件,漂亮的容貌、服饰、打扮等,都可能引起女孩的嫉妒。过于强烈的嫉妒心,轻则影响女孩的学习生活,重则影响女孩良好性格的形成,这种不正当的心理防卫势必成为女孩前进路上的重大障碍。父母需要用正确的情感基调来看待女孩的嫉妒心，并用适当的方法引导，别让嫉妒心污染女孩的心灵。

第一，父母需要帮助女儿认识到嫉妒的危害，不做损人害己的蠢事。要让女儿明白，一个女孩最重要的就是拥有良好的性格，家长不妨把嫉妒的危害一条条列给她看。

(1)对己来说，嫉妒憎恨别人又无法启齿，只会让自己在痛苦中煎熬。

(2)对别人来说，被嫉妒者往往因挫折反而勇敢进取更显优秀。嫉妒无损他人而折磨自己。

(3)嫉妒是丑陋的。从近处说它破坏友谊，集体中互相学习互相帮助，共同进步的正气多么令人愉快，而嫉妒者不顾同学之情、朋友之谊，为发泄憎恨而干损人不利己的蠢事，结果只能被集体嘲笑和孤立。从远处说，一旦道德堕落，干出伤天害理之事，还将受到社会谴责、法律惩处。

第二，告诉女儿：胸怀开阔些，目光放远些，嫉妒就无处藏"心"。

有位妈妈这样讲述自己的教女经验："小时候女儿常说：'我比她画得好，为什么不能去比赛''她有芭比娃娃我没有'，这是典型的嫉妒语言。上学后，因为有更多机会和同伴比较，嫉妒也变得更明显。我认为嫉妒的根源是自私，只想自己，不为他人或集体考虑。症结是胸襟狭窄，容不得他人好。因此，我让女儿躲开嫉妒毒果，是从帮她改正自私开始的，道理很简单，谁不想成功，谁不为自己的成功和优秀而高兴？而人都有长处和短处，怎么可能你一人处处都长，他人处处都短呢？说到底，矫正嫉妒心理，就是抑制以自我为中心的奢欲。我的教育是有效的，有次班上成绩最好的同学考试忘记带笔，女儿把笔借她。事后女儿说："帮助别人、为别人的优秀而高兴，是很愉悦的。"确实，女儿的开朗大度赢得了伙伴的友情，是班里最有亲和力的人。我想，孩子有了开阔的胸怀，就能将目光放远，如此嫉妒还能伤害她吗？"

第三，接纳孩子的情感，帮助孩子从嫉妒中解脱出来。面对女孩的嫉妒，首先不能言辞激烈地去指责她、批评她，而应该耐心听她对这种感觉的描述。因为，这时孩子最需要有人聆听她的倾诉并能理解她和体谅她。孩子的嫉妒心随时会冒出来，作为父母，不可能去消灭它，但可以通过接纳和理解，然后运用智慧，让这种情绪转化为激发潜能的动力。

第四，父母的爱和榜样是化解嫉妒的良药。

富养女孩，就要给女孩足够的爱，家长要不吝惜对女儿的鼓励和称赞，让女孩有安全感和幸福感。这样女孩就不容易被别人的好运所打动，不会沉浸在对别人的艳羡之中，反而会自信地发展自己的优势。更重要的是父母的爱，还能让孩子拥有难能可贵的品格——大度和热情，而大度和热情是对嫉妒最好的抵抗剂。

此外，父母要把握女儿的嫉妒心，更要把握好自己可能流露的嫉妒心，当邻居搬了新居、同事得到晋级等，我们也会情不自禁地产生嫉妒，这时，避免在孩子面前流露出自卑或对他人的讽刺、攻击是至关重要的。

第五，帮助孩子建立自信，化嫉妒为进取。女孩之间的嫉妒心往往存在同龄的女孩之间，父母一定要用适当的方法让女孩把嫉妒变成自己奋斗的动力，这对女孩获得友谊和性格的形成都是至关重要的。

父母不妨和你的女儿制订计划，一方面虚心学习，和被嫉妒的女孩探讨学习方式，争取赶上对方；另一方面扬长避短，发扬自己的长处，比如女孩数学基础扎实，家长就要让她继续努力，取得让人羡慕的成绩。

一个从小对人怨恨、嫉妒的女孩是不可能真心待人的，更不可能拥有女孩天生善解人意的性格，她只会把自己的缺陷归咎于人，而不是努力地改进自己的不足。

做一个有勇气、敢作为的女孩

虽说身为女人，最重要的性格便是温柔、善良、贤淑、善解人意，但女孩也需要刚强、宁折不弯，随着社会的进步，女性地位的提高，越来越多的女性渴望在事业上有所成就，希望可以和男性平等地参加社会竞争，发挥自己的能力和价值。而对于女孩来说，适当的干练、勇气和敢作为是必需的，太过阴柔正是很多女孩性格的不足。

女性的一生伴随着很多角色的转化，从家庭来说，女孩从女儿到妻子儿媳，然后再到母亲祖母……生命在延续，角色就不断更新，这是人生的规律。从社会角色来说，女人可以是老师，可以是企业家，可以是思想家，可以是演员……总之，女孩也可以有作为。而女孩是否有勇气去追求，和父母的教育方式有关，女孩需要富养，不能按照世俗陈规引导孩子走入“女性化”的道路。当然更不能批评那些不太“女性化”的孩子，说她们太争强好胜，太喧哗吵闹。很多儿童心理学家认为，我们应当允许小女孩保持她们的本性，允许她们表达全部的情绪，而不是压制那些不太为人们所接受的方面。女孩刚强的性格也必须培养，允许小女孩保持本性和表达情绪，是激发女孩潜质的基础，那么，家长该怎么做呢？

第一，鼓励女孩玩活跃的游戏。

在合理的范围内，积极地鼓励女孩去做她们想做的事情，包括激烈活跃的游戏。她们想把自己弄得乱糟糟的，或者她们想扮成挎着枪的牛仔，就随她们去吧。如果我们老是对女儿说，你不能这样，你不该那样，那么孩子长大以后，就会变得胆小怕事、不自信。一个缺少自信的孩子，又怎能激发自身的潜质，成就未来呢？

值得一提的是，攀爬、蹦跳、奔跑可以刺激发展孩子的协调能力，没有理由说女孩不可以玩这类激烈活跃的游戏。当然，游戏中安全必须是第一位的，引导技巧也很重要。如果她想从第五级往下跳，父母不妨对她说第五级有点高，可以先从第三级试试，最好不跟她说她不能。因为，父母对她做这些体育活动的能力的信心就是她建立自信心的源泉。

第二，认同女孩的性别特征。

父母鼓励她玩活跃游戏，并不意味着否定她的女性行为特征，相反我们并不反对她是一个女孩。如果小女孩喜欢跟洋娃娃玩，喜欢穿粉红色的衣服，是个乖乖女，父母也绝不能轻视她女性化的趣味。鼓励她喜欢自己是个小女孩，和她一起打扮，会使她感觉做女性的美好。父母可以告诉她她很美，如她有一头很漂亮的头发。当然，最重要的是让她明白，作为一个女人能做什么，这样等她长大了就会有健康的观念。

第三，激发女孩潜质的六大技巧：

(1)鼓励她拥有许多不同的玩伴，包括男孩和女孩。

(2)鼓励她挑选家中没有的玩具，以激发她的兴趣。

(3)鼓励她参加体育游戏，克服害羞、恐惧。如果她从体育游戏里逃走，也不要强行推她去参加，可以牵着她的手鼓励她。

(4)孩子都需要身体接触，确保她能从你那里得到足够的亲吻和拥抱。

(5)陪她一起做女孩气的事，如花一下午的时间来做化妆游戏，给她做头发,也让她给你做头发。

(6)允许她玩男孩的玩具,如球类和带轮子的玩具。

第四,让女孩敢作为的最重要的一点,就是让她从小树立自己的理想。女孩要有所作为,必须有努力的目标,而这个目标必须适合女孩的兴趣、爱好,要让女孩自己作决定。不管她选择做什么,父母都要鼓励她享受她所选择的。这样,无论是芭蕾还是足球,相信她都会是成功的。

富养女孩,就是让女孩能刚柔相济,既拥有女孩的阴柔,又能有勇气去敢作敢为,能作为一个独立的社会人,发挥自己的价值,这一性格的培养需要父母从小开始,尊重女儿、认同女儿,让女儿能在父母的理解和尊重下长大。

女孩也要做到“言必信,行必果”

守信是优良品德,更是做人的前提,而失信是不道德的行为。守信,会使人对你产生敬意,也因之会使人愿意公平地与你合作。一个言而无信的人,是没有人愿意和他合作的。

当今社会,合作的重要性已经日益凸显,女孩也即将作为一个社会女性追求自己的事业,而这过程中,就必须要学会与人合作。与人合作,守信是第一大原则。因此,作为父母,要想女儿在未来社会中能站住脚,就必须把女儿培养成一个“言必行,行必果”的人。

宋庆龄的母亲叫倪桂芝,浙江余姚人。早年毕业于上海培文女子高等学堂,后在一所教会学校教书,爱好文学和钢琴。她是一位贤淑而且有教养的女性,同时又接受了西方文化的熏陶。

一个星期天,宋耀如准备带着全家去朋友家做客,孩子们大都穿好了礼服就要出发了,只有宋庆龄仍在钢琴前弹奏着那动听的旋律。

母亲喊道:“孩子们快走吧,伯伯正等着我们呢!”听到妈妈的喊声,宋庆龄立即合上琴盖,跑出房间,拉着妈妈的手就走,刚迈出大门,突然又停住了脚步。“怎么了?”一旁的宋耀如看到宋庆龄停住了脚步,不解地问道。“今天我不能去伯伯家了!”庆龄有些着急地说。“为什么不能去,孩子?”倪桂芝望着女儿说。“妈妈，爸爸，我昨天答应小珍，今天她来我家，我教她叠花。”庆龄说。“我原以为有什么非常重要的事情呢，这好办，以后再教她吧！”父亲说完，拉着庆龄的手就走。“不行！不行！小珍来了会扑空的，那多不好呀！”庆龄边说边把手从父亲的大手里抽回来。“那也不要紧呀！回来后你就到小珍家去解释一下，并表示歉意。明天再教她叠花不也可以吗？”妈妈说。“不！妈妈，您不是常说要信守诺言，我答应了别人的事，怎么可以随意改变呢？”宋庆龄不停地摇着头说。“我明白了，我们的小庆龄是一个守信用的孩子，不能自食其言是吗？”妈妈望着庆龄笑了笑，接着说：“好吧，那就让我们的小庆龄留下吧！”宋耀如夫妇放心不下家中的小庆龄，在客人家吃过中午饭，就提前匆匆地回到家中。一进门，宋耀如高声喊道：“亲爱的小庆龄，你的朋友小珍呢？”宋庆龄回答说：“小珍没有来，可能是她临时有什么急事吧！”“没有来，那我的小庆龄一个人在家该多寂寞呀！”倪桂芝心疼地对女儿说。“不，小珍没有来，家中虽然只有我一个人，但是我仍然很快活，因为我信守了诺言。”宋庆龄说道。听了小庆龄的话，宋耀如夫妇满意地点了点头。

父母缔造了女孩的生命，同时也是女孩性格和品质的塑造者，宋庆龄是中华儿女敬佩的女性，她的人格魅力可以说正是她的父母从小培养得来的。

父母一定要教育女儿对别人要讲信用，负责任，答应别人的事要兑现；如果经过再三努力仍没有做到，应诚恳地说明原因，表示歉意。教育孩子答应别人之前，要慎重考虑有没有能力和把握做到，应留下有余地，不要大包大揽。父母培养女孩守信的性格和习惯可从以下几方面着手：

第一，要让女儿增加一点责任感。

父母要让女儿明白，做人做事一定要“言必信，行必果”，要做到讲信义，就必须加强做人的责任感。

第二，教育女儿对他人作出的承诺要三思而后行，要考虑到它的可行性。

要从小教导她，一旦许下诺言，就一定要努力实现，即使需要付出一定的代价。的确是非人力所能为的，就一定要放下面子，及时诚恳地向对方说明实际情况，请求谅解。

第三，要让女儿避免受功利的诱惑。

这正是富养女孩的要义之一。狡诈、欺骗他人是不讲信义的表现，而受功利的诱惑则是导致人产生狡诈、欺骗行为的最主要原因。家长要教育女儿,一定要注意自己的行为不受功利的诱惑,不要太实用主义,不要因蝇头小利去算计他人,不要只看到自己鼻子下的一点事,眼光要放远一点。只有这样人才能变得诚实,才能谈得上信义二字。

守不守信用,讲不讲信义,是一个女孩同时也是一个人具不具备良好人品的表现,而它的形成不是随随便便的,而是在生活实践中慢慢形成的。百尺之台,始于垒土。为此,一定要注意从小事做起,从一点一滴做起。当你的女儿从小就形成一种一撒谎骗人就会在内心感到耻辱、不安、难为情的习惯时,她就会成为一个守信用、讲信义的人。

第12章 富养的女孩更自爱：让你的女儿学会好好保护自己

女孩就如同一朵含苞待放的花骨朵，惊艳无比但又极其娇弱，像一件易碎的艺术品，必须好好呵护。外面的世界纷繁复杂，女孩随时都有可能受到外界的伤害，基于这一点，父母必须教会女孩学会保护自己，让女孩树立自我保护的意识，毕竟父母不可能保护女孩一生，未来的路还需要女孩自己去走。让女儿练就一身自我保护本领，就是让女儿拥有了黄金甲，未来的路女儿也能自己坚强、勇敢地走。

教会孩子做一个不受欲望控制的女孩

当今社会，充斥了很多金钱、物质带来的诱惑，女孩要想在这纷繁复杂的社会中找准自己的位置，不为诱惑所俘虏，就必须学会克制住自己的欲望，这是保护自己的一种很好的方式，欲望是一条毒蛇，一不小心，你就被它咬住，只有不靠近它，才能幸免于难。同时，女孩是否能克制住自己的欲望，是其人生和事业成败的重要因素之一。如果女孩没有控制欲望的能力，就是在日常生活中也会出现很多问题。

但现实生活中，很多父母认为，富养女孩就是要给女孩最好的物质条件，满足孩子的一切要求，这样女孩才会在保护下长大，才不会被别人的小恩小惠收买。乍一看，这是有道理的，但家长忽略的是，女孩最终是要自己面临社会的，不可能一辈子在父母的庇护下长大，唯有从精神上富养女孩，让女孩拥有饱满的人格和一身保护自己的本领，才是真正地保护孩子，这其中，就包括控制女孩的欲望，从小不给女孩太多要求的机会，她自然就明白，天上不可能掉馅饼，只能靠自己努力，才能拥有自己想要的。

父母要明白，你的爱心只能慢慢滋养女儿的欲望，一次次的满足会让你的女儿的欲望沟壑越来越深、越来越宽，父母的爱和关注把孩子变得越来越贪心。这些女孩一旦离开了家庭的圈子，受打击、遭挫折就成了家常便饭，她们事事都不顺心，觉得好像人人都有意跟她们过不去，对女孩的身心会产生不良影响，她们又不能主动自觉地对自己的心理状态进行调整，总是与周围的人和事处于一种对峙状态，时间长了，就很可能酿成心理疾病，如忧郁、偏执、狂躁等。

法国教育家卢梭在《爱弥儿》一书中对已为父母的人说："你知道用什么办法准能使你的孩子得到痛苦吗？这个方法就是：百依百顺。因为有种种满足他欲望的便利条件，所以其欲望将无止境地增加。结果是你迟早有一天因为无能为力而表示拒绝，但是，由于他平素没有受到过你的拒绝，突然碰了这颗钉子，将比得不到他所希望的东西还感到痛苦。"

的确，现在的女孩都是家里的小公主，根本就不缺吃的、不少玩的，可见到自己没有的或想要的东西就得立刻拿到手、吃到嘴，脾气一个比一个急，想法也是一个接着一个地往外冒；而人们日渐鼓起来的腰包和快节奏的、近似快餐式的生活方式也唆使他们无条件地满足家中唯一宝贝的愿望。然而，面对父母的有求必应、百依百顺，孩子的头脑中逐渐形成了这样一个思维定式：我要什么马上就能有什么。

所以，为了让女孩学会控制自己的欲望，学会靠自己的双手和劳动来创造幸福生活，学会在未来社会中拒绝诱惑，家长要从小引导女孩，不要总是满足你的女儿。

第一，让女孩学会期待。

很多东西，家长应该满足女孩，但不要有求必应，可以适当地延迟给予，这样她就能在期待中等待并能获得满足，表面看来，让孩子晚一天吃到她想要的蛋糕、想喝的果汁，迟一个星期得到她渴望的玩具熊或电动小火车是些微不足道的小事，但却和孩子性格养成的大事直接挂钩。习惯了在期待中获得满足的孩子，能学会主动控制自己的情绪，不会为自己的要求被拒绝或暂时被拒绝而“大动干戈”，也更稳重，将来也能抵挡得住眼前小利的诱惑，权衡怎样做能使自己获得更大的好处，并能有意识地调节和支配自己。

第二，点滴琐事当帮手。

生活小事铸就女孩的高素质，使之在日积月累中慢慢懂得还有比自己的要求更重要、更紧急的事情，学会善解人意，习惯于等待。比如，她要求和妈妈一起拼图，此时妈妈可以和孩子商量：“我有个重要电话要打，等打完电话再跟你玩好不好？”如果孩子不肯，你可以先肯定孩子：“要是把重要的事耽误了，妈妈会着急的，你是懂事的女儿，你愿意让妈妈着急吗？”“不愿意。”“那你就等妈妈一会儿，好吗？”孩子一般会答应的。而如果她将玩具散落一地又提出到外面玩，你可以答应她的请求，但前提是让她把玩具放回原处。

面对诱惑控制自己，是女孩必须掌握的本领之一。

周周看到冰箱里的冰淇淋，嚷嚷着要吃，但此时她正咳嗽、嗓子疼。妈妈就跟她解释：“你现在正病着，吃了嗓子就说不出话来了，等过几天好了给你吃。”“我就吃一点点。”“吃一点你的嗓子也会比现在厉害，还得吃更多的药，等好了再吃，现在可以给你吃一个蛋筒。”这样，周周会权衡利弊，选择吃一个蛋筒。

周周妈妈就是在理性地教育女儿，这是正确的，小女孩往往对自己的要求只是感性上的，并不知道它的利害关系，家长帮助孩子认识到这一点，她就会慢慢地了解什么是该要求的，什么不可以要求。

第三，经常从精神上鼓励你的女孩，肯定她。

让女儿习惯并平静地接受欲望被拒绝，离不开鼓励，因为孩子控制自己的情绪时非常痛苦，当年幼的女孩努力按照成人的要求“刷新”了自己以往的纪录，父母一定要肯定她，给予精神的小奖励，让她觉得自己的努力没有白费，是值得的，从而获得精神上的支撑。

富养女孩，教会女孩如何保护自己，是一项长期而艰巨的任务，需要父母的耐心，从小让你的女儿不要有太多的欲望，让孩子在未来社会中抵挡住欲望，是每个家长的责任，学会拒绝诱惑，也是女孩必备的本领。

教会女孩与异性保持安全的相处距离

由于性别差异，女孩在与异性交往的过程中，更容易受伤害，这也正是很多父母担心的，很多父母对这一话题也比较敏感，甚至对女儿的一言一行都过分恐慌，以为杜绝女孩与异性的交往活动，就能保护女孩，其实，这是错误的，只要女孩学会保护自己，懂得在与异性交往的过程中要保持安全距离，和异性交往，能促进异性之间的互补，对女孩的成长是有好处的。对于女儿的异性交往，在孩子成长的任何阶段，都需要父母正确的引导。

女孩，尤其是青春期女孩，由于生理的原因，正处于情感的敏感期，对异性充满着神秘感，并不懂得什么是真正的爱情，在与异性的交往过程中，也不会有意识地保护自己，很容易走入情感的误区，遭受身心的伤害。父母充当着保护女孩的责任，但保护女孩，也不能杜绝女孩和异性的交往，和异性交往是正常的，切忌给正当异性交往的女孩贴标签，用“早恋”或硬手段来对待你的女儿，纯洁的友谊被错认了，往往会给孩子美好的青春生活留下人为的伤害和遗憾。富养女孩，做好每一阶段的异性交往引导，才能给女孩创造一个静静花开的过程。

那么，父母如何让女孩和异性之间保持安全距离？

第一，让女孩明白什么是真正的爱情。

很多女孩对爱缺乏一些认知，加上电视媒体的作用，以及父母在这些方面没有引导，认为只要男生与女生一起就是爱情，正因为不了解才倍觉神秘。我们可以发现，经常在一些十几岁的女孩之间传播着某个女生爱上了某个男生，这种现象只要出一例，就会传播得厉害。作为父母，应该这样引导你的女儿——爱情是世界上最美好的一种感情，是每个人都十分向往的，拥有爱情就会拥有许多力量，甚至是超常的力量，为对方着想，甚至不惜奉献自己的生命。不妨给女儿讲下面两个真实的爱情故事：

这个故事发生在美洲，当时汽车抛锚，汽车外的狮子目光眈眈地看着他们，而且如果到晚间温差会很大，他们会被冻死在车里，此时丈夫为了救妻子跳下车向远处跑去，妻子趁狮子追丈夫的时间给车加了油，把车发动起来，妻子得救了，她的生命是建立在丈夫牺牲之上获得的，这就是真正的爱情。

第二个故事的主人公也是一对夫妻，丈夫得了癌症，只能吃流食，妻子为了丈夫能获得更多的营养，每买来有营养的东西做好，总是为丈夫嚼碎，几十年如一日，她满口的牙齿都掉光了。正因此，丈夫的病奇迹般地好了，这便是爱情的力量。

对孩子经常进行一些正面的爱情教育，她就会对爱情有个新的认识，引导孩子认识真正的爱情，能同时发展孩子友情，孩子之间的交往便会更亲密更愉快。

第二，要认识到青春期女孩向往异性交往，是孩子身心发育的必然。

异性交往，是培养女孩正确的性别角色和健康性心理的必修课。随着女孩年龄的增长，她们的情感愈加丰富，情绪容易起伏波动，主要是由于思春心理出现，表现在注重自我形象，有强烈的自我表现欲望，渴求得到异性伙伴的肯定与接纳。

因此，父母要关注你的女儿，应经常询问孩子对周围异性伙伴的印象如何，以了解孩子的情感倾向和所思所想。同时，父母可讲讲自己的青春期异性交往经历与故事，让女孩说出自己的看法。最好避免用早恋这样的字眼，因为这一时期女孩与异性交往大多只是出于一种朦胧的爱慕心理。

正常的异性交往不仅有利于孩子的学习进步，而且也有利于个性的全面发展。一般来讲，女生更具细腻、温柔、严谨、韧性等特点，而男生往往比较刚强、勇敢、不畏艰难、更具独立性，而女孩与异性的正常交往可以促使双方互补，对他们的性格发展和智力发育都有益处。如果能正确对待并妥善处理异性间的交往，不仅可以让孩子顺利度过青春期，还可以起到学习上互助、情感上互慰、个性上互补、活动中互激的作用，对自我的发展是十分有益的。

第三，告诉女孩，青春期是学习自律的关键期，成功的异性交往取决于自觉遵守规则。

青春期女孩与异性交往有许多益处，家长应支持。而对孩子最大的支持，是制订交往的规则，提醒孩子学会自律。遵守交通规则可避免车祸；遵循异性交往的规则，则能够避免各种烦恼、危机、事故、犯罪等，使孩子顺利度过青春期。

父母可以与女孩共同讨论媒体报道的案例或某些电视剧的情节，发表各自的看法，增强孩子自我控制的意志力。在异性交往中善于自我控制，可有效避免许多不必要的麻烦和被性侵害的不良后果。另外，自控能力是建立在正确的知识观念基础之上的。家长还应该开诚布公与女孩讨论与异性交往有关的问题，不必有什么禁忌，凡是孩子感兴趣的话题，都可以摆到桌面上进行讨论和争论，必要时还可以查阅书刊或请教专家。

第四，教导女儿学会抗拒诱惑，明辨是非，正确选择自己的成长道路。

社会环境复杂多变，女孩在异性交往中也会面对形形色色的人和事，如果缺乏分辨力，或是被表面现象迷惑，就可能被社会上负面的东西欺骗或侵蚀。怎么办？一方面，父母在对待婚姻家庭、异性交往的态度行为上应该为孩子做出榜样；另一方面，要对孩子信息透明，不要以为孩子看到、听到的都是正面的东西，就不会出问题，关键还是引导女孩学会自主地选择，要有能力自我保护。

“父母是孩子的第一任老师”，鼓励女孩发挥出自己积极主动的力量，把精力用于学习生活中，从而来展示自己的优秀。同时引导孩子们与人交往，把握住安全距离，离得太近或太远都会给人一种不舒服的感受，从而教女孩学会及时地调整异性交往的问题。其实，女孩进入青春期渴望与异性交往，是其身心健康发展的重要标志。教会女孩学会与异性和睦相处，是对未来婚姻家庭的准备，也是对未来事业发展和社会人际关系适应的必要准备。

让女孩知道如何维护自己的正当利益

在女孩的眼里，世界是以关系为主的，更注重关系的女孩常常会放弃自己的正当利益，正因如此，女孩才更容易受到伤害。因此，在女孩小的时候，父母就应向她们灌输这样一种的思想：能够体谅他人是你的美德，但你一定要学会爱自己。

8岁的小贝很在乎别人对她的评价。在一次考试时，坐在她前面的同学向她借橡皮，小贝只有一块橡皮，但她也毫不犹豫地借给了同学。可同学用完橡皮后竟忘了还给她，由于她胆子很小，考试时不敢说话，所以她没敢和同学要。结果这次考试她答得乱七八糟，考得很糟。

当妈妈问她考得不好的原因时，她竟委屈地说："都怪我当时没有橡皮。"

妈妈奇怪地问："你不是有橡皮吗？"

这时，小贝才把考试时同学跟她借橡皮的事情告诉妈妈。

妈妈听后，细心地跟她说："能够热心地帮助别人，说明你是个善良的孩子。但你有没有想到，把橡皮借给同学之后，你再用橡皮怎么办，这会不会影响你的考试成绩？"

"但如果我不借，同学会说我小气的。"

"妈妈并不是让你不借给别人东西，只是想告诉你，别人的评论重要，但自己的正当利益更重要。"

听了妈妈的这些话，小贝似懂非懂地点了点头。

女孩的父母们不要小看这小小的借橡皮事件，如果女儿一直都不懂得维护自己的正当利益，长大之后，她就会在一味满足别人的需求中失去"自我"。现在一些失去"自我"的家庭主妇不就是这样吗？为了孩子、老公而放弃了自己的工作、忘记了充实自己，结果却落得个老公弃她而去，甚至连孩子也嫌弃她。因此，不想女儿失去"自我"的家长，在女儿小的时候就要告诉她：要维护自己的正当利益，要学会爱自己。

当今社会，女孩要和男孩一样参加激烈的社会竞争，一味地忍让，只会把唾手可得的机会让给别人，这样的女孩又怎能出类拔萃、脱颖而出呢？而更为严重的是，长时期的忍让会使得孩子总是陷于低落的情绪，对于女孩的身心发展也是不利的。

“我的孩子也总是退缩。不只是她手里的玩具，甚至在公共场合的物品，比如体育器材，如果有其他人或小朋友要用，她会退缩。开始我只是担心她胆小，还没有想太多。后来通过听一些课程和看书，知道了小孩子的东西被抢走，其实她的小心灵会受到创伤，她如果不能与抢东西的人直接冲突发生争执，她就压抑了被抢东西的负性情绪，这种负性情绪如果不能及时释放出来，积累下去就成了心理问题——这恐怕才是最可怕的后果。可是，我该怎么办呢？”

“昨天，我去接婷婷放学。宝贝一出来，就扑到我怀里，很委屈地说：‘妈妈，×××把我的鞋子拽坏了。’要知道那双凉鞋是我刚买的，婷婷很喜欢的。一下子被弄坏了，婷婷心里肯定会伤心的。我就询问原因，原来是在午睡时，被同学恶搞的。婷婷还自信地告诉我：‘我已经告诉老师了，老师已经批评他了。’听了此事后，我很想去找老师。待我冷静下来想了想，难道为了这点事，再去和老师交流，只要老师清楚事情缘由，我也不必小题大做。于是，我蹲下来用温柔的口气对宝贝说：‘没事的，下次你要学会保护好自己的东西，不要让别人再破坏你的东西了。’婷婷对我点点头。其实，我知道婷婷是很脆弱的，不懂得去还击别人。这一点，做妈妈的我很失职。就像这类的事，已经是第二次了，以后再发生此事，我该怎么做呢？”

这两位妈妈遇到的情况恐怕也是很多女孩的父母遇到的，当然，当你的小公主的权益被侵犯时，作为父母，应该保护孩子，要及时地鼓励你的女儿：如果你不喜欢他这样对你，请你直接告诉他，要大声对他说：我不愿意把这个玩具给你玩，请还给我。另外，也要注意教育女孩关于规则和礼貌以及与人分享——但与人分享是在规则和礼貌的条件下的，而不是利益在被侵占的情况下。你与我有礼貌地商量，则我愿意与你分享；你与我分享，则我也与你分享。现在的社会已经不是以一味的忍让为美德的时代了，孩子们需要竞争，也需要懂得社会规则，让女孩懂得这些规则，才能让她在未来社会的竞争中立于不败之地。

教给女孩应对陌生人的方法

作为成人，我们都深感到社会越来越复杂，人生越来越艰辛，未成年的孩子，尤其是女孩，天生娇弱，更面临许多不可预料的复杂局面。父母和老师可以为女孩创设尽量安全舒适的生活环境，却不能一生都围在她的身边。离开父母和家庭，女儿能不能很好地独立生活，能不能识别社会上一些不利于成长的因素，这是所有负责任的父母必须考虑的问题。女孩自我保护的训练必须从小时候开始，学会应对陌生人是孩子自我成长的最重要的一步。

圆圆在户外独自玩耍，一个陌生人走过来说："小朋友长得真可爱，叔叔抱你去看小猴。"圆圆不愿意去，这位叔叔又说："你爸爸和我是好朋友，他在公园门口等我们，让我抱你和他一起去看小猴。"圆圆点点头。正当陌生人要抱圆圆时，妈妈在楼上从窗户中探出头来喊："圆圆，快回家吃饭了。"听到妈妈的叫声，陌生人赶紧走开了。圆圆跑回家告诉妈妈这件事时，妈妈非常吃惊地说："圆圆，你差点上当受骗了，好险啊！"圆圆不解地问："这是怎么回事啊？"

社会上诱骗拐卖女孩的犯罪现象时有发生，罪犯得逞的原因之一，就是女孩缺乏必要的自我保护能力，这些女孩往往被陌生人的一些小小的诱惑或者恩惠所骗取。这就告诫父母，富养女孩，一定要教会她学会自我保护，认真培养女孩的自我保护意识和能力。我们建议，父母可以从以下几个方面培养孩子应对陌生人的能力。

第一，告诉女孩，不要轻信别人。

女孩的单纯和幼稚往往是某些人利用的工具，如"我是你爸爸的朋友""我是你妈妈的同事"等，这样一说，孩子就容易把对爸爸妈妈的那种信任转移到陌生人身上，轻易地听从别人的话。告诉孩子，无论在家里还是在外边，遇见自称爸爸妈妈同事或朋友的人，只要父母不在身边，告诉他们自己不认识他们，然后离开，不要再理他们，也不要听他们的解释，因为孩子的思维永远比不上成人的思维水平。

第二，谢绝陌生人的礼物。

小女孩多数对诱人的食物、漂亮的玩具和其他新奇的事物，如新鲜的游戏项目等感兴趣,缺乏自制力的女孩很容易就会被诱惑。让她明白,无论多么诱人的东西,只要不是自己的,不经过爸爸妈妈同意,就不能接受;让她明白,陌生人不会无缘无故地送给自己东西,自己也不能随便接受别人的礼物。有时对孩子来说,拒绝诱惑是很艰难的。家长应富养女孩,平时应扩展女儿的知识面,尽量多地让孩子接受周围事物,见得多了,孩子也就不再大惊小怪了,再加上爸爸妈妈的嘱托,一般情况下,孩子会在一定程度上拒绝诱惑。如果孩子尚不能理解其中的道理,那就教会孩子简单而坚决地说"不,我不要"!

第三,拒绝陌生人的请求。

为了取得小女孩的信任,有些心怀不轨的人往往想尽办法让女孩上钩。有人向孩子"求救",等孩子相信自己后再进一步行动。要告诉孩子,有陌生人请求帮助的时候,让他们去找大人、去找警察。这不是禁止助人为乐的行为,不是推卸责任,而是为孩子自身安全再提供一层保障。

第四,强化女孩的情境应变能力。

在紧急状况下,孩子不可能记住只告诉他们一遍的事情。教会孩子应对陌生人的安全规则,是强化孩子情境应变能力的重要手段。而教会孩子这一原则的有效方法是通过做"要是……该……"的游戏,让孩子通过独立的思考对潜在有害的情境作出防护反应。例如:"雨下得很大,要是有陌生人邀请你搭他的车回家,你该怎么办?""要是陌生人叫你的名字,并说你爷爷受伤了,由他来学校接你回家,你该怎么办?""要是在放学回家的路上有人跟着你,你该怎么办?"

另外,家长还可以用故事的形式教女儿学习故事中人物的勇敢、沉着、机智的精神和本领。如《狼和小羊》的故事中小羊识破老狼假面孔的经过,会给孩子很大的启发。父母可以和孩子一起模拟某些特定情境:

(爸爸戴上墨镜扮演陌生人,妈妈扮演邻居阿姨,小孩假装独自在家。)

陌生人:"快开门!"

孩子:"你是谁呀?"

陌生人:"查煤气的。"

孩子:"我爸爸倒垃圾去了,他马上就回来,你稍等一下。"

陌生人:"赶快开门,我查完煤气还有许多别的事!"

孩子:"邻居的阿姨在家,你先查她家的。"(大声地)"马阿姨——有人查煤气——”

陌生人：(慌慌张张地走了。)

邻居阿姨：(开门出来)“这肯定不是查煤气的！是个骗子！”

这些假设是让你的女儿知道，在某些情境下有些陌生人不是好人。从中她还会知道，当陌生人朝自己走来或感到危险逼近自己时应当怎么办。这种信息增强了女孩自我防护的意识，同时也使她们在日常生活中遇到许多没有危害的陌生人时不必感到恐惧。

我们倡导互助友爱、互相信任的人际环境，然而，年幼的女孩尚不具备分辨能力，不能做足够的自我防卫，一旦有任何危险，她是必然的受害者，要想女孩平安地生活和成长，学会怀疑、学会拒绝，这是应对陌生人必需的几项素质，对孩子来说是必要的。

告诉女儿，不沉迷网恋不让自己受伤害

在如今这高科技时代，网络成为许多人生活中不可缺少的部分，甚至网恋也在逐渐蔓延，虚幻的情感使得许多女孩为之神魂颠倒。也许正是虚幻的美丽，给大家一个想象的空间，也给了网恋一个极大的市场。但毕竟网恋有的只是情感上、精神上的沟通，真正现实中的许多问题在网络上根本无法体现出来，这并不完全可靠，网络的虚拟与现实中的真正接触还存在着一定的差距。网络上即使有爱，也必须在现实中才能得到发展，否则不过是空中楼阁、海市蜃楼。青春期衔接着女孩的童年和青年，是人生的岔路口，是长身体、学知识、立志向的重要时期，失败的网恋会让女孩有一种说不出的痛，因此，家长一定要对此引起重视，别让你的女儿成为网恋的牺牲品。

出于对女儿的爱，很多父母现在每天的首要任务就是监督女儿的上网情况，不能超时，不能视频，不能和陌生人聊天，不能……不能……，你的女儿能顺服于众多的不能吗？更有些女孩不服从父母的管教，半夜跑到网吧上网。这种现象在生活中并不少见，而这种结果的出现，正是父母错误的管教导致的，对网恋中的女孩，“堵”不是办法，因势利导才是上策。

陈静的妈妈最近总是往学校跑，究竟是什么问题让她如此着急。通过

了解，原来是女儿最近与外地的一个男孩联系过频，经常短信或者网络联系，都影响学习了，在家很少与父母沟通，朋友也不多，陈静出现这种情况，让妈妈措手不及，不知道该怎么面对，与孩子交流了好多，一些利弊关系也重申不少，但就是对孩子不起作用，孩子究竟怎么了？

陈静的父母都在上班，每天忙于工作，早起晚归，很少有时间陪孩子，即使是与孩子照面，多是说教，讲道理，要孩子该做些，不该做些什么。用陈静妈妈的话说，孩子从小就在身边，对孩子给予很高的期望，按自己的计划在培养，但不知道为什么，孩子越来越难以理解和接受，有时还与父母顶撞，作为父母究竟该怎么与孩子相处呢？

家长发现女儿网恋的担心是自然的，作为家长，要分析一下孩子陷入网恋的原因，从心理上看，这是孩子家庭情感缺失的一种体现。作为家长，可以试着从以下几个环节入手：

（1）假装不知情，以某种正当理由限定女孩的上网时间和次数。

（2）生活上给女孩更多的关爱，增强家庭成员之间的情感交流，使女儿体会到家庭浓浓的亲情和爱意。这也是富养女孩的重要要求。

（3）关注女儿的日常学习生活，帮助她养成良好的生活、学习习惯。孩子旺盛的精力都被利用了起来，自然就没有闲工夫再沉迷于“网恋”了。对成绩不好的孩子多鼓励，赏识孩子作出的一切努力，不要一味地批评，把孩子“逼”到网络世界中寻找虚拟的快乐。

（4）多带女儿参加户外活动，让孩子充分体会到现实世界的美好。同时，鼓励孩子多参加学校集体活动，孩子见识到更多、更优秀的同龄人，自然就不会盲目沉迷于“网恋”了。

（5）要培养女孩广泛的兴趣爱好。凡是网恋的孩子，一般经常沉迷网络，精神世界空虚，没什么兴趣爱好。因此，父母可通过读书看报、唱歌跳舞、绘画、种花草、家庭旅游等，培养孩子多方面的兴趣爱好，充实女孩的精神世界。

（6）要重视与女孩平等地交流与沟通。父母不能只关心女儿的学习与生活，更要关心孩子的思想，经常听听孩子的心里话；要针对青春期孩子易冲动的特点，帮助孩子学会分辨现实与虚拟，使之不受网恋虚拟情感的诱惑。

（7）要与老师保持经常联系，掌握孩子在校的全面情况，一旦发现女儿有什么异常，就要及时与孩子沟通，多去理解和关注孩子的成长。

女孩网恋不是问题，其实，换个角度想，作为家长是否可以因此欣慰：因为这表明孩子真的长大了，情感有了新的需求。最重要的是我们作为家长如何面对和接受，如何去引导女儿健康发展，抽时间多陪陪女儿，能够真正创造一个温馨欢快的家庭环境，让孩子能够真正融入家庭，能够与父母敞开心扉。平时也要关注女孩，了解孩子的思想情感动向。如果网恋影响到了学习，家长要选择恰当的时机，和孩子进行朋友似的交谈，说明网恋的危害，一定要把握好语言、方式，切忌伤害孩子稚嫩脆弱的情感，造成孩子逆反和抵触心理，或者给女孩的成长留下阴影。女孩就像透明美丽的易碎品，家长一定要轻拿轻放，要能够放下架子，真正走进女儿的心灵。

教会女孩理解生命的真正意义与价值所在

作为女孩的父母，都希望把最好的给女儿，希望女儿能出类拔萃，希望女儿快乐、幸福……但很多父母忽视的是，怎样才能从根本上让女孩明白生命的意义，怎样认识生与死，帮助女孩认识这一问题，才是真正地富养女孩，女孩也才能追寻生命最初的个人价值，对于生命中的任何事都能以坦然的心态面对。

父母要让女孩明白，如果说生命有意义，应该是指相对的意义，是创造意义而不是寻找意义。小的范围来说，我们报答了父母，养育了子女，愉悦了他人；大的范围，我们可能帮助过一些人，为社会作出贡献，从而载入史册。

有个失恋的女孩，在公园里因为不甘而哭泣，甚至吵着要自杀。

一个哲学家笑道："你不过是损失了一个不爱你的人，而他损失的是一个爱他的人，他的损失比你大，你恨他做什么？不甘心的人应该是他呀。"

哲学家的说法是正确的，人生的悲苦与喜乐，都是一念之间的事，看似复杂的事情，换个角度看会变得简单。死也并不可怕，关键是生比死更能带来意义，更有价值，人生就是人的生存，一切为了生存（达尔文语），更好的生存。人最根本的本性不是善与恶，而是追求快乐，回避痛苦。

人生大抵就是这样，而人们的人生观或许千差万别，这和人们的经历、品性有关。当让女孩认识生死之后，剩下的事情，就是应该如何去做。家长还应告诫女孩的是：

第一，要现实，不要任性，任性是很多女孩的缺点，她们总是在真空中思考虚设的问题，家长要告诉女儿，目前面临的最迫切问题是就业和生存，学好本领才是硬道理，这需要踏踏实实地下功夫。

第二，要自制。当女孩还小的时候，吃不到糖果会哭闹，长大了得不到爱情就苦恼。一个有完整人格的人，都是有一定的自制力的，父母要想女孩成就她完整的人生，就不能任其发展，放任自流。

第三，对一部分自卑的女孩，要她们勇敢一点。父母要告诉女孩，人们生而平等，不要顾忌别人的脸色而委屈了自己，无论你多么想把事情处理好。给自己过多的压力并不是好事，也并不能解决问题，要冷静沉着，可以循序渐进，但不能自暴自弃。

第四，惰性是与生俱来的习惯，但绝不是好习惯。改变习惯要从行动开始。

第五，不要遇难而退，要知道为之则难者亦易矣，这不仅应用于大目标，更实际的意义是能助你走出眼前的困境，并走得更远。

第六，不要问别人幸福是什么，你的快乐和痛苦自己清楚。

第七，从做好眼前的事情开始。不要以为思想压倒一切，多懂一些道理固然好，但是人的精力有限，行动其实更重要。

第八，要懂得知足者常乐，你我皆凡人，肯定有很多事情不会尽如人意，要懂得不懈地追求，也要懂得珍惜地对待。

第九，做人，更多时候得靠自己。

生活中，有很多女孩选择利用自己的青春和形象生存，我们姑且不去评价这种行为，但至少这种行为没有实现自己的社会意义和价值，而这些女孩，可以说，根本就没有了解怎样才会让生命充实。

第十，做人，何妨放手一搏。

生活中，很多女孩都有这样一些感想，等我考上大学，我要成为一个电影明星；等我老了，就要去环游世界；等我退休，就要去做想做的事情；等我不用学习了，我就可以轻松了。这些充满幻想的女孩，都误以为自己有无限的时间与精力。家长应该告诉你的女儿，其实可以一步一步靠近梦想，不必等有空时再接近它，如果现在就能一步一步靠近梦想与理想，就不会活了半生，却成为自己理想中最不想变成的那种人。

一个人最重要的就是生命，这是毋庸置疑的，女孩只有对生死有了理性的认识，才能珍惜生命，从而保护自己，更进而在自己有限的生命里发挥自己最大的价值，而这些都需要父母的教导，都需要父母的富养，富养的女孩更能明白生命的价值与意义。

多给女孩仁爱传授一些自我保护的知识

身心尚未成熟、社会经验不足的女孩，在面对侵害行为、自然灾害和意外伤害时，往往因处于被动地位而受到侵害。父母永远是女儿的保护伞，但不能随时随地地呵护女孩，而教给女孩自我保护的本领的前提是，必须要提高女儿的自我保护意识。这样面对一些突发的事故和侵害时，女孩才会积极争取社会、学校和家庭等方面的保护；当这些保护不能及时到位的时候，女孩也会尽自己所能，用智慧和法律保护她们的合法权益。

其实，女孩的自我防护意识本身就很薄弱，在遇到一些紧急情况时往往手忙脚乱，不知所措。为提高女孩的自我保护意识，杜绝发生不应有的安全事件，让她们健康快乐地成长，家长必须从小给女孩灌输自我保护的思想。

父母要告诫女孩注意以下几点，从而增强自我保护意识：

第一，怎样防止别人的非礼。

青春期的女孩在社会上往往会成为坏人进行违法犯罪活动的对象，很容易被一些非法之徒侵害。因此，更需要引起高度警惕，有效地保护自己。遇到有人试图非礼的时候，千万不能胆怯、畏惧，要理直气壮、义正词严地斥责他们，在气势上把他们镇住、吓跑；或者摆脱他们，返回学校求助老师。对个别动手动脚的非礼行为，要大声喊叫，求助路人，借助群众的力量，制止坏人继续作恶。

另外，女孩不要轻易去下列这些地方：

(1)住人较少的学生宿舍。

(2)狭窄幽静、灯光昏暗的胡同和地下通道。

(3)无人管理的公共厕所、高楼内的电梯、无人使用的空屋。

(4)夜晚的电影院、歌厅、舞厅、游戏厅、台球厅等。

(5)公共交通车辆上,在人多拥挤、起步、停车、急刹车时。

(6)在搭乘的陌生车辆上。

第二,怎样摆脱坏人跟踪。

作为女孩,当一个人走在回家的路上,偶然间无意回头,发现有人时隐时现总跟在后边,而当你注意他时,他却不自然地躲开;你走他也走,你停他也停,这表明你被坏人跟踪了。面对这种情况,父母要告诉女孩这样做:

(1)不能惊慌失措,要镇静。

(2)迅速观察环境,看清道路情况,哪儿畅通,哪儿不通;哪儿人多,哪儿人少。

(3)立即甩开坏人。方法就是跑开,向附近的单位跑,向有行人、有人群的地方跑。如果是夜晚,哪处灯光明亮,就往哪跑。如果附近有居民家,往居民家里跑求救也可以。

(4)可以正面相视,厉声喝问:“你要干什么?”用自己的正气把对方吓倒、吓跑;如果对方不逃,可大声呼喊,引来行人;如果坏人不跑,那么你就要立即作出反应,自己跑开。

(5)如果被坏人动手缠住,除了高声喊,要奋起反抗击打其要害部位,或抓打面部;如果身上或身边有什么东西可用,就用什么东西,制止坏人接触自己的身体、侵害自己。平时,还有这样几方面要加以注意。①放学回家出外活动时,尽最大可能创造条件结伴而行,减少单人行走机会。②不在行人稀少或照明差的地方走、游玩。如果时间晚了,要设法通知家人去接你。③尽可能不向外人宣传自己的家庭情况,以防坏人听到后,了解你的行动规律。④切忌不可冒险,不可存有侥幸心理。不要老用“没事儿”来安慰自己。另外,女同学穿着打扮要落落大方,不要穿过于“露”“透”的衣服,不要让坏人以为你是轻浮之人。

第三,关于自身财务方面的保护。

很多女孩粗心大意,再加上遇到危险时胆小懦弱,很容易发生财务被盗窃甚至抢劫的现象,家长要告诫一些可能被盗窃或者抢劫财产的情况,让女孩有意识地保护自己的财产。

保护女孩免遭残害最直接、最有效的是家庭防范。许多女孩身心的伤害，绝大多数是女孩子丧失警惕和自护能力，家庭对幼女缺乏教育和保护而发生的。保护女孩免受伤害，是每个父母的责任，当女孩还小的时候，就应该让女孩懂得一些自我保护的知识，让其在生活中有意识地保护自己，这样女孩生活的安全系数就高多了。

告诉女孩该如何保护自己的身体

对于女孩来说，最重要的莫过于一个干净健康的身体，富养女孩，就是要让女孩在一个安全的环境下长大，不让女孩受到任何身体上的伤害，但生活中，女孩也会遭受性侵害。据调查，在强奸案中，侵害对象主要是25岁以下的女性，而14岁以下的幼女亦占相当比例，所以教育孩子注意保护自己的身体已刻不容缓。

已总结出来的女孩被强暴原因大概有以下几种：

第一种，年轻女孩，涉世未深，单纯可爱，容易被坏人欺骗和钻空子。

第二种，虚荣心强，穿着暴露，导致一般人羡慕，但也会导致坏人的关注。

第三种，女孩主动和异性交往，在不快和争吵里，容易陷入被动。

第四种，女孩陷入早恋的泥潭中，男生的性观念比较开放，女孩为了维护感情，不得不迁就男生。

第五种，同网友约会，容易发生强暴案件。

蒙蒙刚上高二，看着一些同学都交了男朋友，无人追求的她选择了网恋，她在网上认识了一个叫“真心爱你”的男孩，在相识了2个月以后，两人选择在一家电影院见面，当蒙蒙见到“真心爱你”的时候，完全被他帅气的外表迷住了。可是，接下来发生的事情让蒙蒙一辈子都无法忘记，蒙蒙被他带到一家宾馆，蒙蒙还没来得及反抗，就被强奸了，出于羞耻心，蒙蒙一直不敢说，惶惶不可终日，成绩也一落千丈。

这是很典型的女孩遭到身体伤害的案例，女孩不懂得保护自己，带来的不仅仅是身体的伤害，还有心灵的创伤，甚至会带来一辈子的阴影。

综上所述，女孩遭受身体侵害的情况是很多的，应该教加强自我保护的意识,也要提高自我修养,不随波逐流。

为此,家长必须让女孩明白以下一些自我保护的忠告:

第一,让孩子明白什么是性侵犯和受到性侵犯怎么办,使孩子懂得,自己的身体任何人都无权抚摸或伤害,受到侵犯应向信赖的成年人和警察求助。

第二,晚上女孩外出时,应结伴而行。衣着不可过露,不要过于打扮,切忌轻浮张扬。尤其是年幼女孩外出,家长一定要接送。

第三,女孩外出要注意周围的动静,不要和陌生人搭腔,如有人盯梢或纠缠,尽快向大庭广众之处靠近,必要时可呼叫。

第四,女孩外出,随时与家长联系,未得家长许可,不可在别人家夜宿。

第五,应该避免单独和男子在家里或是宁静、封闭的环境中会面,尤其是到男子的家里去。在外不可随便享用陌生人给的饮料或食品,谨防有麻醉药物。拒绝男士提供的色情影视录像和书刊图片,预防其图谋不轨。

第六,独自在家,注意关门,拒绝陌生人进屋。对自称是服务维修的人员,也告知他等家长回来再说。

第七,晚上单独在家睡觉,如果觉得屋里有响声,发觉有陌生人进入室内,不要束手无策,更不要钻到被窝里蒙着头,应果断开灯尖叫求救。

第八,受到了性侵害,要尽快告诉家长或报警,切不可害羞、胆怯而延误时间丧失证据,让疑犯逍遥法外。

第九,必须具备一些防卫能力:

(1)超前的防范意识。未成年少女体力有限,社会经验较少,不要轻信陌生人的许诺。对熟悉的男性也应保持交往距离,掌握活动的合适地点和方式。

(2)冷静的分析能力。

(3)灵敏的反应能力。万一遇到坏人,应立即报案。

(4)顽强的忍耐能力。要想达到自我保护和防卫成功的目的,必须具备顽强的忍耐能力,绝不能由于肉体、精神受到伤害而失去反抗的信心。如果女孩子具有极强的忍受严重伤害和痛苦的能力,就会给犯罪人精神上造成巨大压力,行为上造成诸多障碍,使犯罪目的难以得逞。

(5)顽强的防卫能力。呼救是所有女孩子都会做的,放开喉咙尖叫,一是表示反抗,二是呼吁救助。万一陷入困境时,应竭尽全力还击歹徒。自己的头、肩、肘、手、胯、膝、脚都可以成为攻击的武器。要设法击中歹徒的身体要害，如踢他小腹会使其疼痛难忍，放弃自己罪恶的行径。也可以不失时机地咬他。

未成年女孩如含苞欲放的花蕾，最容易成为坏人攻击的对象，所以必须有强烈的自我防卫意识。而这一点必须由父母的教育才能获得，让女孩从小认同自己的性别，并有意识地保护自己的身体，这样女孩的身体安全才有保障，才会在一个健康祥和的环境中成长。

第13章 富养的女孩更快乐：让女儿没有烦恼地度过青春期

对于每个女孩来说，生命都是美丽的，青春只有一次，生活却有诸多的烦恼、困惑与心酸。每个父母都希望自己女儿的青春在洒脱、快乐、自信里游弋穿梭，都希望女儿的青春一路绿灯，安全行驶，都希望女儿的青春简单、美丽、纯洁，从而让青春成为女孩流连忘返的记忆，而不是成为永远不想去翻阅的历史残痕。富养女孩，就是要让女儿的青春过得更快乐，更坦然。青春期的女孩更需要父母的呵护，这关系到女孩审美原则、生命价值等各个方面的塑造，让女孩健康、快乐地度过青春期，女孩的人生才会更加灿烂、光明。

父母要理解青春期女孩的特殊心理

随着年龄的增长和身体的发育,女孩开始慢慢进入青春发育期,逐渐出现第二性征,女孩进入青春期的第一个信息是乳房的发育,12 岁半左右第一次初潮。进入青春期,女孩们就会面临月经的来临。虽然距离成年还有一段旅途,但是初潮也就预示着女孩从一个可爱的小姑娘已出落成了一个美丽的少女。生命是美丽的,生活却有诸多的烦恼、困惑与心酸。父母是女孩生命的缔造者,还是女孩心灵的港湾,理解女孩青春期的独特心理,才能保护女孩快乐、幸福地度过青春期,才能让女孩对自己从生理、心理、情感、意识、人格、自尊等有一个认真细致的认识与了解。

青春期女孩开始关注自己的身体的变化,开始对异性产生好感,开始有了情感的烦恼,开始想打扮自己,这些父母都应该理解,这是每个女孩青春期的特殊心理,同时,它又是正常的,这表明,你的女儿已经长大了,只有理解她,才能帮助她解决青春期带来的烦恼。

父母要在以下几个方面理解并教育你的女儿:

第一,在身体变化上。很多青春期女孩无法接受来临的青春期,比如月经,父母要随时观察女儿的情绪变化,让女儿明白:当有一天阳光透过窗棂柔媚地洒了一地的清晨,而床单嫣然浸染了梅花般的血迹,不要恐慌,不要紧张,更不要害羞,那可是造物主送给女人们最神奇的礼物,是身为女性的一种自豪与骄傲。父母的告诫会让女孩能以一种平和的心态面对一些青春期的生理问题,坦然地面对而不是惶恐。

第二,审美的原则。爱美之心人皆有之,尤其是即将成年的女孩,谁不希望自己是天上掉下的林妹妹、嫦娥姐姐,父母给了女孩生命,给了女孩们容颜,可以挑剔,却无从改变。脸上的痘痘点点日渐增多,真是长在脸上急在心上,美丽的暗淡让爱美的女孩们大伤脑筋,看着别人婀娜的倩影,柔滑白嫩的皮肤,再看看镜子里丰腴黝黑的自己,又自卑又嫉妒。

此时,父母要告诉女儿,切莫太焦虑,太在意,放松心情,让自己的青春自然些。审美是一种追求,一种向往,一种态度,需要热爱生命珍惜生命的态度，既能接受成功、开心、兴奋，也能面对挫折、失败、抑郁、孤独。没有哪个人永远无忧无虑、一帆风顺。

第三，生命的价值。人活着就离不开追求，在追求里去实现我们的生命价值。但不可能一路畅通无阻，也许更多的是荆棘满路。进入青春期，女孩对生命有了更多的理解，但更多的是茫然和不知所措，父母要让你的女儿明白，要学会从容、坦然面对自己的各种心境，适时调理自己的情绪，常常用责人之心责己，恕己之心恕人，让自己始终保持大度、宽容、明朗、纯净、正直、乐观、积极向上的态度。与人相处不要斤斤计较，懂得用心倾听和感知，但不要故意讨好他人而贬低自己，也不能为了一己之利而诋毁、中伤别人，要知道在毁灭别人时你也毁掉了自己那纯净的心灵蓝图。

第四，情感的剖析。男孩与女孩在同一片蓝天下生活，同一个校园里读书，相吸的天性就会让性意识朦胧闪现。女孩的害羞、自责、焦虑、紧张就会相继而生，但总也无法克制自己身不由己想与他待在一起，想多看他一眼，想引起他的注意，青春的心被毛茸茸的虫子噬咬着。但在求学的生涯里没有恋爱的课程，让青春的爱恋总也无法开花，常常只能悄悄萎缩在自己的心中。之所以它不能大胆张扬地盛开，是因为萌动的爱在正值青春年华学习的季节里只是一个伴随你成长的片断，那是一个偷食不得的禁果，是一个要不起的结束。父母要通过各种途径让女儿明白，能让青春爱恋绽放的唯一色调就是加倍地努力学习，只有在孜孜不倦的学习里才能有一天与真爱携手。贪婪之心不能有，欲望之心要克制，让相爱的种子守候在对方的生命成熟的季节里才能一起领略到爱情的神圣与崇高。

菲菲出生在书香门第，从小受家庭氛围的熏陶，知书识礼，乖巧伶俐。父母视她为掌上明珠，百般呵护。但菲菲的家教很严，爸爸妈妈经常搬出“女儿经”，谆谆教导女儿：女孩子对男孩子不能过分亲近，否则就会变坏；女孩子在学生时代对男孩子产生感情，就要成为坏女孩……菲菲牢牢记着父母的训示，小心地守护着心灵那块神圣的净土不被玷污。

但在一次不经意，她在公园角落里看到一对男女接吻的过程后，她开始自摸，还做了性梦。

回到课堂后的菲菲浑身不自在，她眼睛看着黑板，心里却想着自己做的梦，“不行！不行！”菲菲在心中叫着，她责备自己太“肮脏”，发誓要赶走幻觉。然而，她越是压抑自己，那“春景”越是变本加厉地在她头脑里“兴风作浪”。从此菲菲成天为自己担心害怕，又时刻担心父母、老师、同学看出她的“丑恶灵魂”，注意力老是集中不到学习上，成绩一落千丈。终于，父母发现了问题，菲菲被送到了心理咨询室。咨询的结果让菲菲和她的父母都松了一口气，事情远没有想象得那样可怕。

事实上，进入青春期的女孩，出现“怀春”现象是生理与心理发展的必然结果，并可能引起性的联想。同时也喜欢对异性关注，渴望和异性接触，喜欢在异性面前显示自己的相貌、体态，希望博得异性的好感，有的甚至想方设法通过某种挑逗来引起对方的注意，心理学家把这个时期称为“对异性的憧憬时期”。如果处于发育时期的少男少女，受传统文化的影响，把自己正常的性生理和性心理发育看成是淫秽的、罪恶的表现，并影响了自己的正常思维、情绪、行为，便是心理障碍。菲菲父母的做法是对的，当女儿有这种不健康的心理表现时，一定要理解女儿，并帮助女儿解决烦恼。

青春是放飞梦想的季节，也是突显人格魅力的园地。女孩这一时期特殊的心理，需要父母特殊的对待和理解，和女儿找到情感的共鸣，才能给女孩营造健康、快乐的成长氛围。

青春期也是父母与女儿相处的敏感期

身为一家之主，作为爸爸的男人需要担负起养家的重任，因此他们常常忽略对子女的关注和教育，很多父亲认为，教育女儿是母亲的事，自己可以退居事外，不用过多地参与到女孩的成长过程中来。有这种想法的父亲就大错特错了。我们都知道，女孩很注重关系，女孩很敏感，尤其是青春期的女孩，她们会用一颗敏感的心去衡量她与父亲之间的关系。女儿从父亲那里得到爱的多少，直接决定了女孩的心灵成长。同时，父亲在青春期给女孩的影响也是巨大的，他们在自觉不自觉中影响着女孩的择偶标准，影响着女孩的性格，影响着女孩的气质…… 因此，父亲在女孩处于敏感的青春期时，一定要谨慎对待，给足女儿足够的爱。

那么，父亲如何教育处于青春期女孩呢？父亲可以从以下几个方面入手：

第一，给女儿正确的择偶标准。

青春期女孩开始关注异性，但涉世未深的女孩需要父亲的教导，才能对男性有全面的认识和了解。父亲是女儿遇到的第一位男性，因为处于这个重要的位置，父亲能为女儿树立起一种男性的标准，而这个标准比从其他任何人那儿得来的都具有权威性。女孩常常希望别的男孩像父亲对待自己那样来对待她。在父亲和女儿相处的过程中，父亲要使女儿懂得男人的深沉和广博、荣誉与正义、价值与意义。

当父亲真诚地面对女儿，真实地表现出自己的男子汉气质时，女孩将学会尊重男性，平等地对待男性。与此同时，她们也将学会青睐那些尊重她、平等地对待她的男性，而避开那些有恐吓、暴力和虐待倾向的男性。正如那句老话所说的："女儿长大，嫁夫如父。"

一位成年的女子在自己的日记里这样写道：我的父亲是我衡量男性的标准，父亲是最可爱、最合人意、最值得尊敬、最有责任感、最有教养的……他是我所认识的最伟大的男人。我希望我未来的伴侣能像父亲那样伟大。

这位成年女子的父亲是成功的，父亲给了她一个有责任感的、坚强的男子汉的榜样，使她不至于在男性的世界里迷失。

对于女孩来说，父亲的影响是巨大的，但这种影响究竟是正面的还是负面的，很多时候形成于女孩的青春期，并且，这种影响往往取决于父亲本身。在女孩的人生之路上，父亲能够指引她对男性有正确的认识；也有可能错误地引导她，令她在与男性相处时困惑迷惘，不知所措。

第二，父亲在与女儿相处的过程中，要教会女儿如何与人相处。更确切地说，是如何与异性相处。

调查表明，5 个女孩中有 2 个会显示出和异性交往的能力与父亲有关，如果说母女的亲密关系带给女孩满足的体验和情感的支持，那么父亲与女孩的关系，则使女孩初步懂得了怎样与异性相处，以及如何维持与异性间的关系。

第三，帮助女孩形成迷人的性格。

"女儿是妈妈的贴身小棉袄"，"女儿大了自然就会和爸爸疏远"，这是我们常常能听到的描述女儿与父母之间关系的话。生活中，我们更能发现，母亲给予女儿的是无条件的爱，表达的机会也更多，但是爸爸则不同，他只有在女儿取得成绩的时候才把爱作为一种奖励给她。青春期女孩，心灵更加细腻敏锐，爸爸这种不善于表达会被女儿看作爸爸不爱自己的表现，在这种心理的影响下，女孩会变得自卑、悲观，甚至对生活中的一切都不感兴趣。相反，如果女孩有一位关注她并善于表达自己情感的父亲，那女孩在父亲的关注和鼓励下，就会变得自信、乐观，做任何事情都充满积极向上的动力。

父亲是一家之主，因此，在女孩心目中，爸爸是权威的象征。但女孩是渴望得到关注的，别人的关注能让她找到自我认同的感觉，尤其是来自于很有权威的爸爸的关注，更能让敏感的女儿快乐、幸福地度过她的青春期。

引导女孩正确对待减肥问题

女孩天生爱美，随着年龄的增长，女孩到了青春期，爱美之心也就日益强烈，大多数的女孩对于自己的外表都不满意，她们总是觉得自己的外表有缺陷，比如她们常常会说："我的鼻子太大了""我的胸太平了""我讨厌我的大腿""我胳膊上的毛发太重了"……而我们听到最多的就是"我太胖了"，对于自己的体重、体形不满意，已经成了青春期女孩常见的抱怨。于是，很多女孩选择减肥来让自己变得更漂亮，减肥并没有错，但父母一定要正确地引导女儿，教女儿正确看待减肥，不能因为减肥而影响身体的发育和学习的进步。

调查表明，每 4 个女大学生中就有 1 个有不良的饮食习惯，如不停地节食或狂吃减肥药。有 50% 以上的青春期女孩说自己体重超重，正在减肥……

其实，作为女孩的父母会发现，女儿在很小的时候就已经开始关注自己的外表了，只是到了青春期，这种爱美之心更为强烈一些而已，对此，父母要给予理解，毕竟青春期女孩已经开始步入成年女性的行列，美丽的外表、尤其是苗条的身材会让你的女儿更加自信，但过分地注重外表而去刻意减肥的话，会给你的女儿带来很多麻烦，影响到女儿的生活和学习。

"我女儿今年 18 岁，孩子自生下来后，身体一直比较好。她 10 岁左右，由于听到别的同学叫她胖子，其实她离小胖子还很远，只是身体很结实，稍微有些胖，自尊心太强的孩子从此就心理压力很重，但她从来没有跟我们说过些。一直到初三，由于她父亲总是强迫孩子吃饭，她不敢反抗，只好用呕吐减肥法，每次都按她父亲的要求吃完饭后就去卫生间吐，这种情况一直持续到2006年我才发现。这期间我和她父亲于2004年10月离婚了，孩子跟着我，当时正上高一，高中三年，我发现孩子变化很大，一是不太诚实，二是身体消瘦得很厉害，三是饭量特别大，四是总有病，我带她做了各种检查都没问题，在高考前，她由于心慌气短不能上学，一直在家里休息，今年高考的成绩可想而知。她现在已无法控制自己吃东西，非常痛苦，想吃东西的欲望是间隙性的，想吃的时候就非常烦躁，吃了再吐了就好了。自从今年年初她告诉我情况后，我和女儿一直在努力想改掉这个毛病，半年来这种情况有了很大的改观，但她还是阶段性地复发。我们这个城市没有心理医生，想带她去别的地方看，她坚决不去，我也在网上多方查看这方面的信息，想尽办法诱导她，情况有所好转，但改变不大。"

因为外表而使这个女孩的身体健康受到损害，使她的心理处于极度自卑之中，而父母又发现得晚，以至于女孩在出现心理问题时，才引起母亲的注意。青春期是每个女孩的人生过渡期，这一阶段的身心发展关系到孩子的一生，家长必须引起重视，面对孩子减肥，家长必须加以正确的引导，那么，父母该怎么引导呢？

第一，告诉女儿，真正的自信并不是来自于外表。

爱美的确是女人的天性，但因为美丽的外表而获得的自信却不是真正的自信。父母应该在女儿小的时候就给她传达这样的观念，尤其是那些对自己身体不满的女孩，不要畏畏缩缩，总想把自己藏在人群里。

10岁的晶晶是一个胖女孩，但无论做什么事情她都充满自信，自告奋勇当班长，报名舞蹈班学舞蹈，积极与老师讨论自己的解题思路……当老师问起晶晶的父母是如何让晶晶如此自信时，晶晶的爸爸说起了那段经历：晶晶刚上学的时候也非常自卑，因为她觉得同学们都因为她胖而不愿意跟她交朋友。她常常以"不饿"为理由拒绝吃饭，我怕她这样下去身体和心理都会受到伤害，便用她的偶像——杨澜来激励她："你知道杨澜阿姨为什么这样优秀吗？""因为她漂亮。"那段时间女儿对外表的关注已经走火入魔了。"你不是收集过杨澜阿姨的很多资料吗，你认真地回答我，杨澜阿姨是漂亮还是有气质？""有气质！""你知道她的气质是怎样得来的吗？""不知道。"女儿迷惑地摇摇头。"是因为她自信，她对任何事都满怀着信心，并用最积极的态度去做,所以她成功了。也正是她的成功又增加了她自信的气质,不信你可以看看她的自传。”女儿真的读起杨澜的自传来,就是从那时起,女儿不再那么关注外表了,并且也变得自信并积极起来。

女孩关注自己的外表并不是坏事,但过度关注外表就很容易变成坏事。因此,做家长的在女儿小的时候就应告诉她,真正的自信并不是来自于外表,而是来自于充实的内心。

第二,告诉孩子刻意减肥的坏处。

女孩体形过胖,可以减肥,但要选择正确的方法,青春期是长身体的时候,万不可过度节食。节食甚至绝食,身体会垮掉,体质下降,身体机能紊乱,免疫力下降,造成肌无力等严重后果。

第三,告诉女儿应该合理饮食,才能有健康的身体。

正确的减肥方法首先应该有合理的饮食习惯和适当的运动。

(1)饮食:以低热量、高蛋白质、低脂肪的食物为主,多吃蔬菜和水果,多喝水,禁食垃圾食物。每餐5成饱,早餐可多点,8~9成饱。

(2)运动:适当的运动是必要的,不能因为学习的繁忙而忘记运动,这是很多女孩子体质差的原因。

青春期正是女孩追求美和爱美的阶段,但她们不能分辨什么是美,什么是丑。这时,家长就要给女儿一个值得信任的理由,让女儿坚信它,不再盲目减肥。父母还要告诉她,外表美并不一定是真正的美,心灵美才是真正的美,让女儿健康地度过青春期是做父母的责任。

帮助女孩正确上网,不沾染网瘾

人类已经进入21世纪,由于高科技介入了人类社会信息交流系统,改变了传统信息交流系统的性质,赋予了社会信息交流系统新内容及社会功能。作为父母,要想女儿能适应现代文明,就必须引导女儿健康上网,为孩子建立起一个绿色、安全、健康的网络天地和信息通道。很多父母为了避免女儿受到网络的毒害,因噎废食,其实,这是不正确的,上网也没那么危险关键在于父母如何引导她们正确上网。女孩上网,不但可以掌握计算机和网络应用技能，还可以拓宽视野。但青春期的女孩，好奇心强，渴望知识，面对游戏以及网上花花绿绿的虚拟世界，常缺乏冷静而客观的态度。作为父母，一定不能掉以轻心，要引导女儿正确上网。

曾经有一个网上调查，很多女孩自己对泡网吧的利弊也看得相当透彻。然而，在近半数的人认为网吧影响了自己生活和学习的同时，还是有少部分的女孩觉得自己已经对网吧产生了明显的依赖心理：如果几天不去网吧，心里就有惶惶然的感觉。或许对这些女孩来说，网吧在她们生活中的位置恰如一首歌里唱得那样："你是一张无边无际的网，轻易就把我困在网中央。我越陷越深越迷茫，我越走越远越凄凉。"但由于女孩上网一般是和一些虚拟世界的人网聊，有的甚至谈起了网络恋爱，这就更加加重了女孩上网的危险，面对"上瘾"的女孩，父母必须加以引导。

曾经报纸上就有这么一则报道，一个 17 岁的花季女孩，连续一个星期泡在网吧里，不眠不休，每天至多睡 2 个多小时，最后，暴毙在网吧里。

这不得不说是一个悲剧，生活中类似于这样迷恋网络的女孩很多，由于网络的自由性和开放性，什么人都可以利用，一些不良的思想倾向、伦理道德观念，都可以在某些网站表现出来，最令人担忧的是，网络上越来越多的"文化垃圾"侵蚀着青春期女孩的心灵，网上的"垃圾"邮件、黄色作品比比皆是，暴力、恐怖、诱导犯罪的宣传品更是不堪入目，这些"文化垃圾"正侵蚀着女孩纯洁的心灵。

青春期是每个女孩求知的年纪，电脑的普及可以说是科技的进步，这使得女孩的学习途径更加便捷，父母不能因为它存在一些消极的因素，便将它视为洪水猛兽，拒之门外。如果一味地阻止女孩上网，无疑是螳臂挡车，不仅收不到好的效果，反而会引起孩子的逆反心理。

面对网络已经成瘾的女孩，帮助她戒掉网瘾应该针对不同情况具体分析，具体方法包括勤于沟通、转移注意力、进行心理卫生指导、行为上约束、及时就医等。

第一，勤于沟通。

如果女孩上网成瘾，家长可以采取家庭疗法，多与孩子沟通，这种沟通不是简单地过问学习成绩，而是把孩子当成朋友关注他们的感情世界，和女孩一起探讨其感兴趣的话题。家长可以多带领孩子参与一些有益于成长的文体活动。

第二，帮助孩子转移注意力。

调查发现，喜欢网络游戏的女孩有着很多男孩身上才有的优点，她们不仅聪明，而且动手能力强，但是长期下去却有可能导致她们的智力水平降低。这时必须转移她们对网络的注意力，可以多搞一些科技活动，充分发挥女孩的特长，循序渐进地把求知欲和好奇心引向健康轨道。

第三，有必要对孩子进行性心理卫生指导。

大多数浏览黄色网站的青春期女孩是出于一种青春期反应，一种好奇心。父母应对成长阶段的女孩进行健康的性心理卫生指导，从正面引导孩子，让她们接受正常的性健康教育，健康快乐地度过青春期。

第四，适当地进行行为上的约束。

对于上网成瘾的女孩千万不要强迫她立即停止，也不能放任不管。从约定上网的时间和次数开始，然后逐日递减。如果期间采取一定的奖励和惩罚措施，注意要及时兑现，否则就没有约束力了。

第五，让孩子有目的地上网。

很多女孩上网都没有明确的目的，上网后随意浏览，花在游戏类网站上的时间占上网时间比例较大，家长应将一些优秀的教育网站介绍给女孩，鼓励她们利用教育网站进行学习，把上网运用到学习上来。各个学科可根据各自科目的特点，到网上寻找资源，进行自主学习。

总之，作为女孩的家长，要引导女儿正确上网，要明白上网绝不是“洪水猛兽”，不应只看到它的负面影响而忽视它的积极意义。只要对女儿认真加以引导，端正她的上网的态度，共同利用网络的优势，有计划地上网，对于女孩来说未尝不是一件好事！

帮助女孩疏导不安情绪

青春期是每个女孩人生的转型期，身心发展趋于成熟。青春是美好的，但又夹杂着很多成长的烦恼，随着生理的变化与成熟，同时也会有心理、情感和性的变化，这些变化都是正常的，是每个人在青春期都会经历的。青春期女孩的情绪容易不稳定，容易产生很多不安的情绪，比如压力、焦躁等。

对此，父母要和女孩一起了解这些变化并愉快地接受情绪上的变化，帮助女孩正确面对情绪上的不安，这样女孩的情绪会慢慢变好，并能快乐地度过青春期。

富养女孩，就是要让女孩能快乐、健康地成长，能轻松地解决生命中的烦恼，但青春只有一次，女孩需要父母的引导和理解及帮助，人生阅历短浅的女孩不足以独立排遣不安的情绪，父母的帮助会让女孩有信心和能力进行自我身心调节，这对女孩独立面临未来人生道路也有极大的帮助。

父母在遇到女孩有以下一些异常状况时，就应该注意你的女儿可能已经产生了不安的情绪了，这时，你应该采取一些帮助措施了：

第一，如果你的女儿看起来很痛苦难过，请花更多的时间和她在一起，并确保她睡眠充足。

第二，认真对待她的担忧，即使那些担忧在你看来无足轻重。

第三，及时告知她事情的变化及作出的决定，以便她感觉到没有失去控制。保持生活的常规不变，以强化她的安全感。

第四，给她以情感上的支持并不是一件轻松的事情，多注意休息，以保证你有足够的精力持续地为她提供情感支持。

第五，留意女孩可能出现压力的迹象，比如，作业做得越来越糟，行为上出现变化，不愿意去医护室，变得更加不愿与人交往，动不动就哭，对批评过于敏感。

压力不仅仅困扰着成年人，事实上，青春期女孩们面临着双重的压力。一方面，她们要承受来自自身生活中的事件，比如欺凌、学业压力和交友问题的压力。另一方面，她们还受到心事重重、缺乏忍耐的父母所面临压力的间接影响。考虑到她们对生活和自我还没有足够的经验可以借鉴，并借此相信事情会回复到“正常状态”，因而，面对压力，她们可能比成年人更加迷茫而不知所措，而不是相反。

家长应该告诉女儿该有意识地放慢生活节奏，沉着、冷静地处理各种纷繁复杂的事情，即使做错了事，也不要责备自己，这有利于人的心理平衡，同时也有助于舒缓人的精神压力。勇敢地面对现实，不要害怕承认自己的能力有限，而不能正确处理事务。

同时，父母要鼓励女孩广交朋友，经常找朋友聊天，适当的交流或倾诉不但可以增强人们的友谊和信任，更能使你精神舒畅，烦恼尽消。

第六，密切注意女孩身体上的变化。当你的女儿开始为月经、乳房担忧，当你的女儿开始越来越爱美的时候，你应该高兴。这表明，你的女儿已经长大了，但你更要注意女孩情绪上的变化，如果你的女儿长时间地难过或者郁郁寡欢，超出了你的预期，或者变得富有攻击性，离群索居或者不愿与人交往，睡眠不安，出现胃疼或者其他疼痛症状，特别口渴，体重减轻，注意力不集中，或者过分依附他人。这时，她可能正感到痛苦难过，需要你对此采取一些行动。这些不安会影响到你女儿的学习、生活甚至可能引起心理疾病，你不妨：

(1)找时间与她聊聊。

(2)教会女儿一些青春成长知识，告诉她成长中必然存在的烦恼。

(3)告诉她一些排遣身体不适带来的烦恼的方法，比如静静地听轻音乐，让优美的乐曲来化解精神的疲惫。轻快、舒畅的音乐不仅能给人美的熏陶和享受，而且还能使人的精神得到有效放松；向家人或好朋友倾诉；多微笑，开怀大笑是消除精神压力的最佳方法，能忘掉忧虑，笑口常开。

造成孩子不稳定的因素有很多，包括：孩子同与其亲密的人或者事物的分离，任何改变她的自我看法或者改变人们对她的看法的事情以及导致固有规律改变的生活常规或者家庭关系方面的变化。但青春期有其独特的烦恼，会让女孩不安。父母富养女孩，就要帮助女孩排遣这种不安，告诉你的女儿面对烦恼最重要的是如何正确地看待它。首先自己要有一个豁达乐观的心理。要藐视压力也要重视压力，要随时做好面对压力的准备，不要给自己太大的心理负担。其次可以用一些减压的方法。这样你的女儿一定能减轻不安的情绪，振作精神，心情舒畅，身体健康，就能以良好的心态，增进友情，努力学习。

让女孩学会保护自己，防止偷尝禁果

随着年龄的增长，伴着青春期的脚步和性生理成熟的到来，女孩的性意识开始觉醒和萌发，惊喜、紧张、惊慌失措，各种反应都有，比如：对性知识产生浓厚的兴趣，喜欢接近异性，具有性欲望和性冲动等，这些都是正常的，但女孩不同于男孩，一个干净、健康的身体是女孩快乐成长的根本保证。作为女孩的父母，一定要注意引导处于敏感期的女儿，培养她正确的性心理知识，防止女孩让欲望控制自己，突破性道德和性文明的约束，模仿西方的性自由和性解放，从而偷尝禁果，这可能导致性病感染、未婚先孕等不文明的恶果，使女孩的身心受到严重伤害。

事情发生在一个初中女孩身上，当时学校正对初三的学生进行补习。男生果果和同是初三年级的女生美美很要好，"就算是早恋吧"，果果对此并不避讳。当天下午，在果果的"掩护"下，美美悄悄潜入了男生宿舍。晚上生活老师查房的时候，果果带着美美东躲西藏，最终让美美住进了自己的寝室。当天晚上，情欲萌动的少男少女偷尝了禁果。

次日，早晨，美美准备偷偷溜出男生宿舍时被老师发现。面对老师的询问，果果和美美承认发生了性关系。受到严肃批评后，果果当天出走，在网吧待了7天才回家，而不幸的美美在一个月后被查出已经怀孕了。面对这些"丑闻"，美美的父母陷入纠结之中，面临毕业的果果和美美也痛苦万分。

美美恐怕必须面临流产，这是解决问题的唯一办法。父母要教育女儿以此为戒，不要让女孩偷尝禁果，不然只能自食其果。低龄流产不仅会在未成年女孩的心中留下沉重阴影，如果未发育成熟，流产还可能直接影响她们的发育。同时，流产的危害还包括术后可能会发生宫颈粘连、宫腔粘连、继发性不孕、术后月经异常和二次刮宫、子宫切除、产后大出血甚至危及生命。

那么，父母应该怎样帮助青春期的女儿认识正确的性心理知识呢？

第一，父母首先要明白，青春期女孩产生一些性冲动是正常的。

女孩的生理发育正常，到了这一年龄后产生性欲，即对性感兴趣，包括爱看言情小说，做有性内容的梦，出现性的幻想和憧憬，性欲强烈时还会发生自慰现象，这都是很自然的事，也是每个人都必须经历的发育阶段。只不过要引导她们正确对待和处理这些，即不能把性欲望和性冲动看作是思想不健康或低级下流的事，从而自责或产生内疚感。

第二，告诉女孩要认识青春期的喜欢不是真正的爱，让女孩懂得珍惜学习的机会。

在性激素作用下，女孩产生向往或爱慕异性的心理是合情合理的，是她们性心理发育的体现。有人说青春期的女孩最容易早恋，大喊中学生多一半都早恋了，实际上她们这时的心理状况并非是早恋，而仅局限在一般的向往和爱慕之中，根本与恋爱无关。应让青少年懂得他们在年龄尚小、社会经验缺乏的心理不成熟的情况下，千万不要谈什么感情上的事，这时绝不宜进入卿卿我我的二人世界，只能保持与异性的广泛交往和正常的友谊。

同时，父母也要注意培养青少年强烈的事业心。教育女孩要把主要精力投入到学习和身体锻炼中，提高自己的文化和身体素质，这样就很难把精力再分散到其他方面上，从而克制自己的性冲动，不沉溺于色情。

第三，让女孩从正面接受一些性教育知识。

家长和社会的封闭会激起青春期很多女孩的逆反心理，课本里不讲，自然有大量低级趣味的、甚至手抄本之类的东西找上门来，投其所好。这就要求科学知识应该像预防针一样，增强女孩的免疫力和抵抗力。

如果孩子不能从正确的途径获得性知识，她们就会从不正规的途径获得以讹传讹的错误信息，这只能误人子弟。如果由家长大大方方地把科学的性知识告诉他们，讲个明白，就会彻底消除这种神秘感。

但是有人认为性教育可能会起到火上浇油的作用，对女孩成长不利，其实不然。性教育能使孩子们用科学的知识武装自己，防范不健康的思想和行为的侵蚀。性教育并不单纯是性知识的教育，它还包括许多内容：教会女孩什么是爱，如何去爱，如何做人，如何处理人际关系，如何保护自己，如何爱护和尊重他人。它寓性道德教育于性知识教育之中，只有有了科学的性知识，女孩才能更好地用性道德准则来约束自己。

因此，青春期里出现性冲动是女孩生理和心理发展的正常现象，是在性激素的作用下和外界有关的刺激下产生的，并不是低级下流可耻的行为，父母要用正确的眼光看待。但同时，父母一定要教育女孩，让女孩在受到外界的诱惑时，要用理智和道德来节制和约束不合理的性冲动，防止女孩偷尝禁果，犯下无法挽回的错误。

以朋友的角度和女孩谈论早恋问题

青春期是人一生中最重要的时期，也是生理、心理加速成长和发展的关键时期。处在青春期的女孩们，带着朝气和对美好未来的向往，也带着几许迷茫和困惑，还带着几多不解与叛逆，这一时期的女孩，需要父母的特殊爱护，尤其在爱情方面，只有让女孩明白什么是爱情，她便不会在青春期这么重要的人生阶段迷失了自己。

珍珍的妈妈非常惊讶，没想到这次老师找她谈话，谈论的竟然是“早恋”这个问题，她怎么也想不到自己听话勤奋好学的女儿竟然“早恋”了。珍珍今年上小学六年级，学习成绩不错，老师很喜欢她，也正是因此，老师在跟家长“汇报”这件事情的时候，态度还是很客气的，要是换了那些学习成绩差又捣乱的学生，老师早就冷嘲热讽一番了。

老师拿出了指证珍珍的“证据”——几张纸条，是她和同座的男生相互写的，被老师没收而来。另外，据说有同学目击他们放学之后牵着手在路上走。“这么小就懂这些，若不早管以后可就坏了。”老师皱着眉头语重心长地对珍珍的妈妈说。

珍珍妈妈被老师的话说动了，生气极了，一种羞愧的感觉占据了她的大脑，她的耳边似乎想起了街坊邻居在背后说着悄悄话：“她孩子这么小就早恋，怎么教育的……”带着这股怒火，妈妈回家狠狠地打了珍珍，珍珍哭得泣不成声。妈妈大叫着：“你要再敢跟那个男生好，看我不打断你的腿……”

这次“暴力惩罚”似乎起到了作用，老师说最近珍珍已经不跟那个男生说话了，放学也不在一起走了。可是，从这以后，珍珍的学习成绩却渐渐变差了，老师经常看到她上着课眼神却是直的，不管怎么跟她谈她都打不起精神来，人也消瘦了很多……一年多过去了，一天妈妈在一个胡同口里竟然看到了她跟一个社会“小混混”抱在一起，手里还夹着一根没有燃尽的烟……

生活中，这样的“悲剧”屡见不鲜，家长常常流着眼泪说：“我管她难道管错了吗?”管当然没有错，可是管必须要看对象、分情况、选方法。女孩天生敏感、听话，像珍珍一样，只要对她适度引导就能够让她意识到问题，强硬的管理反而会使孩子产生一种“被抛弃”的感觉，疏远与父母之间的距离。

家长不妨采取一种讨论的态度，和女孩平等地讨论爱情，让女孩明白青春期是积累知识的时期，对男性的好感并不是爱情，并采取一些方法强化女孩的家庭归属感，让女孩重新把精力集中到学习上来。具体说来，父母应该这样做：

第一，随机应变的教育。

与性教育不一样，爱情教育中，知识成分相对较少，大多是观念和态度的养成,所以,愉快的心情是教育的前提,如果专门开辟时间,一本正经的教育反而会让孩子觉得又是老一套的教条,不如随机应变,从日常生活中引出讨论。比如,看电视的时候,如果关于爱情的电视剧,孩子就可能发出疑问:为什么他抛弃了妻子,跟另外一个女人好了。这时就可以跟孩子谈谈关于爱情的责任,孩子也容易接受并且熟记于心。总之,生活是更好的教育,记住这一条绝对没错。

第二,做女儿的爱情榜样。

孩子的爱情观或多或少会受到父母的影响。不论你们的感情怎样,哪怕已经打算离异或者已经离异,都不要忘记做到"相敬如宾"。至少要让孩子明白你们对爱情的态度是认真的,不是随随便便的,在一点一滴的小事上用心会对孩子产生很大的影响。

第三,为女儿的阅读精挑细选。

当女孩到了三四年级时,老师会鼓励她阅读世界名著。一来培养阅读能力,二来提高写作水平。不过名著大多是小说,而小说中或多或少会有一些关于爱情的描写,所以家长在为孩子选择书目的时候,应该把把关。例如《简·爱》就是一部不错的描写爱情的作品,而《呼啸山庄》就应该等到孩子大一些,具有一定辨别力之后再读,类似的,在童话的选择上也应该有所取舍,因为孩子的观念可能会源于她最初的认知。

第四,与性教育同步进行。

爱情教育其实是与性教育同步进行的。同时,爱情教育也是避免孩子在性方面犯错误的最好办法,让纯洁的爱情观去战胜生理上的冲动,是一种积极的应对方法,让孩子在快乐的情绪中完成人生必需的一课。

每个人的爱情观并不一样,所以,爱情教育不能变成说教,家长也不能把自己的价值观强加给女儿,这样也会影响她未来对爱情的态度。最好的方法是引导与讨论结合,从小就让女儿有对爱情的正确认识,而这种认识随她的成长不断深入,会形成她自己对于爱情问题的态度,这样你的女儿在今后的人生中一定会收获到真正属于自己的爱情。

给女孩上一堂青春期知识课

青春期是每个女孩成长和成熟的重要阶段。女孩的身体素质、思想品德、理想情操、知识技能等，都在青春期形成，因此，父母对青春期女孩进行青春期生理、心理健康教育，帮助她们解决青春期的心理、生理健康问题就显得尤为重要。

青春期的女孩比较敏感，尤其是对于一些生理上的问题，基于身体的变化，很多女孩难以启齿，作为父母，要做好女孩身体的顾问，还要注意女孩心理的变化，总之，要让女孩懂得青春期的一些心理和生理上的知识，让女孩坦然、快乐地度过青春期。

这些青春期知识大致可以分为以下几个方面：

第一，青春期生理。

(1)根据青春期的形态发育，男孩和女孩成年后体态上的差异有哪些？

由于青春期在形态发育上男女之间的差异，最后形成成年男子身材较高、肩部较宽、肌肉发达，成年女子身材较矮、体态丰满、臀部较宽的不同体态特点。

(2)为什么青春期女孩红细胞和血红蛋白总数比男孩低？

在青春期，特别是男孩，红细胞及血红蛋白总数有明显增加。女孩在青春期月经初潮后，因为每月丢失一定的血液，故血红蛋白和红细胞无明显增加。

(3)女孩的生殖器官包括哪些？

女性生殖器官分外生殖器和内生殖器两部分。外生殖器主要有阴部、大阴唇、小阴唇、阴蒂和处女膜等，内生殖器包括阴道、子宫、输卵管和卵巢等。

(4)什么叫月经初潮？

女孩子到一定年龄就会出现周期性的阴道出血，这就是月经。女孩子第一次来月经称月经初潮。

第二，心理卫生与健康。

(1)心理健康的主要指标有哪些？

健康的情绪，良好的意志和品质，和谐的人际关系。

(2)青春期有哪些心理特点？

主要有：产生成人感，独立性和依赖性、自我评价能力提高，自尊心增强，出现片面性和表面性、隐秘性的心理表现，性心理的产生、发展和表现。

(3)青春期的心理卫生问题有哪些？

主要表现为：对性发育的困惑与不解，独立意向发展很快，伙伴关系密切，认识社会的能力不够高，学习压力重，容易养成不良习惯和沾染不良嗜好。

(4)怎样与男性交往？

与男性交往做到互尊互爱，既要懂得尊重自己，尊重同性，又要懂得尊重他人，尊重异性；善于控制自己的感情，不轻易表达对异性的好感，更不要随便给异性同学写信；举止端庄，以礼待人；坚持集体交往，不要与异性单独接触；不单独给异性赠送礼物，也不要单独接受异性的馈赠；明辨是非，增强抵制不良习气的能力。

(5)青春期性道德的基本要求有哪些？

青春期性道德的基本要求有：男女平等、尊重女性；自尊自爱，约束自己；男女交往，互尊互爱，努力把自己培养成为有理想有道德的人。

第三，青春期卫生保健。

(1)青春期女孩在经期的卫生应注意哪几方面？

保持外阴部的清洁卫生；注意防寒保暖，避免淋雨、涉水和游泳，不要用冷水洗澡、洗头和洗脚，也不要坐在或睡在潮湿阴冷的地方或水泥地上，避免吃过多的冷饮；做到情绪稳定和心情舒畅，活动要适度。

(2)为什么月经期间要特别注意保持外阴部的清洁卫生？

由于月经期间身体抵抗力减弱，子宫颈口微开，子宫内膜脱落形成伤口；加上阴道酸性分泌物被月经冲淡，细菌很容易乘机入侵。所以，月经期要特别注意保持外阴部的清洁卫生。每天要用温水擦洗外阴部。

第四，怎样预防青春期的重要烦恼——近视眼。

有一双明亮的眼睛是每个女孩的渴望，但是随着时代的进步，女孩普遍戴上了眼镜。其实，女孩近视原因十分复杂，预防近视必须采取综合措施：

(1)合理安排学习与生活，切实减轻学习负担，保证孩子有足够的休息、睡眠、室外活动时间，睡眠时间每天不少于 9 小时，坚持 1 小时的体育活动，并注意合理营养，避免偏食，增强体质和抗病能力，注意个人卫生。

（2）讲究用眼卫生。从小养成良好的阅读书写习惯。

总之，父母只有给女孩补一补青春期知识，让女孩轻松面临生活中的烦恼，有助于培养女孩健康的心理状态，使女孩身心健康成长，这样的女孩才能树立远大理想，培养健全的人格，才能充实、快乐地度过青春期。

第14章 富养的女孩思路活：好头脑加好人缘让女孩更出色

自古以来，总有重男轻女的现象，但实际上，女孩同样了不起，女孩并不比男孩差。随着社会的进步，这一点已经日益凸显，女孩同样能发挥和男孩一样的社会价值，女孩同样能和男孩站在一起，为社会、为家庭作贡献。但女孩因为其性别的特殊性，不同于男孩，需要父母的富养，这里的富养，是指父母不仅要呵护女儿，还要让女孩喜欢上自己的性别。从某种角度说，这也是女性的性别优势。因此，父母要打破偏见，用心去培养一个了不起的女孩。

让女孩了解父母对她的充分信任

有人说，当父母其实是一连串自我修炼的过程，尤其是当女孩的父母，因为女孩不如男孩好养，培养一个有能力的女孩，绝不只是给女孩充足的物质条件这么简单。真正的富养女孩，是要学着去欣赏孩子看似“脱轨”的行为；也要试着放手让女儿去尝试一些明明你就觉得不会成功或者不正确的事；当然忍耐与等待的功夫也要练好，才能不急着代替女儿把事情都做好，让她有自己来的机会；重视孩子的意见和情绪则是最基本的，虽然你明明就觉得她说的、表达的都有些问题；最重要的是，当你面对孩子时，你还必须时时刻刻自我反省，看看自己是否在父母角色上扮演得恰如其分。

相信你的女儿，就是相信你自己，这是对女孩也是对作为家长的你的肯定，倘若没有人对女孩子的能力表现出最初的信任，认为她值得得到爱、支持和关注，任何女孩子都不可能相信自己。

曾有一位家长感慨地说：“我无法和女儿交流沟通，我们的距离越来越远，我想我把孩子弄‘丢’了。8 月中旬，我与即将上高二的女儿发生了一场激烈的争吵。事发直接原因是女儿在我下班一进门时提出要去参加学校的朗诵比赛，一等奖的奖品是‘背背佳’，我不假思索地一口否决了：‘不去，妈妈给你买’。当时，没解释、没商量、也没了解孩子的心理。结果，我话音一落地，她的眼泪就刷刷地淌开没完了。看到她这样，我就更生气了：‘你认为你能行吗?’就这样，她一句，我一句，各说各的理，嗓门越说越大，声音也越来越高。一气之下，‘我不管了，让你爸爸管吧！’我拿起菜筐就往外走，孩子也扯着嗓门给我一句：‘你不相信我就是不相信你自己！’”

这位女儿的话不无道理，女孩是父母一手教出来的，对女孩能力的否定同样是对自己的能力甚至是教育能力的否定，只有相信自己的女儿，给她尝试的机会，才让女儿有历练的机会，她才会成长得更快。

成长是一个美妙的过程，而对于作为教育者的父母来说，这个过程却是艰辛而忙碌的。懵懂的女孩，要面对太多诱惑，经历太多挫折。正如这位妈妈一样，家长要想不“丢失”自己的孩子，光靠管束和告诫是行不通的。要了解孩子的思想，就必须和孩子之间建立起互相联系的“精神脐带”，不断地给孩子输送父母爱的滋养。

女孩的自尊心较强，会自然而然地认为自己能干和可爱，拥有明确、正面的自我意识，从积极的角度看待自己。自信的女孩子对自己能够做成什么样的事情、取得什么样的成就持乐观态度。她们可以提高自己的要求，坚守自己的原则，开发自身的潜能。缺乏自信的女孩子充满全面的自我怀疑，这使得她们易于产生内疚、羞愧之感，觉得自己不如他人。生活中，很多父母认为自己是爱女儿，但却误解了什么是真正平等地去对待自己的女儿，他们以为坐着和孩子讲话就是平等，其实那只是形式上的平等，事实上，他们并没有真正以平等的心去待女儿，因为他们不相信自己的女儿。

家长要相信自己的女儿，就应该做到：

第一，信任和相信她决断事情的能力、完成任务的能力、自己照顾自己的能力，以及当她足够大时负责任的能力。

第二，以她确信的方式向她表明你爱她、喜欢她。

第三，当心如下的想法：“我以前没有得到过或不需要他人帮助，她也一样。”她与你是不同的。而且，没有得到他人帮助的人常常将之说成“不需要他人帮助”，以掩饰自己的失望。这就告诉父母，相信女孩，并不是对其放任自流，而应该给女儿足够的爱。

做到以上这些，父母必须从爱的基点出发，发现、发掘、抓住、肯定孩子的每一个优点和每一点进步；相信孩子的表现形式和落脚点就在于对孩子的赞许、鼓励、夸奖、表扬……相信你的女儿，才是真正地爱她，女孩才能成为一个在信任和赞扬中成长起来的有能力的人。

让女孩知道，她与男孩除了生理方面其他没差别

虽然改革开放的大潮已经给中国人的思想带来了翻天覆地的变化，但几千年的封建礼教始终还影响着中国的一些人，他们重男轻女，歧视女孩，“女子无才便是德”就是一个典型，很多时候，正是因为性别差异，女孩的未来就被耽误了。

父母不仅是女孩生命的缔造者，更是女孩未来的创造者，女孩未来的幸福和前途都决定于父母的教育和培养方式，富养女孩，就是要让女孩能在一个优越的环境中成长，而很多父母认为女孩“不能做这个，做不了那个，怎么能和男孩子比，读再多的书以后也是别人的人”，女孩的一些天赋和能力就这样被磨灭了。

我国妇联有关人员指出，歧视女童、女童享有法律赋予的各项权利没有得到保障等情况一直存在。比如在一个小镇村民颜某家有两个小孩同时考上镇上的初中和高中，由于家庭经济困难只准备送男孩读高中，妇联工作人员和学校老师多次上门做思想工作后，父母仍然不同意送女孩上学。

这种辍学的现象在我国的农村存在比较明显。很多农村在校女生人数虽然逐年增加，但仍有辍学现象，并且越往高年级辍学率越高，从小学到高中在校女孩人数呈塔尖形。一般成绩较差或中等的女生辍学者多，成绩优秀者辍学的少；农村女童辍学者多，城镇女童辍学者少；家长文化水平低辍学者多，家长文化水平高辍学者少，在初中辍学女生中，其家长87%是小学以下文化水平；一般家庭收入低辍学者多，家庭收入高辍学者少；一般女生年龄偏大的辍学者多，年轻较小者辍学的少。

而造成这些现象，主要是有些家长认为女孩读书无用，能读到小学毕业或初中毕业就可以了，甚至有个别女孩小学还未毕业，就被父母要求外出打工，如到外地当保姆或到茶店、酒店打工。

可以说，这些女孩的前途就被耽误了。其实，家长应该知道，昨天的女孩，是未来的母亲，女孩的素质和能力，关系着未来祖国民众的素质，因此应从小改变不平等观念。否则，女孩没有得到平等的成长、教育、卫生保健机会，长大了就没有能力参与社会竞争，而其素质低也会直接影响其下一代的观念，导致不平等观念和能力低下的恶性循环。

还有一些情况，很多家长片面地认为女孩不适合或者在某些方面不可能有突出的成就，于是杜绝女孩在某些方面的发展，这也是一种错误的教育方式。

真正地富养女孩，首先就是要平等地对待女孩，给女孩平等的受教育的机会，尊重女儿的选择，并相信你的女儿能和男孩一样做好自己想做的事情。

玲玲的数学成绩不算好，所以玲玲的妈妈就一次次地怀疑自己的女儿。

“数学是理性思维，女孩要学好基本不可能！”玲玲妈妈就是这样的想法，于是，妈妈从不给玲玲补课，而是让她爸爸给她补，自己给孩子减肥。而奶奶什么都没做，她只是给了玲玲以信任，数学题在玲玲的眼中就不再是难题，玲玲的数学成绩稳步上升。玲玲的妈妈以为是因为有了奶奶的帮助，玲玲的数学成绩才有起色的。

“你错了，这不是我的功劳，我什么也没做，我什么也没帮她。我只是让她对自己有信心，让她明白她可以做到一题不错。她做作业，我坐在旁边看着，如此而已。”“玲玲妈妈，你应该对你的孩子有信心。”奶奶的一席话让玲玲妈妈明白，相信孩子，孩子就有自信做好。

女孩娇弱，但不是无能，作为家长，不能给女孩贴上弱者的标签，女孩同样能出色地完成男孩能完成的事情，玲玲就是这样证明了自己的能力，这给对孩子性别不满意的家长一个启示，女孩的确是女性，但也是一个具备无穷潜质的人，这些潜质只要得到家长的合理开发，就能拥有无穷的能量。

父母在肯定女孩性别后，还要给女孩尝试的机会，作为父母对孩子要信任，要适当放手，让孩子自己去走路，去尝试，去犯错误，这对于女孩是一种锻炼。苏霍姆林斯基说过：对人的热情，对人的信任，形象点说，是爱抚的翅膀和赖以飞翔的空气。当被父母肯定和信任以后，女孩会以她自己的方式尝试生活中的百般滋味，也会因为父母的信任而做得更加出色。

让女孩勇敢说出“我可以”

人人都渴望“成功”，处于成长期的女孩也一样，只是不同的人对“成功”有不同的理解。在农民心目中是庄稼丰收，在工人心目中是产品畅销，在作家心目中是作品畅销，在父母心目中是孩子考个好分数、上个好大学、找个好工作……但是，在处于做梦年龄的女孩心目中，“成功”反倒成了恐惧、担心与压力的代名词，因为父母的性别歧视、父母的不尊重、父母的不平等对待。

其实，成功是一种感觉，一种态度。“我能行”是成功者的态度，“我不行”是失败者的态度。人改变了态度，由消极变为积极，由“自我放纵”到“自我约束”，由“我不行”变为“我能行”，就会获得成功的感觉，最终改变自己的命运。富养女孩，就是要富足女孩的精神和意志，从而具备成功者的态度，女孩是需要鼓励的，每个人都有“行”的地方，人是为自己“行”活着，不是为“差”活着，如果孩子认为在父母眼中是“最行”的，她就一定会棒起来。

成功对所有的人来说都是自己与自己较量的胜利，是自己与命运抗争的成功。“我能行”的人是最懂得生命价值的人，成功的大厦建立在自信的基石上。每个人都有优点和缺点、长处和短处，一旦女孩学会突出自己的优点和长处，自卑感就会消失。“我能行”三个字将使人转败为胜，把弱点转化为力量，而这些都需要父母的鼓励。

有一次，五年级一个班召开小队长竞选会。一个女孩涨红着脸，激动地请求：“虽然我各方面表现不太好，但我也想当个干部，为同学服务，请大家投我一票吧！”

面对这发自心灵的呼唤，同学们报以热烈的掌声，一致同意这位女孩担任小队长。从掌声中，这位女孩听到了同学们热情的鼓励：“你能行！”当时，她激动地哭了。上任以后，她工作得很出色。

当同学们问到她怎么有那么大的勇气和信心的时候，她说：“我妈妈总是鼓励我，说我比男孩还勇敢，我的内心总是听到她的鼓励‘你能行！’”

每一个孩子都有一个神奇的大脑，都有一双能创造奇迹的双手，男孩女孩都一样，只是表现出来的才能各有不同：有的女孩善写会画，有的女孩能歌善舞，而有的女孩和男孩一样勤于思考，也有一些女孩善于动手……父母的鼓励是女孩发挥自己聪明才智和取长补短的重要信心来源。

生活中，许多女孩常常说“我不行”。这种意识有两个来源：一是源于自我，叫做自我意识；二是源于他人，叫做外来意识。有些家长自己就总觉得自己的女儿不行，不如男孩子。一位女孩说：“我想学游泳，我妈妈说，你不行，你从小体弱，下水会淹着的！我想学炒菜，我妈妈又说，你不行，会烫着手的！我想学骑车，我妈妈说，你不行，会摔着的……不行，不行，我什么时候才能行？而妈妈的回答居然是‘你是个女孩！’”

这位妈妈看上去是十分爱护自己的女儿，实际上是在害女儿。要是老对女儿说“你不行”，慢慢地，孩子就会因为自己的性别把自己定位在一个弱者上，觉得自己真的什么都不行了。“我不行”在孩子的头脑中一旦扎下了根，孩子就会变得对做任何事都没有信心，会觉得离开了父母和老师寸步难行。

因为,“我不行”是一种负面信息,是缺乏自信心的具体表现。总用这种信息来暗示自己,一种“我不行”的形象就被自己不知不觉地塑造出来了。

而“我能行”是一种正信息,是成功者必备的心理素质。总用正信息来调控自己,一种“我能行”的形象也就不知不觉塑造出来。

怎样让自己的女儿“能行”,是每一位父母所关心的问题。令人不安的是,在当今的家庭中,父母因为女孩的性别,对女孩说“不行”的次数要比说“行”多得多。

其实,为人父母,一定要改变“我不行”这种负面意识和行为,树立起“我的孩子能行”的信念,并经常向女儿发出“你能行,你一定能行”的正面信息,放手让孩子去实践,去亲自品尝成功的喜悦和失败的滋味。孩子去参加比赛,妈妈要鼓励他说:“相信你一定能行!”孩子比赛输了,哪怕是最后一名,你也要说:“敢去参加比赛就是好样的! 因为哥伦布曾经说过世界是勇敢者的。”喊着“我不行”长大的女孩,将来肯定竞争不过喊着“我能行”长大的女孩。

教会女孩相处技巧,赢得好人缘

在女孩的眼里,世界是以关系为基本构成因素的,当男孩还在牙牙学语时,女孩已经能成功地用自己的语言天赋获得别人的好感了,可以说,女孩天生就是优秀的交际家。富养女孩,就是要培养女孩的情商。情商,现在越来越被人们所重视,人际交往能力在当今社会中更是起着重要的作用。

女孩有没有社会交往能力,是她以后生存的重要方面,社会交往能力强者更容易走向成功。随着社会的进步,现在女孩的成长环境越来越优越,生活内容也非常丰富,这使女孩有了更多在外表现的可能,可是怎样使女孩更加顺利地融入新的团体之中,让女孩学习好,能力强,同时,人缘也好呢? 在这方面,家长应该怎样给女儿提供帮助或者怎样有意识地去锻炼女孩呢? 该怎么培养女孩的社会交往能力呢? 家长要及早帮助女儿学会如何与人和谐相处,学会以下四“不”,先在同龄人中建立良好的人际关系。

第一,不“独”。

物质上有好东西大家一起吃、一起看、一起玩,精神上哪怕是妈妈讲的一个故事,都可以鼓励女儿讲给别人听,也鼓励别人讲给自己听。从一点一滴入手,培养女儿乐于与人分享的意识和习惯。

第二,不“横”。

专制蛮横者不能容人,而宽容是打开广阔天地的钥匙。要教女儿学会宽容,对人对事保持平和的心态。每当她和人发生不愉快时,不应一味地呵护女儿,要让孩子首先反省自己,看看自己有没有错,同时要多体谅别人,站在对方的立场上想一想。告诉孩子与人相处,不能斤斤计较。如果别人犯了错误,要善于原谅。当然,真正要想让女儿具有宽容的心胸,父母在生活中要以身作则,身教的力量远远大于言传。

第三,不“讥”。

讥讽嘲笑是人际关系中的一把利刃,不光自己不要使用它,还要善于化解别人的讥讽。有些女孩一遭到别人的讥讽,要么是反唇相讥,要么嫉恨在心。这样的孩子肯定是不会有良好的人际关系的。相反,若能乐观看待学习生活中一些不如意的事情,能以宽容的心态对待别人的嘲笑,最终会赢得更多的朋友。

第四,不违背原则。

坚持原则的有力武器是敢于拒绝。对成年人来说,拒绝别人都是很困难的事情,何况孩子。但是,有些事情却是必须要说“不”的,身为父母,应该早早教会孩子怎样拒绝。当孩子面临友谊“受挫”或与人相处困难时,如果家长也表现出特别的关心或焦虑的态度,孩子不愉快的感觉反而会增加。父母应该与孩子谈谈如何改变现状,例如寻找新的突破口,或者告诉孩子有关自己青少年时期的经验,让孩子知道每一个人都会经历这些挫折。

那么,首先教会孩子哪些事情要拒绝:违背原则的事情,要拒绝;自己不愿干且无意义的事情,要拒绝;仅仅为了维护友情,对自己有害的事情,要拒绝。一切违背了做人原则的事情都坚决不做,不用担心别人说你不给“面子”。朋友应该互相理解、互相尊重,而不是完全放弃自己的追求,一味去迎合另一方的好恶。所以,学会拒绝,不仅重要,而且必要,它帮助你鉴别真正的朋友,保持友谊的本色,维持你的社交圈子的纯洁性。

随着年龄的增长,女孩的人际交往范围逐步扩大。人际关系中的矛盾,会使她们产生“困惑”“曲解”或“冷漠”等消极心理，并导致她们产生认识偏差、情绪偏差，进而会做出不适应、不理智甚至极端的行为反应。因此，在孩子与人发生矛盾时，家长要加强教育，指导女儿学会处理各种人际关系中的矛盾，父母要帮助她从那种被排斥的感觉中逐渐成长，因为每一个人与别人相处的方式，都是要经过一番努力才能获得的。当女孩开始有了自立、独立的能力后，有了与人交往的能力后，让她和同学、朋友一起玩，逐步提高谦让、忍耐、协作的能力。否则孩子总和父母与家人相处在一起，备受宠爱，培养不了这方面的能力，以后进入社会就不能很好地和同事相处。

让女孩知道，朋友是最珍贵的财富

“结交新朋勿忘旧友，一如浓茶一如美酒，情谊之路长无尽头，愿这友谊天长地久。”这是一首儿童友谊歌，每个人都需要朋友，注重关系的女孩更是。有人认为，在男孩的世界里才有真正的友谊，其实，这是错误的观点，女孩更需要朋友，尤其是当今独生女家庭，朋友让女孩更懂得爱，也让女孩的人生路走得更平坦。

月月虽然是个女孩，但却不像别的女孩那样讨人喜欢，她在班上是个不受小朋友欢迎的孩子，她简直就是班上的“捣乱大王”：老师让小朋友们排队离开教室时，她在地板上爬来滚去地疯；小朋友们聚精会神听老师讲故事时，她推推左边的同伴、拍拍右边的同伴，不停地捣乱；游戏的时候，月月又很霸道，她喜欢的玩具就要独占，不让其他小朋友碰……

有一次，小朋友们在玩开火车的游戏，一个小朋友当火车头，由“火车头”邀请其他小朋友上火车，小朋友们在老师的钢琴伴奏下，骑在小板凳上“咔嚓咔嚓”一起前进。开火车游戏是小朋友们都爱玩的游戏，但是每次玩的时候，不管谁当火车头，都不会邀请月月上车。看着其他小朋友兴高采烈地开着小火车，坐在一边的月月显得特别孤独……

小朋友们都不愿把月月当成自己的好朋友，不邀请月月上自己的小火车，显然，月月成了班级团体里不受欢迎的人物。因为她捣乱、淘气、霸道，小朋友都躲开她，避免被她干扰或被别的小朋友认为是属于月月一类的人。

其实,月月这样的孩子在同伴群体里不受欢迎的地位一旦形成,几年时间内这种地位都难以改变。月月属于性格外向、活动水平较高的一类孩子,也就是说,她比较喜欢动而很少对安静型的活动感兴趣。所以,在要求安静的活动中,她容易出现“捣乱”行为。而对于集体生活的一些规则,比如排队、保持安静等,月月接受起来有些困难,这就和她的家庭环境和父母的教育方式有关了。

其实,这样的状况对于成长中的女孩是危险的,每个女孩都希望有一种自我价值感和归属感,这是她们不断努力和奋进的动力,但周围同伴的隔离使得这些女孩变得利群索居,长此以往,会阻碍女孩交到真心的朋友,也会阻碍女孩良好的人际关系的形成。

现在的女孩,在家里基本过着“一个中心”的生活,这容易养成孩子以自我为中心的行为习惯,所以会给别人留下霸道、自私、任性的印象。

那么,怎样才能做好引导孩子交到好朋友呢?

第一,如果你的女儿已经交上了朋友,父母要及时给予肯定,比如对孩子说:“真高兴你有了自己的朋友,听说你的朋友很棒,你们应该互相关心,互相帮助。”或者说:“听说你交的朋友很出色,我很想见见他,你看可以吗?”

第二,如果你的女儿还没有朋友,则应积极帮孩子寻找。比如鼓励孩子与家附近的孩子一起玩,与同事或同学的孩子一起玩。并适时和孩子讨论他们交往的情况,帮助孩子分析并作出选择。

第三,要欢迎孩子的朋友到家里来。把孩子的朋友当成自己的朋友一样,采取热情欢迎的态度。当孩子来家里时,父母应该:“我们家来朋友啦,欢迎欢迎。”或者“真高兴我的孩子有你这样的朋友,你们能来太好了!”而且要鼓励孩子认真接待,让孩子的朋友感觉到你对他们的支持和赏识。

第四,需要注意的是,对于女儿和朋友的交往,父母也不能听之任之,使孩子陷入不当的交际圈。而是要充分利用她们喜欢交往的心理,因势利导,正确地引导和帮助她们建立纯真的友谊。

父母不能因噎废食,要让孩子积极参加各项有益的活动,但必须让她们知道哪些朋友是不该交的。如果你对孩子的朋友某个方面很不满意,就应该当着孩子的面严肃地说出来。

友谊是每个女孩童年的重要组成部分。对女孩们来说,结交朋友似乎是这个世界上最自然不过的事情。毕竟,她们整天待在教室里,一块儿吃午餐，一起在操场上玩耍。然而有时候孩子也需要爸爸妈妈的一点帮助，把天天见面的熟人变成自己的朋友。由于年龄相近、志趣相投、关系融洽、地位平等，同伴群体能满足女孩游戏、友谊、安全、自尊、认同等方面的需要。父母要让女儿明白，友谊是一笔宝贵的财富，要鼓励孩子在周围的生活圈子中多交善友，这会让你的女儿一生受益无穷。

告诉女儿，与他人合作是成功的秘密通道

随着现代化生活的日益发展，人们彼此密切合作，共同劳动的需要也多了，特别是生活在科学技术高度发展环境里的现代人，要想有所作为，就必须善于与人合作，依靠人与人之间的友谊和信赖，各自从对方得到帮助和启迪。与人合作能力的强弱，已成为当今世界人才的重要素质之一，能够与人很好地合作，是一种良好的心理品德。一个新时代的女性也必须要有这种认识和能力，但现在的女孩都是公主、父母的心肝，父母常把最好的东西给她们，因此，很多女孩自我意识过于强烈，不懂得分享，也不明白合作的重要性。

善于运用人际关系本来就是女孩天生的能力，富养女孩的重要目标，也就是要培养孩子的情商，让女孩懂得运用人际关系来获取成功的捷径。让女孩从小明白合作是成功的捷径，女孩就会在奋斗的过程中事半功倍。

那么如何培养孩子与人交往与合作的能力呢？家长们不妨从以下几个方面入手：

第一，积极创造条件，鼓励和支持女孩多参加各种集体活动和有益的社会活动，让女孩初步适应一定人际交往的环境。还可以通过某一有意义的活动，增强女儿的集体观念，使她们在集体活动中养成团结友爱、助人为乐的品质。对不合群的女孩更应该争取各种机会，让她们参加到伙伴群中去。当女儿的伙伴来家玩时，要热情接待，并给以一定的尊重和必要的礼节。

第二，鼓励女孩在平等的原则上交友。

在孩子交友的过程中，要教育她们信赖朋友，珍惜友谊，不要轻易地怀疑、怨恨、敌视他人，不允许无故欺侮弱者。

第三,培育女孩关心他人,爱护他人,助人为乐的高尚情操。

女孩无论在学校或家庭里,都有要养成这样的好品德:在家尊老爱幼,在校尊教师、爱同学。因为只有关心别人,才有可能与别人合作。

圆圆原来有个毛病,对伙伴不懂得关心。那次秀秀跑步摔倒了,她站在一旁哈哈大笑。妈妈问她为何不扶起秀秀,她竟然潇洒地说:“关我什么事?”妈妈决定改改她这个毛病。那天,圆圆膝盖摔破了,妈妈故意轻描淡写地说:“你自己去卫生所上药。”圆圆哀求妈妈:“妈妈背我去吧。”妈妈毫不心软地回敬她:“关我什么事?!”圆圆伤心地哭了……妈妈适时地教育她:“受人奚落的滋味好受吗?”她摇头。这以后,圆圆逐渐变得懂事起来:哪个伙伴生病了,她会送去新买的动画光盘表示问候;见到大孩子欺负小孩子,她会主动站出来与其说理……圆圆的善解人意,让小伙伴们感受到安全和快乐,大家都愿意追随她。

圆圆妈妈是个有心人,当女孩在日常生活中,对周围的事物比较漠然的时候,家长一定要引起注意,这表示你的女儿可能比较冷漠,这对于培养女孩与人合作的能力是不利的,要及时引导。

第四,培养女儿做一个让人信赖的人。

人与人之间只有互相信赖,才能互相合作。而要能够让别人信赖,便要努力使自己成为 一个可以让人信赖的人。为了做到这一点,父母应该教育女儿遇事先为别人着想,为人处世要讲信用,做到言必信,行必果。

第五,让女儿学会与人商量。

小敏经常与伙伴发生争执,这源于她的强硬和粗鲁。比如,抢曼曼正看着的童话书,偷踩月月新买的电动车……妈妈告诉小敏,伙伴之间可以交换书和玩具,但要学会和对方商量。不能蛮抢横夺。妈妈反复训练小敏这样说话:“我和你们一起捉迷藏好吗?”“你可以把电动车借我玩吗?”慢慢地,小敏的嘴巴果真变“甜”了。一天,楼下的强强在玩四驱车,小敏很想试试,就走上前去对强强说:“我想玩玩你的四驱车,保证不会弄坏。你也可以借我的一样玩具,我们交换玩好吗?”不费吹灰之力,四驱车被小敏借到了手。

第六,让女孩自己解决与人交往中遇到的矛盾。

当女孩达到一定年龄时,不妨让她们自己处理纠纷,大人不要越俎代庖。

第七,父母的言传身教。

父母本身应该待人宽厚，对家庭成员、对邻居、对同事都要热情、平等、谦虚、礼貌，并能互相帮助。父母是女孩的第一任也是终生老师，这些生动而又直观的形象“教材”能在潜移默化中逐步移入女孩的精神世界，使她们在与人合作时，自觉地把父母的言行举止作为效仿的榜样。

作为女孩的父母，要大胆积极地为她们的这种与人的交往创造条件，培养她们与人合作的能力和意识。将来，在女孩遇到一些生活和社会难题的时候，便能借助与人合作的力量解决。另一方面，现代社会中独生子女的比例增加，任性、脾气大、与人合作能力差，是大多数独生子女家庭出身的女孩心理品质上的弱点，通过人际交往和同学间的必要合作，能够改变和矫治这种不良的心理品质。当女孩具备一定的能力和品质的时候，也就具备了成功成才的条件。

让女孩成长为适应时代潮流的新女性

虽说现在人人提倡“男女平等”，然而，纵观现今世界，有很多女性还生活在性别歧视中，因此，如何把女儿培养成一个新时代女性，这是我们作为父母需要思考的问题。新时代的女性，不仅要具备一些外在的气质美，还必须要具备一些能力和素质，父母应该从以下几个方面入手教育女孩：

第一，教女儿必须勤奋学习、善于学习。

学习对于女性成长非常重要，基本理论要深学，本职业务要精学，修身养性知识要勤学，急需实用知识要先学。一方面要让女孩重视学习政治理论，另一方面要学习先进的经营管理知识，第三要认真学习掌握电脑操作等先进技能，提高自身的工作能力和水平。只有这样才能适应新形势的需要，才能应对来自社会的挑战。

如果想把你的女儿培养成一个智商与情商兼备的新时代女性，就要从小教育女孩充分利用学到的知识来武装自己，看看现在的一些活跃在各个行业的女性，她们都是具有高深知识的新时代女性，不光在个人素质上有着较过去很大的提升，在个人魅力上也体现了中国新女性的风采。

第二，让女孩有足够的自信心。

自信，就是相信自己的力量，坚定自己的信念，敢说敢做，努力去追求和实现自己的价值，以此纠正别人的偏见。

现代社会，有一些女性，由于受到了中国传统的女性伦理观念的影响，无形中在心里就会默认一种男尊女卑的观念，但是中国改革发展的今天，人们越来越多地重视了女性在社会生产中的重要作用，而且现在的很多职位也都是只有女性才能担任，女性的思维更加敏捷，考虑的事情更加周到，这一特点让职场上的女性赢得了不少的赞扬，更多地展示自己的风采，才能将自信发挥得最大，才能拥有迷人的独特魅力。

父母要培养一个新时代女性，就要告诉女孩，要善于从自身找长处，坚定“我也能干好事业”的信心，培养坚忍不拔的精神，遇事不慌，勇往直前。

第三，帮助女儿提高自我调适能力，这一点，母亲要给女儿做出典型。

母亲要正确处理好事业与家庭关系。干事业的女人很重要的一条是要正确处理事业与家庭的关系，一个女性为了事业，照顾家庭少一些是必然的，有的女性害怕这样会给婚姻投下阴影而解决这种冲突，从客观上来说，还有赖于社会经济的发展和家庭生活水平的提高，从主观上来说，它又有赖于女性自觉淡化社会角色和家庭角色的对应意识，变角色对立为角色互补，女性要用自己的行动去感化家庭成员，赢得更多的理解、支持，营造和睦家庭氛围，减少后顾之忧，确保集中精力做好工作。做好一个会自我调适的母亲，才能教育出能在未来社会从容面对社会竞争和压力的女儿。

第四，告诉女儿，要善于利用女性优势，把握时机，发挥优势，迎接挑战。

女性有四大优势：一是“忍”，女性遇到多大委屈都能坚持工作。二是“细”，考虑问题比较细致全面。三是“巧”，在快捷准确、精细的手工操作方面，女人的天赋让男人望尘莫及。四是“柔”，女人在复杂矛盾的冲突情况下，常以柔克刚，自然地调和矛盾。

第五，要培养出一个善于更新观念、懂得变通的女孩。

没有观念上的更新，就没有思路上的创新；没有思路上的创新，就没有学习工作上的突破性发展。父母千万不能让女儿变成一个有“等、靠、要”观念的女性，否则女孩只会安于现状，也就不会有所突破和创新。

“天生我材必有用，巾帼怎能让须眉”，你的女儿同样可以有一番成就，这关键是要靠父母的教育，富养出来的女孩能走出一条自尊、自强、自立的道路，能成为新时代女性的榜样，成为时代进步的中坚力量。

参考文献

[1] 吴淡如.性格决定幸福[M].南昌:二十一世纪出版社,2008.

[2] 吴维库. 阳光心态[M].北京:机械工业出版社,2006.